普通高等教育新型规划教材
工商管理专业

组织行为学

ORGANIZATIONAL BEHAVIOR

崔佳颖 ◎ 编著

首都经济贸易大学出版社
Capital University of Economics and Business Press
· 北 京 ·

图书在版编目（CIP）数据

组织行为学/崔佳颖编著. --北京：首都经济贸易大学出版社，2022.9
ISBN 978-7-5638-3407-5

Ⅰ.①组…　Ⅱ.①崔…　Ⅲ.①组织行为学—高等学校—教材　Ⅳ.①C936

中国版本图书馆CIP数据核字（2022）第156746号

组织行为学
崔佳颖　编著

责任编辑　王玉荣
封面设计　砚祥志远·激光照排 TEL：010-65976003
出版发行　首都经济贸易大学出版社
地　　址　北京市朝阳区红庙（邮编100026）
电　　话　（010）65976483　65065761　65071505（传真）
网　　址　http://www.sjmcb.com
E-mail　publish@cueb.edu.cn
经　　销　全国新华书店
照　　排　北京砚祥志远激光照排技术有限公司
印　　刷　唐山玺诚印务有限公司
成品尺寸　170毫米×240毫米　1/16
字　　数　409千字
印　　张　22.75
版　　次　2022年9月第1版　2022年9月第1次印刷
书　　号　ISBN 978-7-5638-3407-5
定　　价　48.00元

前　言

《组织行为学》思政教材，重点在于理解组织行为学的核心观点与理论，通过专业课结合思政教育构建全员、全程、全课程育人格局，把“立德树人”的综合教育理念融入组织行为学的教学当中，让教师与学员共同理解这些观点与理论是如何与成功的组织管理产生关联，并把这些观念应用到真实的生活情景中的。

组织行为学是在现代管理科学和行为科学发展过程中派生出来的一门综合性、边缘性学科，它以组织中人的心理与行为特点和规律为研究对象，探讨个体、群体和组织三个层面的因素如何影响个人及其所在组织的行为，目的是使管理者能够根据人的行为规律，创设健康、积极的工作氛围，提高员工正能量，发挥人的积极性和创造性，以实现组织的目标并提高成员满意度。

通过学习组织行为学可以更好地理解、预测和管理组织中人的行为，为组织制定各项管理制度、实施管理政策提供理论依据。

组织行为学课程是工商管理类专业的基础理论课，也是经管类高校重要的辅修课程。目前高校的《组织行为学》教材主要以斯蒂芬·P. 罗宾斯博士、弗雷德·鲁森斯博士和麦克·沙恩博士等西方学者撰写的教材为主，其中的案例也主要是国外的组织行为学案例，这与中国的实践存在一定的距离，教材的利用率因而受到制约，需要授课教师在授课过程中配以大量教材以外的读物，从而给教学造成了一定的障碍。

针对上述教学中遇到的困难，作为一名讲授组织行为学课程的老师，笔者希望用思政理念指导组织行为学教材的编写。笔者借鉴国内组织行为学领域多位知名专家、学者的思考，结合我国传统文化中的管理理念与当下案例，完成了本教材的编著，因时间有限，如有不当之处，请读者批评指正。

目　　录

第一篇　导论篇

第二篇　个体篇

第三篇　群体篇

第四篇 组织篇

导论篇

第一篇

1 组织行为学导论

学习目标

- 掌握组织行为学的定义
- 理解组织行为学对管理的作用
- 了解组织行为学研究的内容
- 学习西方组织行为学的产生与发展过程
- 总结中国古代哲学思想精髓对人性与组织行为的论述

1.1 组织行为学的相关概念与研究内容

1.1.1 组织的定义

组织（organization）的含义是指一群人的一种相对稳定的集合。人类在适应、征服和改造自然的实践中，早已意识到集体活动可以实现人们孤立工作无法取得的成就，因此人类的大多数活动都以某种方式有组织地进行。组织是由若干人组成的集合体，如果他们在一定时间内相对固定地集中在一起，从事某种活动，就会形成社会组织，任何人都离不开组织。组织是人们生活的普遍形式和存在方式，例如学校、医院、商店、银行等都是组织。

目前对组织的定义众说纷纭，具有代表性的定义主要有如下几种：

- 组织是对完成特定使命的人们的系统安排。（斯蒂芬·P. 罗宾斯）
- 当两个或两个以上的个人进行合作，系统地协调彼此间的行为时，组织就形成了。（切斯特·巴纳德）
- 组织是为了达到某一特定的共同目标，通过各部门劳动和职务的分工合作与不同等级的权利和责任的制度化，有计划地协调一群人的活动。（埃德加·沙恩）
- 组织是一个互相影响、相互依赖，为了达到某一共同目标的工作群体的结合。（杰克·邓肯）

本书将组织定义为一个以全体人员为主体，为了实现某个共同目标而结合起来，协同行动的集合体。

1.1.1.1 共同目标

组织具有一定的共同目标。目标是组织存在的原因，同时也决定组织的性质、发展方向等重要因素。不同成员之所以愿意走到一起并相互协调地进行行动，是因为他们希望通过协调共同的行动来实现某种共同目标，这个共同目标便是组织目标。具有特定目标是组织的基本特征，不同成员参与组织的具体目标可能是不相同的，他们之所以愿意接受这个共同目标，并愿意为这个共同目标的实现贡献自己的努力，是因为他们认识到，只有通过共同目标的实现，才可能实现自己的个人目标。实现共同目标是实现自己个人目标的基本前提。

1.1.1.2 资源

组织必须要拥有相应的资源，例如设备、人才、资金等。在各类资源中，人——组织成员是组织中最有活力、最有创造性的因素，同时人也是组织最基本的构成要素。组织目标必须通过组织成员的努力才能最终得以实现。

1.1.1.3 组织结构

组织有特定的结构，组织结构是组织成员之间工作关系的表现。设置合理的组织结构，有助于组织活动的顺利开展，是实现组织目标的重要保障。组织需要科学地划分部门、划分层次，需要明确各部门和各层次的权力、责任与利益，需要根据各成员的才能安排他们的工作分配及其职务，并落实每个职位的责、权、利。

1.1.2 组织行为学的定义

组织行为学不是一般地研究人的行为。公安部门也研究人的行为，但研究的是人的犯罪行为；商业部门研究的是人的消费行为；幼儿园研究幼儿、儿童的行为。有关组织行为学的定义也有很多，如下所示：

- 威廉·迪尔认为："组织行为学是一门应用社会科学，研究工作组织中个人、团体和组织的行为问题。"
- 安德鲁·J. 杜布林认为："组织行为学是系统研究组织环境中所有成员的行为，以成员个人、群体、整个组织及其外部环境的相互作用所形成的行为作为研究对象的一门科学。"
- 乔·凯利对组织行为学的定义是："组织行为学是对组织的性质进行系统的研究：组织是怎样产生、成长和发展的，它怎样对各个成员、组成这些组织的群体、其他组织以及更大的机构发生作用。"

除了国外学者，我国国内一些学者也对组织行为学进行了定义：

- 孙建敏、李原认为："组织行为学是对组织中人的行为的系统研究。"
- 余凯成对组织行为学的定义是："组织行为学是系统研究组织环境中的人的行为表现及其规律的学科。"
- 王重名认为："组织行为学是理解、解释和预测组织中个体、群体和组织的行为，以便提高工作和管理效能的学科。"
- 俞文钊指出："组织行为学是研究组织中人的心理互动规律，充分调动人的积极性的一门科学。"

本书采纳斯蒂芬·P. 罗宾斯对组织行为学（Organizational behavior，OB）的经典定义："组织行为学是一个研究领域，它探讨个体、群体以及结构对组织内部行为的影响，以便应用这些知识来改善组织绩效。”

1.1.3 组织行为学的研究内容

组织行为学系统地研究人在组织中所表现的行为和态度，关心人们在组织中做什么，以及这种行为如何影响组织的绩效。在组织行为学研究领域，强调的是与工作、岗位、考勤、离职、生产率、工作绩效等和管理有关的行为。

组织行为学的研究框架包括三个层面，即个体层面、群体层面和组织层面。为了实现组织的目标，组织行为学用系统分析的方法，研究组织中人的心理和行为规律，从而提高管理人员预测、引导和控制人的行为的能力，以及实现组织的既定目标。在组织行为领域中，组织绩效包括生产率、流动率、缺勤率和员工满意度等。

1.1.3.1 个体层面

组织行为学研究个体行为主要帮助管理者了解个体基本特征，其研究主要包括：个体的传记特点、能力、人格、知觉、情绪压力管理等。目的是研究如何调动组织中个体的积极性，以提高绩效。在管理领域对人应用的理想境界是：人尽其才、人尽其能、人尽其用、人事相宜。

1.1.3.2 群体层面

组织行为学研究群体行为主要帮助管理者了解群体的基本特征，以及群体特征与组织绩效的关系。其研究主要包括：群体及群体决策，团队的构建和沟通，冲突权力和政治。

1.1.3.3 组织层面

组织行为学研究组织层面主要是为了帮助管理者了解组织层面的行为及其与组织绩效的关系。主要包括：组织结构与组织结构设计、组织文化、组织变革。

1.2 相关学科对组织行为学的贡献

组织行为学作为一门学科，具有区别于其他学科的特性，如跨学科、交叉性等。组织行为学研究方法具有多面性，既包括个体行为、群体行为以及组织行为，还具有情境性、全面性以及科学性，等等。组织行为学是一门交叉学科，由多个领域的研究成果发展而来，其学科体系主要包括如下科目。

1.2.1 心理学对组织行为学研究的贡献

心理学是一门对人和动物的行为进行测量和解释，有时还包括对行为进行改变的科学。心理学界的学习理论家、人格理论家、咨询心理学家，还有最重要的工业和组织心理学家都对组织行为学做出了贡献，并将继续为该领域补充新的知识。早期的工业和组织心理学家的研究，主要集中在疲劳厌倦和工作条件相关的因素上。因为这些因素会妨碍工作的有效性。近年来他们的研究已经扩展到学习、知觉、人格、情绪、培训、领导有效性、需要、激励、工作满意度、决策过程、绩效评估、态度测量、员工甄选、工作压力、工作设计等各个方面。

1.2.2 社会心理学对组织行为学研究的贡献

社会心理学属于心理学的领域，但是它是心理学和社会学相结合的产物，关注人与人之间的相互影响。社会心理学家研究较多的一个领域是变革，怎样实施变革，以及如何减少变革的阻力。社会心理学家在一些领域中做出了巨大的贡献，如态度测量、态度理解、态度改变、沟通模式的确认、信任的建立等。除此之外，社会心理学家对组织行为学中的群体行为、权利和冲突的研究也做出了重要的贡献。

1.2.3 社会学对组织行为学研究的贡献

心理学关注的是个体，研究的是与社会环境或文化相联系的人。社会学对组织行为学的最大贡献是关于组织中群体行为的研究，特别是正式和复杂的组织。社会学家为组织行为学很多领域提供了有价值的信息，包括组织文化、正式组织的理论与结构、组织技术沟通及权利和冲突等。

1.2.4 人类学对组织行为学研究的贡献

人类学对社会进行研究，以了解人类及其活动规律。人类学家对文化和环境的研究有助于我们了解不同国家和不同组织中的人，在基本价值观、态度和行为方面的差异。我们现在对组织文化、组织环境和民族文化差异的认识，大多来自人类学家的研究结果，或是采用人类学方法得到的研究成果。

各个学科的研究共同构成了组织行为学的基础，并使其逐步发展成为一门独立的学科。相关学科对组织行为学的贡献如图 1－1 所示。

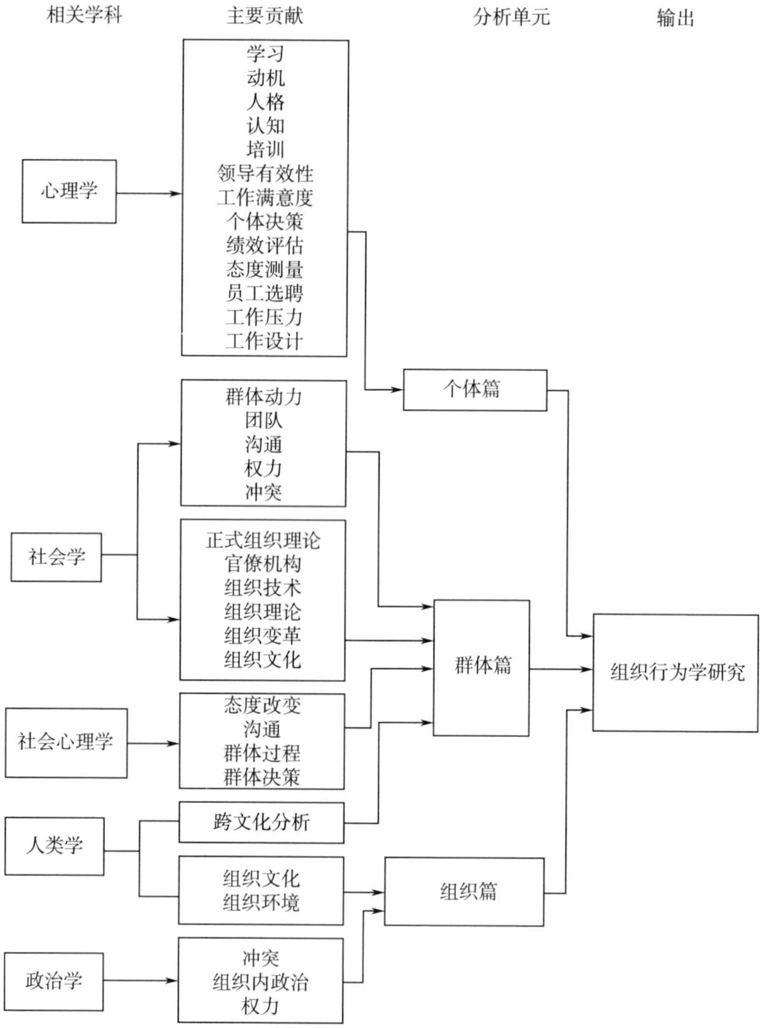

图1-1　相关学科对组织行为学的贡献

1.3　组织行为学对管理的作用

1.3.1　组织行为学与管理学的关联与区别

不同学科的研究目标有一定的差异性。经济学、管理学等学科与组织行为学存在着一定的相关关系。例如：经济学关注“剩余控制权与剩余索取权”，体现在责任与利益二者的关系上；人力资源主要关注“人与工作的匹配”。

1.3.1.1 组织行为学与管理学的关联

管理学关注组织的绩效目标，主要包括产品、服务、效率、效果。管理学的四大职能是计划、组织、领导、控制。组织行为学关注行为对工作绩效的影响，其中工作绩效主要指的是生产率、流动率、缺勤率、员工满意度等。

组织行为学与管理职能有着很大的相关性，即同样关注组织的“有效性”，这与管理的目标与职能非常相近。组织有效性的开放系统观点是思考组织最早和最基础的理论，其他有关组织绩效的主要观点都是在此理论基础上的拓展。组织依赖外部环境获取资源，包括原材料、劳动力、资金设备和信息等。当组织能够很好地适应外部环境时，组织才是有效的。成功的组织可以通过预测环境的变化并迅速更新系统来适应环境，使自身与环境变得一致。组织效率方面是组织最关注的特点。组织学习的一个出发点就是，组织的有效性依赖于组织获取、分享、使用、存储宝贵知识的能力。

组织行为学与管理学的四大职能关联具体表现为如下几点：

（1）计划是管理的首要职能，是确定组织做什么（目标）和怎么做（行动方案）的过程。任何组织的存在都是以实现特定目的为前提的，因此就需要管理者来制定组织的目标和决定所要采取的行动以实现目标，这就是管理的计划职能。计划工作的水平决定着组织绩效的高低。

（2）组织作为动词时是指管理者根据既定目标，对组织中的各种要素及人们之间的相互关系进行合理的安排，从而使之形成一个有机的组织结构并协调运行的管理活动。简单来说，组织就是根据实现组织目标的需要，决定如何对组织的活动和资源进行组合。组织职能是实现组织目标的根本保证。

（3）领导作为动词是指管理者利用组织所赋予的职权和自身拥有的影响力而对被管理者施加影响，使其愿意接受管理者所赋予的目标或任务，并积极去实现或完成的过程。

（4）控制指的是检查、监督组织活动的进展情况，以便及时发现偏差、分析原因并纠正，确保组织目标的顺利实现。控制的对象往往是组织活动中的关键要素，比如人员、财务、质量等。虽然控制的目标和手段不尽相同，但是控制的一般过程都是一样的。

1.3.1.2 组织行为学与管理学研究的差异

同样是研究组织，组织行为学与管理学研究的侧重点存在差异。表现如下：

（1）可操作性与指导性。组织行为学的研究是从实际出发，以事实为基础，最后提供给组织的解决方案就是一份行动指南，既有时效性，也有可操作性；同样是研究组织，管理学给出的结论就比较模糊，全靠个人的理解和不断试错，没有统一的标准答案。

简单来说，组织行为学追求的是具体且可操作的结论，而管理学追求的则是抽象、简洁的指导性强于实践性的理论。

（2）实证主义与经验主义。之所以有这样的差别，归根结底是研究方式不同。实证主义讲究因地制宜，也就是权变，以及用科学的方法对理论进行证明和演绎，不断扩充和发展知识。而经验主义则侧重于“归纳、推理”，更多是在感性经验的基础之上进行归纳和总结，试图找到普适性的结论，但无法确保这些纯粹来自经验的理论是否适用于所有的组织。

正因如此，世界范围内最权威的组织行为学著作——斯蒂芬·P. 罗宾斯教授所撰写的《组织行为学》，隔几年就要重新编写一次，不断完善与组织相关的理论和应用场景。

1.3.2 组织行为学对管理的意义

从产生到发展，组织行为学始终坚持实证主义，也不断吸纳新的实证经验，这使得组织行为学在当下越来越得到组织的重视。随着社会的发展，组织越来越多元化，遇到的问题也越来越复杂化和人格化，自然也就需要更有针对性的实操方案，这正好是组织行为学所擅长而其他研究组织的学科所欠缺的。

组织行为学研究的是人以及组织与环境之间的互动，核心是保证和增加组织的有效性。组织行为学提供一整套工具来描述、理解、分析组织中的各类行为。这些工具能够帮助管理者改善和改变工作行为，从而使个人、群体及整个组织实现其目标，进而提高管理的有效性。因此，组织行为学的研究对管理来说具有重大意义。

1.3.2.1 有助于调动员工积极性以提高组织运行效率

要实现组织成员之间的分工与协作就需要管理，而管理者则需要调动下属的工作积极性、处理与上级和关联部门等的沟通、处理成员之间的冲突、引导和改善成员的行为等。组织行为的理论与知识，有利于分析、解释和预测人的行为，帮助管理者调动组织成员的积极性、主动性和创造性，从而提升管理的有效性。同时加强管理、提高运行效率，可以帮助我国企业应对转型升级。对企业来说，组织行为学的方法，在繁荣时期，对于如何奖励和留住员工等问题的了解更为重要；在艰难时期，对于压力决策和应对等问题的了解更为重要。

1.3.2.2 有助于增强群体的凝聚力和向心力

组织行为学对群体进行研究，使个人更加了解群体的行为规律，从而使个人和群体更加和谐；同时了解群体行为可以使一些情感兴趣相同、价值观一致的人结合在一起。有效沟通能够解决组织内的冲突，进而增强群体的凝聚力和向心力，例如将群体构建为有效的团队。

1.3.2.3 有助于提高管理与领导水平

组织行为学研究了管理与领导的区别，其中领导理论研究了领导者应该具备的素质，以及在不同情境下应采用的领导方式；同时也在改善领导者和被领导者的关系方面发挥着积极的作用。

1.3.2.4 有助于组织变革与发展

组织是动态的社会技术系统，需要与外部环境保持一致，因此组织必须随着外部环境的变化而不断调整，并实现、发展、学习、组织行为学的理论与知识，有助于领导组织的变革与发展。随着中国经济的发展，很多中国企业积极制定走出去到海外发展的战略。国家和政府也适时地提出了“一带一路”建设的构想，进一步推进与国际社会的交流与合作。面对越来越多的跨文化管理情境，需要了解不同国家、民族、个体与群体的需求爱好等，以适应这些差异。

1.4 组织行为学的产生与发展

1.4.1 古典管理理论

对组织行为的系统研究始于19世纪的最后几十年，在工业革命席卷欧洲和美国之后。古典管理理论又称科学管理理论、传统管理理论，其内容十分丰富，其主要标志是泰勒的《科学管理原理》和法约尔的《工业管理与一般管理》的出版。这个时期的管理理论通常被称为古典管理理论，主要研究问题涉及科学管理、一般管理以及科层组织。

科学管理的产生既是资本主义生产力发展的必然，也是维护资本主义生产关系、实现资本对劳动的完全控制的需要。随着社会生产力的发展和企业数量的增加与扩大，企业逐渐要求从传统的经验管理走向科学管理。在工厂制度建立的初期，资本所有者也是企业管理者，由于企业规模有限，资本家只要根据自己的经验和判断便可进行相对有效的管理。到19世纪末20世纪初，由于机器和机器体系在工业生产中的运用越来越广泛、企业的数量越来越多、生产规模越来越大、复杂程度不断提高，对企业管理的要求也越来越高，凭经验和判断来进行管理的传统管理方式不再适应当时的要求。当然，还是需要把过去在管理方面积累的经验加以标准化、系统化、科学化，用科学管理的方式代替传统的经验管理。

1.4.1.1 科学管理研究

弗雷德里克·温斯洛·泰勒（Frederick Winslow Taylor，1856—1915），是美国著名管理学家、经济学家，被后世称为“科学管理之父”（见图1－2），其代表作为《科学管理原理》。

图1－2 弗雷德里克·温斯洛·泰勒

（1）劳动生产率普遍低下的原因分析。泰勒认为当时企业的劳动生产率普遍低下，工人每天的实际产量只为他们劳动能力的1/3，而造成这种状况的原因主要有以下三个方面：

- 劳动使用不当。包括工作分配不合理和劳动方法不正确。
- 工人不愿意干或不愿意多干。这里面既有工人本性的因素又有报酬方法上的原因。
- 企业生产组织与管理方面的原因。

因此，要提高劳动生产率，增加企业盈利，必须从这三个方面做文章。泰勒在企业管理实践和理论上的探索，正是围绕这些问题展开的。

泰勒把科学管理概括为：科学而不是单凭经验办事；和谐而不是合作、合作而不是个人主义；以最大限度的产出，取代有限的产出。每人都发挥最大的工作效率，获得最大的成功，就是用高效率的生产方式代替旧的生产方式，以加强劳动力成本控制。工作主要是通过时间和动作研究及工作分析来达到这一目标。泰勒提倡用精确的调查研究和科学知识来代替个人的判断、意见和经验，将科学的思想引入管理。由于采用了科学的管理方法和操作程序，生产率提高了2～3倍，推动了社会的发展。

（2）泰勒的三个著名实验。泰勒解决问题的方法和许多科学研究一样，都是从试验开始的，他对科学管理的探索主要反映在他以下的三个著名实验中：

• 金属切削实验。在米德维尔厂时，为了解决工人的怠工问题，泰勒进行了金属切削试验。由于自己具备一些金属切削的作业知识，于是泰勒对车床的效率问题进行了研究，开始了预期6个月的试验。在用车床、钻床、刨床等工作时，要决定用什么样的刀具、多大的速度等来获得最佳的加工效率。这项试验非常复杂和困难，原来预定为6个月的实验实际却用了26个年头，花费了巨额资金，耗费了80多万吨钢材。经过不断反复实验，得出了不同金属原料和不同刀具的切削与进刀速度之间的关系，由此确定了金属切削材料及切削速度的工作标准，还发明了能大大提高金属切削机工产量的高速工具钢，并取得了专利。

• 搬运铁块实验。1898年，泰勒从伯利恒钢铁公司开始他这个实验。这个工厂的原材料是由一组计日工搬运的，工人每天挣1.15美元，这在当时是标准工资，每天搬运的铁块重量有12～13吨。他观察研究了75名工人，从中挑出了4个，又对这4个人进行了研究，调查了他们的背景、习惯和抱负，最后挑了一个叫施密特的人（这个人非常爱财并且很小气），要求这个人按照新的要求工作，每天给他1.85美元的报酬。通过仔细地研究，使其转换各种工作因素，来观察对生产效率的影响。通过长时间的观察试验，并把劳动时间和休息时间很好地搭配起来，工人每天的工作量可以提高到47吨，同时并不会感到太疲劳。泰勒还采用了计件工资制，工人每天搬运量达到47吨后，工资升到1.85美元。通过实验，泰勒得出了搬运工作的动作规范，同时认为提高生产率必须挑选一流工人，对他们进行利益诱导和科学训练。

• 铁锹实验。伯利恒钢铁公司有一项铲掘煤块和铁砂的工作，铲具由工人自带。铲子的大小各不相同，而且铲不同的原料时用的都是相同的工具，那么在铲煤块时重量如果合适的话，在铲铁砂时就过重了。泰勒意识到这一点便开始进行实验，以确定铲具和工作量之间的关系。他先用秒表和量具精确计算了铲煤的动作时间和工作量，最后得出每铲的重量为 21 磅时铲掘的效率最高。为此他还建立了一间大库房，准备了 8 ~ 10 种大小不同的铲具，每种铲子只适合铲特定的物料，工人上班不必自带工具，根据每次铲掘物的不同从工具库领取大小不同的铲具，保证了高效率。

（3）泰勒的科学管理观点。通过上述实验，泰勒首次提出以下科学管理的观点：

• 提高劳动生产率。泰勒认为科学管理的中心问题是提高劳动生产率。他指出人的生产率巨大增长的事实标志着文明国家和不文明国家的区别，标志着我们在这一二百年的巨大进步。我们现在的必需品，在 100 年前是奢侈品，其原因就是劳动生产率的迅速提高。

• 工作定额管理。泰勒认为，要制定出有科学依据的工人的“合理日工作量”，就必须通过各种试验和测量，进行工时和动作研究。其方法是：选择合适且技术熟练的工人；研究这些人在工作中使用的基本操作或动作的精确序列，以及每个人所使用的工具；用秒表记录每一基本动作所需时间，加上必要的休息时间和延误时间，找出做每一步工作的最快方法；消除所有错误动作、缓慢动作和无效动作；将最快最好的动作和最佳工具组合在一起，成为一个序列，从而确定工人“合理的日工作量”，即劳动定额。

• 挑选“第一流的工人”。泰勒指出，健全的人事管理的基本原则是使工人的能力同工作相适应。企业管理当局的责任在于为雇员找到最合适的工作，培训他们成为第一流的工人，激励他们尽最大的力量来工作。对于第一流工人，泰勒是这样说的：“我认为那些能够工作而不想工作的人不能成为我所说的‘第一流的工人’。我曾试图阐明每一种类型的工人都能找到某些工作，使他成为第一流的工人，除了那些完全能做这些工作而不愿做的人。”所以泰勒指出，人具有不同的天赋和才能，只要工作合适，都能成为第一流的工人。而所谓“非第一流的工人”，泰勒认为只是指那些体力或智力不适合他们工作的人，或那些虽然工作合适但不愿努力工作的人。总之，泰勒所说的第一流的工人，就是指那些最适合又最愿意干某种工作的人。

• 标准化原理。泰勒认为，工人提高劳动生产率的潜力是非常大的，人的潜力不会自动跑出来，最大限度挖掘这种潜力的方法就是：把工人多年积累的经验知识和传统的技巧归纳整理并结合起来，然后进行分析比较，从中找出其具有共性和规律性的东西，然后利用上述原理将其标准化，这样就形成了科学的方法。比如对工人的操作方法、使用的工具、劳动和休息的时间进行合理搭配，对机器安排、环境因素等进行改进等，都可以采用这种方法，从而消除种种不合理的因素，把最好的因素结合起来。

• 差别计件工资制。泰勒认为以前的计时工资和计件工资都存在许多缺陷，于是提出了著名的“差别工资制”，即首先由管理当局根据实验制定一个工时定额，然后按照工人是否完成定额而采用不同的工资率。如果工人能够保质保量地完成定额，就按高的工资率付酬，以资鼓励；如果工人的生产没有达到定额就将全部工作量按低的工资率付给，并给以警告，如不改进，就要被解雇。

• 计划和执行相分离。为提高劳动生产率，泰勒主张将计划职能和执行职能分开。把管理工作称为计划职能，工人的劳动称为执行职能。具体说来，计划部门要从事全部的计划工作并对工人发布命令，其主要任务是：进行调查研究并以此作为确定定额和操作方法的依据；制定有科学依据的定额和标准化的操作方法和工具；拟订计划并发布指令和命令；把标准和实际情况进行比较，以便进行有效的控制等工作。在现场，工人或工头则从事执行的职能，按照计划部门制定的操作方法指示，使用规定的标准工具，从事实际操作，不能自作主张、自行其是。

• 实行职能工长制。即将管理工作予以细分，使每个管理者只承担一种管理的职能，为此，泰勒设计出 8 种职能工长，来代替原来的一个工长。这 8 个工长 4 个在车间、4 个在计划部门，在其职责范围内，每个工长可以按照自己的职能范围，直接向工人发布命令。在这种情况下，工人不再听一个工长的指挥，而是每天从 8 个不同工长那里接受指示和帮助。

• 例外原则。泰勒认为，规模较大的企业不能只依据职能原则来组织和管理，而必须应用例外原则，即企业的高级管理人员把例行的一般日常事务授权给下级管理人员去负责处理，而自己只保留对例外事项、重要事项的决策和监督权，如重大的企业战略问题和重要的人员更替问题等。

1.4.1.2 一般管理研究

法国人亨利·法约尔（Henri Fayol，1841—1925），管理实践家、管理学家、国务活动家，是古典管理理论的主要代表人之一，被后人尊称为“管理理论之父”，亦为管理过程学派的创始人（见图 1 -3）。

法约尔认为经营和管理是两个不同的概念，管理只是经营的一部分，除管理外经营还包括技术、商业、财务、安全以及会计等一系列职能。其中技术职能是企业加工材料生产产品的制造活动；商业职能是指与原材料和设备的购买和产品的销售有关的市场活动；财务职能是指围绕资金的筹集和运用而开展的活动；安全职能是指与设备和人员保护有关的活动；会计职能是指

图1－3　亨利·法约尔

为监视资金的合理运用而对其运动过程的变化状况进行记录、分类和分析的活动。作为经营的一个方面，管理的职能本身由计划、组织、指挥、协调、控制等一系列工作构成。法约尔首次指出管理理论具有普遍性，可以用于各个组织之中。他把管理视为一门科学，提出在学校设置这门课程，并在社会各个领域宣传、普及和传授管理知识。

法约尔根据自己的工作经验，归纳出简明的14条管理原则，具体如下：

（1）分工。法约尔认为这不仅是经济学家研究有效使用劳动力的问题，而且也是在各种机构、团体、组织中进行管理活动所必不可少的工作。

（2）职权与职责。法约尔认为职权是发号施令的权力和要求服从的威望。职权与职责是相互联系的，在行使职权的同时，必须承担相应的责任，有权无责或有责无权都是组织上的缺陷。

（3）纪律。纪律是管理所必需的，是对协定的尊重。这些协定以达到服从、专心、干劲，以尊重为目的，也就是说组织内所有成员通过各方所达成的协议对自己在组织内的行为进行控制。它对企业的成功与否极为重要，要尽可能做到纪律严明、公正。

（4）统一指挥。即组织内每一个人只能服从一个上级并接受他的命令。

（5）统一领导。即在一个组织中，对于目标相同的活动，只能有一个领导、一个计划。

（6）个人利益服从整体利益。即个人和小集体的利益不能超越组织的利益。当二者不一致时，主管人员必须想办法使二者一致起来。

（7）个人报酬。报酬与支付的方式要公平，给雇员和雇主以最大可能的满足。

（8）集中化。这主要指权力集中或分散的程度问题。要根据各种情况，包括组织的性质、人员的能力等，来决定“产生全面的最大收益”的那种集中程度。

（9）等级链。这是指管理机构中，最高一级到最低一级应该建立关系明确的职权等级系列，这既是执行权力的线路，也是信息传递的渠道。一般情况下不要轻易地违反它。但在特殊情况下，为了克服由于统一指挥而产生的信息传递延误，法约尔设计出一种“跳板”，也叫“法约尔桥”（Fayol bridge），即在需要进行沟通的两个部门之间建立联系的渠道，从而缩短相互之间信息沟通的时间，有利于企业迅速决策。

（10）秩序。这是指组织应该规定每个成员各自的岗位，“人皆有位，人称其职”。

（11）公正。主管人员对其下属仁慈、公平，就可能使其下属对上级表现出热心和忠诚。

（12）保持人员的稳定。如果人员不断变动，工作将得不到良好的效果。

（13）首创精神。这是提高组织内各级人员工作热情的主要源泉。

（14）团结精神。这是指必须注意保持和维护每一集体中团结、协作、融洽的关系，特别是人与人之间的相互关系。

法约尔强调指出，以上 14 条原则在管理工作中不是死板和绝对的东西，这里全部是尺度问题。在同样的条件下，几乎从不两次使用同一原则来处理事情，应当注意各种可变因素的影响。因此，这些原则是灵活的，是可以适应于一切需要的，但其真正的本质在于懂得如何运用它们。这是一门很难掌握的艺术，它要求智慧、经验、判断和注意尺度（也即“分寸”）。法约尔关于管理过程和管理组织理论的开创性研究，特别是其中关于管理职能的划分以及管理原则的描述，对后来的管理理论研究具有非常深远的影响。同时，他还是一位概括和阐述一般管理理论的先驱者，是伟大的管理教育家，后人称他为“管理过程之父”。

1.4.1.3 科层组织研究

马克斯·韦伯（德语全名：Maximilian Karl Emil Max Weber，1864—1920），德国社会学家、经济学家、哲学家，是现代西方一位极具影响力的思想家（见图 1-4），与卡尔·马克思和埃米尔·杜尔凯姆并称为社会学的三大奠基人。

韦伯在深入思考和比较分析历史上的其他组织类型后得出科层组织是最理想的组织形式的结论。

（1）理想的科层组织体系。科层组织或科层制度通常被译为官僚组织，

图1－4　马克斯・韦伯

官僚政治是一种通过公职或职位，而不是通过世袭或个人魅力来进行管理的理想组织制度。韦伯指出，科层组织是依照下述规则建立和运行的：

• 按照行政方式控制的机构目标所要求的日常活动，是作为正式职责来分配的。

• 执行这种职责所需要的权力是按一种稳定的方式来授予的，并由官员加以控制，采用某种强制手段来严格限制。

• 对于正常而继续履行职责来行使相应的权力和方法有所规定：只有按照一般规定符合条件的人才会被雇用。

按照这三个原则，便可以在国家管理的领域构建一种官僚（科层）组织体系的机关，在私营领域建立一种科层组织体系的企业。

（2）权力的类型。权力是统治社会或管理某个组织的基础。社会或组织与其构成部分的关系，主要不是通过契约关系或道德意志来维持的，而是通过权力的行使来凝聚的。韦伯把权力定义为一种引起服从的命令结构，为了保证权力的有效运用，统治者极力使权力合法化。韦伯认为，为社会所接受的合法权力有以下三种类型：

• 传统型权力。这是建立在对于习惯和古老传统神圣不可侵犯性要求之上的，这是一种由族长或部落首领来行使的权力，臣民或族人之所以服从，是基于对神圣习惯的认同和尊重。

• 个人魅力型权力。这是建立在对某个英雄人物或某个具有神赋天授品质的人的个人崇拜基础之上的权力。个人魅力型权力的维持在于其拥有能够使追随者或信徒们确信或继续确信自己的盖世神力，为此他必须经常做出英雄之举，不断创造奇迹，而这在日常管理中是很难做到的。因此，韦伯认为个人魅力型权力常常产生于动乱和危机之中，而会崩溃于稳定秩序条件下的日常事务管理以及这种权力制度化的尝试之中。所以，个人魅力型权力不能作为政治统治稳固制度的基础。

• 法定型权力。它的依据是对标准、规则模式的合法化的信念，或对那些按照标准、规则被提升到指挥地位的人的权力的信念，这是一种对由法律确定的职位或地位的权力的服从。

(3) 权力的类型特征。韦伯认为，只有法定型权力才能成为科层组织的基础。因为这种权力可以为管理的连续性奠定基础。这种权力具有下述特征：

• 为管理的连续性奠定了基础。因为权力是赋予职务而不是个人的，如此才能保证权力的运用不会因为领导人的更换而中断。

• 合理性。担任职务的人员是按照完成任务所需的能力来挑选的。

• 领导人可以借助法律手段来保证权力的行使。

• 所有权力都有明确的规定，并且是按照组织任务所必需的职能加以详细划分的。

1.4.1.4 协作系统理论

玛丽·帕克·芙丽特（Mary Parker Follett，1868—1933），是美国一流学者，她在政治学、经济学、法学和哲学方面都取得了很高的成就。有学者认为，芙丽特的思想超前了同时代学者的研究半个世纪甚至 80 年。20 世纪 60 年代以后管理学的诸多探索，追根溯源都能在芙丽特那里找到源头。由于她对管理学的巨大贡献，当代管理大师德鲁克把她称为“管理学的先知”。甚至有人把她与泰勒相提并论，宣称这位杰出的女性应当与“科学管理之父”弗雷德里克·温斯洛·泰勒并列，可被称为“管理理论之母”（见图 1-5）。

图 1-5 玛丽·帕克·芙丽特

（1）员工参与工作。芙丽特认为管理的实质是心理和利益的融合统一，组织的实质是情景支配下的互动体系。所以，组织与管理中的领导活动也要随之产生全新的变化。

• 在芙丽特的理论中，领导不再是对他人的统治和支配，而是领导者与被领导者的相互影响。她认为："人们在团体中寻求归属，在联合中寻求安慰，在隶属中寻求实现。"所以，管理的本质是寻求合作。

• 管理离不开组织。芙丽特以她的融合统一理论为基点，对组织和权威进行了自己独到的研究。她的大部分关于管理以及管理者应该如何对待员工的文章，都是对她担心泰勒忽视了组织中人性化一面的回应。

• 芙丽特指出，当管理者允许员工在日常工作生活中进行参与并发挥主动性时，管理层往往会忽视员工可以为组织做出贡献的多种方式。例如，泰勒从未提议经理应该让员工参与分析他们的工作，以确定更好的执行任务的方式，甚至从未询问员工对工作的看法，相反，他使用时间和运动专家来分析员工的工作。

• 芙丽特认为，由于员工最了解他们的工作，他们应该参与工作分析，经理应该允许他们参与工作发展过程。

（2）员工控制工作流程。芙丽特提出，如果员工拥有相关知识，那么应该是员工而不是经理控制工作流程本身，管理者应该表现得像教练和促进者，而不是监督员和主管。在发表这一声明时，芙丽特预计到自我管理团队对授权感兴趣。她还认识到让不同部门的经理直接沟通以加快决策速度的重要性。

（3）权力是流动的。与当今许多组织行为研究者一样，芙丽特认为权力是流动的，应该流向最能帮助组织实现其目标的人，她对权力和权威采取了横向观点，而不是将垂直指挥链视为更有效的管理方法。

因此，芙丽特的方法在当时是非常激进的。她的组织研究开启了巴纳德协作系统理论的先声。

1.4.1.5　巴纳德管理协作系统理论

切斯特·巴纳德（Chester I. Barnard，1886—1961），系统组织理论创始人，现代管理理论之父（见图1-6）。切斯特·巴纳德是西方现代管理理论中社会系统学派的创始人。他在人群组织这一复杂问题上的贡献和影响，可能比管理思想发展过程中的任何人都更为重要。

从系统的角度去思考管理问题是从美国职业经理人和管理学家巴纳德开始的，他认为应该把企业组织及其成员的相互关系看成一种协作的社会系统，

图1-6 切斯特·巴纳德

根据这一基本认识，巴纳德写作和发表了大量著作，他的代表作是1938年出版的《经理人员的职能》，他也因此被后人称为社会系统学派的创始人。

巴纳德认为组织是两个或两个以上的人有意识协调活动和效力的系统，要将这个系统作为整体看待，因为其中每个组织组成部分都以一定的方式同其他部分相联系，组织是由个人组成的，组织要存在下去，就必须有两个或两个以上的人愿意为组织达到一个确定的目标而进行协作性的活动。巴纳德认为，作为正式组织的协作系统，不论其规模大小或级别高低都包含了三个基本要素：协作的意愿、共同的目标和信息的沟通。

（1）协作的意愿。协作的意愿是指组织成员对组织目标做出贡献的意愿。一个人是否具有协作意愿依个人对贡献和诱因进行合理的比较而定。所谓贡献，是指个人对实现组织目标做出的有益的活动和牺牲；所谓诱因，是指为了满足个人的需要而由组织所提供的效应。只有当诱因大于贡献时，个人才会有协作意愿。然而，对贡献和诱因以及其净效果的度量都不是客观的，而是个人的主观判定，它随个人的价值观念不同而有很大变化。作为组织，要在条件许可的情况下，针对不同的人来增大诱因，对员工的需要给以更大的满足，从而激发他们为组织做出贡献的意愿。

（2）共同的目标。首先，一个组织必须有共同的目标，否则协作就无从发生。其次，组织不仅应当有目标，而且目标必须为组织的成员所理解和接受，倘若组织的目标不能为组织成员所理解和接受，也就无法统一行动和决策。目标的接受与协作意愿是相互依存的。再次，对于组织目标的理解可以分为协作性理解和个人性理解。协作性理解是指组织成员站在组织利益立场上客观地理解组织目标。个人性理解是指组织成员站在个人利益立场上主观地理解组织目标。经理人的重要职能就是向组织成员灌输组织目标和统一对组织目标的理解。最后，必须区分组织目标与组织成员的个人目标。如何协调组织目标与个人目标的差异是主管者另一重要的任务。此外，一个组织要存在和发展，必须适应环境的变化，组织目标也必须随环境作适当的变更。

（3）信息的沟通。组织的共同目标和个人的协作意愿，只有通过意见交流将两者联系和统一起来才具有意义和效果。没有信息的沟通，不同成员对组织的目标就不可能有共同的认识和普遍的接受，组织就无法了解其成员的协作意愿及其强度，也就无法将现有成员的努力变成协作劳动，因此组织的存在及其活动是以信息沟通为条件的。

管理者的权威来自“由下而上”的认可。巴纳德认为，管理者的权威并不是来自上级的授予，而是来自“由下而上”的认可。管理者权威的大小和指挥权力的有无，取决于下级人员接受其命令的程度。他认为单凭职权发号施令是不足取的，更重要的是取得下级的同意、支持和合作。管理的艺术就是把内部平衡和外部适应综合起来。巴纳德用了“感觉”“判断”“感知”“协调”“平衡”“相称”等词语来表述管理过程。经理人员作为企业组织的领导核心，必须具有权威。权威是存在于正式组织内部的一种“秩序”，是个人服从于协作体系要求的愿望和能力。为了保障一个组织在这种独特的权威概念下进行工作，巴纳德引入了一个“无差别区”的概念。在这个“无差别区”中，每个人不允许提出有关权威的问题而必须接受命令。要建立和维护一种既能树立上级权威，又能争取广大无差别“区域”群众的客观权威，关键在于在组织内部建立起上情下达、下情上达的有效的信息交流沟通系统，这一系统既能保证上级及时掌握作为决策基础的准确信息，又能保证指令的顺利下达和执行。要维护这种权威，身处领导地位的人必须随时掌握准确的信息，作出正确的判断，同时还需要依靠组织内部人员的合作态度。巴纳德对信息交流沟通系统的要素进行了探讨，认为其对于大型组织，如企业集团，建立权威至关重要。

巴纳德在组织管理理论方面的开创性研究奠定了现代组织理论的基础，后来的许多学者，如德鲁克、孔茨、明茨伯格、西蒙、利克特等人都极大地受益于巴纳德，并在不同方向上有所发展。对于经理人员，尤其是将一个传统的组织改造为现代组织的经理人员来说，巴纳德理论的价值尤其突出。因为传统的组织偏重于非正式组织和非结构化的决策与沟通机制，目标也是隐含的，要将其改造为现代组织，就必须明确组织的目标、权力结构和决策机制，明确组织的动力结构即激励机制，明确组织内部的信息沟通机制。这三个方面是现代组织的柱石，同时在转变的过程中，要充分考虑利用非正式组织的力量。这一点对我国当前的企业改革非常具有现实意义。

1.4.2 行为科学理论

行为科学理论的代表人主要包括主持霍桑试验的梅奥（Elton Mayo）、戴尔·卡耐基（Dale Carnage）、亚伯拉罕·马斯洛（Abraham Maslow）、道格拉斯·麦格雷戈（Douglas Mcgregor），他们在传播人际关系信息方面发挥了重要的作用。在行为科学研究方面，斯金纳（B. F. Skinner）的强化理论和弗雷德里克·赫兹伯格（Frederick Herzberg）的激励理论（Motivation Theory）做出了重要的贡献。

1.4.2.1 人际关系学派

乔治·埃尔顿·梅奥（1880—1949），美国管理学家，早期行为科学、人际关系学说的创始人（见图 1－7）。

图 1－7 乔治·埃尔顿·梅奥

梅奥对霍桑实验结果的分析对西方管理理论的发展产生了重大而久远的影响，使西方管理思想在经历过早期管理理论和古典管理理论阶段之后进入到行为科学管理理论阶段。

霍桑实验是指 1924—1932 年在美国西方电气公司所属霍桑工厂进行的一连串实验。这次著名的研究活动可以分为两个阶段：第一阶段是从 1924 年 11 月至 1927 年 5 月，主要是在美国国家科学委员会赞助下进行的；第二阶段是从 1927—1932 年，主要是在美国哈佛大学教授梅奥的主持下进行的。

霍桑实验的重大贡献在于，它不同意泰勒把人只看成“会说话的机器”

或人的活动只是受金钱的驱使，霍桑实验认为人是“社会人”。霍桑实验的另一个重大贡献在于它发现并证实了“非正式组织”的存在，这种“非正式组织”有其特殊的行为规范、感情倾向，控制着每个成员的行为，甚至影响整个正式组织的活动。霍桑实验所取得的一系列成果，经梅奥归纳、总结、整理，于1933年正式发表，即《工业文明中人的问题》，并由此提出了著名的人际关系学说理论。

（1）照明实验。照明实验（1924—1927），在霍桑工厂前后共进行了两年半的时间。实验是在挑选来的两组绕线女工中间进行的，一组是实验组，另一组是参照组。在实验过程中实验组不断地增加照明的强度，而参照组的照明度始终保持不变。研究者想通过实验，知道照明强度的变化对生产效率的影响，但是实验的结果是，两组的产量都在不断提高。后来，他们又采取了相反的措施，逐渐降低实验组的照明强度，其产量非但没有减少，反而有时还有所提高。实验结果表明，照明度与生产效率之间并不存在明确的因果关系，生产效率应该与某些其他未知因素有关。研究人员感到迷惑不解，霍桑实验陷入了困境。1927年，梅奥率领的哈佛实验小组连同电器公司的人员成立了一个新的研究小组，开始了霍桑实验里程中更为艰辛的探索。

（2）福利实验。福利实验（1927—1928），又称实验室实验。实验共进行了几次，其中有一次是在继电器装置实验室进行的。梅奥等人挑选了5名装配工和1名划线工，让他们在同其他工人隔离的控制条件下工作。实验过程中逐步增加一些福利措施，如缩短工作日、安排工间休息、调节工场温度、免费供应茶点等，结果产量提高了。两个月后，他们取消了这些福利措施，发现产量不仅没有下降，反而继续上升，可见增加福利措施对生产效率并无直接影响。原因究竟是什么？研究人员进一步调查了解后发现，原来是实验时管理人员对工人态度较和蔼，工人之间的关系比较融洽，工人能在友好、轻松的气氛中工作，从而激发了劳动热情。他们由此得出结论，在调动积极性、提高产量方面，人际关系是比福利措施更重要的因素。

（3）访谈实验。访谈实验（1928—1931年），又称谈话实验。在两年多的时间里，梅奥等人组织了大规模的个别访问调查，在员工中谈话人数达两万人次以上。在访问的过程中，访问者起初提出的问题大都是一些“直接问题”，例如工厂的督导工作及工作环境等方面的问题。虽然访问者事先声明，将严格保守秘密，请工人放心，可是受访者在回答问题时，仍然遮遮掩掩，存有戒心，怕厂方知道，自己受到报复，谈话总是避重就轻、无关痛痒。后来改用了“非直接问题”，让受访者自行选择适当的话题，这样员工在谈话中反而无所顾忌了。结果在这次大规模的访问中，搜集了有关工人态度的大量资料，经过研究分析，了解到工人的工作绩效与他们在组织中的身份和地位以及与其他同事的关系有密切联系。同时，这次大规模的实验还收到了一个意想不到的效果，就是在这次谈话实验以后，工厂的产量出现了大幅度的提高。经研究者的分析认为，这是由于工人长期以来对工厂的各项管理方法有许多不满意，但无处发泄，这次实验，工人无话不谈，发泄了心中的怨气，由此而感到高兴，因而使产量大幅度上升。

（4）群体实验。群体实验（1931—1932 年），又称为观察研究。试验者为了系统地观察在群体中人们之间的相互影响，在车间里挑选了 14 名男工，其中有 9 名绕线工、3 名焊接工和两名检验员，在一个专门的单独房间里工作。实验开始，研究者向工人说明：他们可以尽量卖力工作，报酬实行个人计件工资制。研究者原以为，这套奖励办法会使员工努力工作。但是结果出人意料，产量只保持在中等水平上，工人绝不愿因超额而成为“快手”或因完不成定额而成为“慢手”。当达到定额产量时，他们就自动地松懈下来，因而小组的产量总是维持在一定的水平上。原因何在？研究小组经过考察发现，组内存在一种默契，由此形成制约着每个人的生产任务完成的压力。当有人超过定额产量时，旁人就给他暗示：谁要是有意超过定额，便会受到冷遇、讽刺和打击，小组的压力就会指向他。那么工人为什么要自限产量？进一步调查发现，之所以维持中等水平产量，是担心产量提高了，管理当局会提高定额标准，改变现行奖励制度，或裁减人员，使部分工人失业，或会使干得慢的伙伴受到惩罚。这一实验表明，工人为了维护班组内部的团结，可以抵御物资利益的引诱。梅奥由此提出“非正式群体”的概念，认为在正式组织中存在着自发形成的非正式群体，这种群体有自己的特殊规范，对人们的行为起着调节和控制作用。

1.4.2.2 人力资源学派

20 世纪 50 年代后期，美国出现了经济衰退，理论界对动机需要、群体动力等的研究也趋于深化，加上科学技术突飞猛进，员工的需要和期望正发生着深刻的变化，这些客观因素促使行为科学家重新探讨激励员工积极性的途径，于是从人际关系学派中发展出一个新的学派——人力资源派，其中心思想是认为企业中发生的种种问题根源在于未能发挥员工的潜力。这个学派有两个代表人物——克里斯·阿吉里斯与道格拉斯·麦格雷戈。

（1）人格与组织理论。克里斯·阿吉里斯（Chris Argyris，1923—2013），组织心理学与行为科学的先驱，被誉为“当代管理理论的大师”，“组织学习理论”的主要代表人物之一（见图1－8）。

图1－8　克里斯·阿吉里斯

克里斯·阿吉里斯在1957年发表的《人格与组织》中，对人际关系学派进行了抨击。他主要从组织角度来分析影响员工发挥潜力的原因，认为传统的一套组织设计死扣规章制度，使员工处处听命于上级，变得消极被动依赖成性，这样既束缚了员工的创造性和积极性，又阻碍了人格的成熟发展，在人际关系影响下，管理者只是在提高福利待遇、增加员工休息时间、延长休假等方面下功夫，但总不肯让员工多负责任，结果仍然不能解决问题。阿吉里斯呼吁企业管理者要从组织上进行改革，鼓励员工多承担责任，让他们有成长和发展的机会。

尽管阿吉里斯各个时期的作品之间有不少重叠，但他的理论发展脉络大体上可以分为以下三个阶段：

• 人性与组织。第一阶段从20世纪50年代末到60年代初，阿吉里斯考虑的是人性与组织的关系问题，以及组织需要和个人需要之间的吻合问题，代表理论是“人格与组织”理论，也称为“不成熟—成熟”理论。

• 行动科学。第二阶段从20世纪60年代到70年代，他关注组织变革，努力寻找促进组织变革的方法，并且提出把行动科学作为一种转变组织行为的工具来运用，代表理论是“行动科学”。

• 组织学习。第三阶段从20世纪80年代至今，他的学术研究眼界更为广阔和深入，重点放在组织知识的作用上，代表理论是“组织学习”。

（2）X—Y理论。美国麻省理工学院教授道格拉斯·麦格雷戈（Douglas M. McGregor，1906—1964）是著名的行为科学家、人性假设理论的创始人、人际关系学派最具有影响力的思想家之一（见图1－9）。他的学生评价他说："麦格雷戈有一种天赋，他能理解那些真正打动实际工作者的东西。"

图1－9 道格拉斯·麦格雷戈

麦格雷戈1960年在他所著的《企业的人性面》一书中，提出了两种对立的人性假设观点即X—Y理论。他认为有关人的性质和人的行为的假设对于决定管理人员的工作方式来讲是极为重要的。各种管理人员以他们对人的性质的假设为依据，可用不同的方式来组织、控制和激励人们。

第一，麦格雷戈把传统的管理观点叫作X理论，X理论认为员工是天生懒惰、逃避责任、没有进取心的，必须一方面靠金钱的收买与刺激，另一方面靠严密的控制、监督和惩罚迫使其为组织目标努力。这是管理者对人性作了一个假定，即"人性丑恶"，人们基本上厌恶工作，对工作没有热诚，如非必要就会加以逃避。人类只喜欢享乐，凡事得过且过，尽量逃避责任。所以，要使之就范，雇主必须用严密的控制、强迫、惩罚和威逼利诱的手段来对付他们，例如扣减工资、取消休假等，使工人能够保证一定生产水平。其主要内容是：

- 大多数人是懒惰的，他们尽可能地逃避工作。工作对他们而言是一种负担，工作毫无享受可言。只要有机会，他们就尽可能地偷懒，逃避工作。
- 大多数人都没有什么雄心壮志，也不喜欢负什么责任，而宁可让别人领导。他们缺乏自信心，把个人的安全看得很重要。
- 大多数人的个人目标与组织目标都是自相矛盾的，为了达到组织目标必须靠外力严加管制。必须用强迫、指挥、控制甚至处罚、威胁等手段，使他们做出适当的努力去实现组织的目标。

• 大多数人都是缺乏理智的，不能克制自己，很容易受别人影响，而且容易安于现状。

• 大多数人都是为了满足基本的生理需要和安全需要，所以他们将选择那些在经济上获利最大的事去做，而且他们只能看到眼前的利益，看不到长远的利益。

• 人群大致分为两类，多数人符合上述假设，少数人能克制自己，这部分人应当负起管理的责任。

X 理论假设人对于工作的基本评价是负面的，即从本质上来说，人都是不喜欢工作的，并且一有可能就逃避工作；一般人都愿意被人指挥并且希望逃避责任。基于上述假设，X 理论得出这样一个结论，管理人员的职责和相应的管理方式是：管理人员关心的是如何提高劳动生产率、完成任务，他的主要职能是计划、组织、经营、指引、监督；管理人员主要是应用职权，发号施令，使对方服从，让人适应工作和组织的要求，而不考虑在情感上和道义上如何给人以尊重；强调严密的组织和制定具体的规范和工作制度，如工时定额、技术规程等；应以金钱报酬来收买员工的效力和服从。

由此可见，此种管理方式是胡萝卜加大棒的方法，一方面靠金钱的收买与刺激，另一方面靠严密的控制、监督和惩罚迫使其为组织目标努力。麦格雷戈发现，当时企业对人的管理工作以及传统的组织结构、管理政策、实践和规划都是以 X 理论为依据的。然而麦格雷戈认为，虽然当时工业组织中人的行为表现同 X 理论所提出的各种情况大致相似，但是人的这些行为表现并不是由人固有的天性所引起的，而是现有工业组织的性质、管理思想、政策和实践所造成的。他确信 X 理论所用的传统的研究方法是建立在错误的因果观念基础上的。通过对人的行为动机和马斯洛的需求层次论的研究，麦格雷戈指出，在人们的生活还不够丰裕的情况下，胡萝卜加大棒的管理方法是有效的；但是，当人们达到了丰裕的生活水平时，这种管理方法就无效了。因为，那时人们行动的动机主要是追求更高级的需要，而不是“胡萝卜”（生理需要、安全需要）了。

第二，Y 理论。Y 理论对于人性假设是正面的，假定人性本善，假设一般人在本质上并不厌恶工作，只要循循善诱，雇员便会热诚工作，在没有严密的监管下，也会努力完成生产任务。而且在适当的条件下，一般人不仅愿意承担责任，而且会主动寻求责任感。其主要内容如下：

• 一般人并不是天性就不喜欢工作的，工作中体力和脑力的消耗就像游戏和休息一样自然。工作可能是一种满足，因而自愿去执行；也可能是一种处罚，因而只要可能就想逃避。到底怎样，要看环境而定。

• 外来的控制和惩罚，并不是促使人们为实现组织的目标而努力的唯一方法。它甚至对人是一种威胁和阻碍，并放慢了人成熟的脚步。人们愿意实行自我管理和自我控制来完成应当完成的目标。

• 人自我实现的要求和组织要求的行为之间是没有矛盾的。如果给人提供适当的机会，就能将个人目标和组织目标统一起来。

• 一般人在适当条件下，不仅学会了接受职责，而且还学会了谋求职责。逃避责任、缺乏抱负以及强调安全感，通常是经验的结果，而不是人的本性。

• 大多数人，而不是少数人，在解决组织的困难问题时，都能发挥较高的想象力、聪明才智和创造性。在现代工业生活的条件下，一般人的智慧潜能只是部分得到了发挥。

根据以上假设，相应的管理措施成为管理职能的重点。在 Y 理论的假设下，管理者的重要任务是创造一个使人得以发挥才能的工作环境，发挥出员工的潜力，并使员工在为实现组织的目标贡献力量时，也能达到自己的目标。此时的管理者已不是指挥者、调节者或监督者，而是辅助者，从旁给员工以支持和帮助。根据 Y 理论，对人的激励主要是给予来自工作本身的内在激励，让他担当具有挑战性的工作，担负更多的责任，促使其通过工作做出成绩，满足其自我实现的需要；在管理制度上给予工人更多的自主权，实行自我控制，让工人参与管理和决策，并共同分享权力。

1.4.3 权变理论

1.4.3.1 权变理论对传统理论的质疑

权变理论是 20 世纪 60 年代末 70 年代初发展起来的一种管理理论，该理论认为以往的理论有两方面的缺陷：第一，只侧重研究加强企业内部的管理，忽视了外部环境的影响；第二，以往的理论大多带有普遍真理的色彩，追求理论的普遍适用性，寻找最合理的原则、最优化的模式，真正解决问题时却往往显得无能为力。

1.4.3.2 权变理论的代表人物

（1）最早运用权变思想来研究管理问题的是英国学者汤姆 · 伯恩斯和斯托克。他们在 1961 年合作了《革新的管理》一书。

（2）1967 年，美国的保罗 · 罗杰 · 劳伦斯和杰伊 · 洛希合著的《组织和环境》一书论述了外部环境和组织结构之间的关系，按照该书的观点，组织结构的主要特点是分散化和整体化。由于他们在这方面的贡献比较突出，因而被称为权变理论的创始人。

（3）美国著名管理学家弗雷德·卢桑斯是权变理论的主要代表人物，也是对权变理论作出系统总结和高度评价的管理学家，他于 1973 年 6 月在《工商业界》杂志上发表了《权变管理理论：走出丛林的道路》一文，又于 1976 年出版了《管理导论：一种权变学说》一书，系统地介绍了权变管理理论，指出权变理论可以统一各种管理理论的观点，引导管理学走出丛林之路，从而使权变理论迅速普及。

1.4.3.3 权变理论在组织理论方面的观点

（1）权变理论强调组织具有多样性，即与每一组织有关的条件多样性和环境特殊性。

（2）权变理论强调外部环境对组织结构设计的影响。权变学派认为企业的组织设计应当是开放式的，企业的结构不仅要有稳定性，而且要有对环境的适应性、对环境变换的敏感性，这样才能保证企业的生存与发展。

（3）权变理论试图通过对企业的分类、对环境的分析以及对不同类型的企业所适用的组织结构的分析，得出一些一般结论。权变理论兴起后引起不少管理学者的重视和研究，不同的学者开始从不同的角度对权变理论进行拓展，形成了形形色色的权变理论，例如：组织结构的权变理论、管理方式的权变理论、领导方式的权变理论等。

1.4.3.4 组织结构的权变理论

权变理论对组织结构的研究出现了以下两种不同的思路。

（1）把组织的任务和完成任务所需要的技术作为组织结构的重要决定因素。英国女学者琼·伍德沃德（Joan Woodward）在 20 世纪 60 年代曾研究工艺技术对组织结构的影响，她发现成功的企业都具有与其技术水平相适应的组织结构。

（2）以环境因素为依据对组织结构进行设计。此类观点以劳伦斯和洛希为代表，他们为认为不存在一种最好的组织方法，一切根据环境而定。

1.4.3.5 管理方式的权变理论

美国麻省理工学院教授麦格雷戈曾于 1957 年提出 X—Y 理论。美国学者约翰·莫尔斯（John Morse）和杰伊·洛希通过实验却发现，两种理论都不是灵丹妙药，因此提出了一种“超 Y 理论”。超 Y 理论在行为科学的基础上带有了权变管理的意味，因而成为权变理论的基础。他们于 1974 年出版了《组织及其成员：权变方法》一书，提出的超 Y 理论内容要点如下：

（1）人们是怀着许多不同的需要加入组织的，而且人们有着不同的需要类型，有的人需要正规化的组织结构和条例规章，而不需要参与决策和承担责任；有的人却需要更多的自治责任、发挥个人创造性的机会；每个人最需要的是实现胜任感。

（2）不同的人对管理方式的要求也是不同的。需要更正规化的组织结构和条例规章，而不需要参与决策和承担责任的人，适合以 X 理论为指导的管理方式。需要更多的自治责任、发挥个人创造性的人，适合以 Y 理论为指导的管理方式。

（3）组织的目标、工作性质、员工的素质等对组织结构和管理方式有很大的影响。凡是组织结构和管理层次的划分、员工培训和工作分配、工资报酬和控制程度的安排等适合员工工作性质和素质者，其效率就高；反之，效率则低。当一个目标达成以后，可以继续激起员工的胜任感，使之为达到新的更高的目标而努力。

1.4.3.6 领导方式的权变理论

权变理论认为，不存在一种最好的普遍适用的领导方式，一切根据任务、个人和小组的行为特点、领导者和员工的关系而定。关于领导理论的权变观点，最著名的是费德勒的有效领导权变模式、坦南鲍姆和施米特的“领导方式连续统一理论”、赫赛·布兰查德的“情境领导模型”和罗伯特·豪斯的“途径—目标理论”。这些内容将在本书领导力章节进行进一步介绍。

权变理论认为在组织管理中，没有一成不变和普遍适用的管理方法，组织管理最好的方法就是根据组织内外部环境的变化随机应变、因地制宜的管理方法。“没有最好的，只有适合的”是全面管理的核心思想和理念，即没有一成不变的、普遍适用的、最好的管理原则和方法，一切管理和活动都要根据企业所处的外部环境和内部条件而权宜应变。系统观念为我们了解和分析组织提供了较为广泛的、概括性的一般观点，权变观念则更着重于具体组织的特殊性。权变学派十分注重从大量的事实中概括、归纳出基本模式，并致力于寻求这些模式差异的影响因素以及相应的管理方法。权变理论的出现在管理理论与实践之间架起了一座桥梁，使管理理论向实用主义迈出了一大步。

1.4.4 目标管理理论

彼得·德鲁克（Peter F. Drucker，1909—2005），现代管理学之父（见图 1－10），一向善于将抽象的理论还原为人们在日常工作生活中可以领悟到的思想观念，提出目标管理、营销、知识工作等多个现在为人们熟知的管理理论和概念。

图1－10　彼得·德鲁克

1954年，德鲁克在其名著《管理实践》中提出了一个具有划时代意义的概念“目标管理”（Management By Objectives，MBO），这是德鲁克所发明的最重要、最有影响的概念，并已成为当代管理学的重要组成部分。

1.4.4.1　目标管理的核心观点

目标管理是以目标为导向，以人为中心，以成果为标准，而使组织和个人取得最佳业绩的现代管理方法。目标管理亦称“成果管理”，俗称责任制。是指在企业个体员工的积极参与下，自上而下地确定工作目标，并在工作中实行“自我控制”，自下而上地保证目标实现的一种管理办法。其后德鲁克又提出“目标管理和自我控制”的主张。德鲁克认为，并不是有了工作才有目标，而是相反，有了目标才能确定每个人的工作。所以“企业的使命和任务，必须转化为目标”，如果一个领域没有目标，这个领域的工作必然被忽视。因此，管理者应该通过目标对下级进行管理，当组织最高层管理者确定了组织目标后，必须对其进行有效分解，转变成各个部门以及各个员工的分目标，管理者根据分目标的完成情况对下级进行考核、评价和奖惩。

1.4.4.2　目标管理的特点

（1）员工参与管理。目标管理是员工参与管理的一种形式，由上下级共同商定，依次确定各种目标。

（2）以自我管理为中心。目标管理的基本精神是以自我管理为中心。目标的实施由目标责任者自主进行，通过自身监督与衡量，不断修正自己的行为，以实现目标。

(3) 强调自我评价。目标管理强调自我对工作中的成绩、不足、错误进行对照总结，经常自检自查，不断提高效益。

(4) 重视成果。目标管理将评价重点放在工作成效上，按员工的实际贡献大小，如实地评价一个人，使评价更具有建设性。

1.4.5 中国哲学思想对人性与组织行为的认知

我国古代先贤对人性、个体行为、群体行为、管理、领导、激励等内容有着深入的思考和论述。不同的思想学派提出了不同的人性观与管理理论和实施方法。其中最有代表性的传统哲学思想有以下几种。

1.4.5.1 “和为贵”思想的提出

在中国古代思想中，贵和思想早就有记载。对“和”的理解主要如下：

(1)《尚书》中，尧帝、周公等人就提出了“协和万邦”“和恒四方民”的主张。《左传》提出了“以德和民”的思想。

(2) 西周末年，太史伯阳父（史伯）说“和实生物，同则不继。以他平他谓之和，故能丰长而物归之。”（《国语·郑语》）。在他看来“和”是指多种因素、元素的冲突融合，而不是同一种因素、元素的相加。“和”既是万物化生的根据和源泉，亦是万物存在的一种状态，以及大本达道的原则。只有不同事物之间的统一才会产生新的事物，而相同事物的简单相加，既不能产生新事物，也不能进一步发展。

(3) 贾谊说“刚柔得道谓之和”（贾谊《贾子·道术》），称“和”为刚柔结合之道，是指一种中正、均衡、和谐、和合、和平精神。春秋时的晏婴认为“和”就是“济其不及，以泄其过”（《左传·昭公二十年》），这里的“济”是增加的意思；“泄”是减少的意思，即指不足之处要增加，过多之处要减少。

(4) 在儒家看来，“和”是管理活动的最佳境界，是人与人进行沟通需要遵循的基本原则。孔子在“君子和而不同”（《论语·子路》）中所讲的“和”既是一个哲学范畴，也是一个伦理道德的标准和社会治理的标准，是人与人相处的原则。这里的“和”是指矛盾双方经统一而达成的和谐，“同”是指否定矛盾的存在。就是说有道德修养的人应讲究协调，但承认差异，并不随波逐流。

1.4.5.2 儒家的人性观与管理哲学

(1) 孔子指出“性相近，习相远”。孔子（公元前551—公元前479年），春秋时期鲁国人。孔子是我国古代伟大的教育家和思想家，儒家学派创始人。

孔子的言行思想主要载于语录体散文集《论语》。“子曰：性相近也，习相远也。”（《论语·阳货》），意为人们刚一出生时，人性是大致相近的，但是因为后天的环境不同，习惯也就相去甚远了。孔子没有明言性善还是性恶，为后人向不同方向发展提供了可能性。

• “仁”是孔子思想，或者说是儒家思想的核心，而“仁”的主要内容是“爱人”。孔子的“爱人”体现在：首先，爱人不仅是爱亲，即血缘的亲子之爱，而且是超越了爱亲范围，具有“泛爱”的性质。另外，正因为爱人不仅是爱亲，所以孔子还要求行“仁”德于天下。孔子把“恭、宽、信、敏、惠”纳入了“仁”的德目，体现了爱人的具体要求。

• 从爱人的原则出发，孔子提出了“忠恕之道”。所谓“忠”，并不限于忠君，还含有真心诚意待人的意思。所谓“恕”，是指“己所不欲，勿施于人”。孔子企图通过忠恕之道，实行爱人原则，从而实现人与人之间的相互尊重和相互宽容。

• 孔子所讲的爱人，并不是不讲原则、不论是非的“乡愿”。他反对做一个不问是非善恶，只讲一团和气的好好先生。只有真正怀仁的人，才能做到“能好人、能恶人”。

• 孔子一贯主张“忠恕”之道，“忠”为尽己为人之谓；“恕”为推己及人，将心比心之谓。“己所不欲，勿施于人”是儒家思想的精华。子贡问曰：“有一言而可以终身行之者乎？”子曰：“其恕乎！己所不欲，勿施于人。”意思就是说，自己不想要的东西，切勿强加给别人。孔子所强调的是，人应该宽恕待人，应提倡“恕”道，唯有如此才是仁的表现。“恕”道是“仁”的消极表现，而其积极表现便是“己欲立而立人，己欲达而达人”。

（2）孟子提出“人性善”的观点。孟轲（约公元前372—公元前289年），战国时期邹国人，是儒家学派代表人物之一，著有《孟子》一书，属语录体散文集。南宋时朱熹将《孟子》《论语》《大学》《中庸》合称“四书”。孟子继承孔子，首创“性善论”，认为“人性向善”。

• 《孟子·告子上》：“人之性善也，犹水之就下也，人无有不善，水无有不下。”“恻隐之心，人皆有之；羞恶之心，人皆有之；恭敬之心，人皆有之；是非之心，人皆有之。恻隐之心，仁也；羞恶之心，义也；恭敬之心，礼也；是非之心，智也。仁义礼智，非由外铄我也，我固有之也。”意思是说，人的本性天生就是善的，就好像水总是往低处流淌一样。

• 孟子把道德规范概括为四种，即“仁、义、礼、智”，认为这些都是人们天生就有的品德。孟子以“性善论”作为根据，在政治上主张实行仁政——“不忍人之政”。孔子的理想人格是以仁爱为本的，而孟子则开始将其展开为仁、义、礼、智等具体规定，其中更具特色的是关于“仁”“义”统一的理论，在阐述“仁”“义”相互关系的过程中，表述了他的理想人格。

• 在孟子看来，“仁，人心也；义，人路也”。意思是说“仁”是爱人之心，是人心须常居而勿失的根本所在；“义”是人按照仁爱的要求而行动时应当遵循而勿失的根本所在，是行动时应当遵循的原则规范。“居仁由义”意思是内心存仁，行事循义。这是对孔子“仁爱”思想的发展，“仁”要求人们“爱人”，孟子以“义”来规定“爱人”的界限，不是盲目地爱一切人，而是“爱应当爱的人”“恶应当恶的人”，这才真正符合“仁义”的根本精神。这在道德认识上是有新意的。

（3）荀子提出“人性恶”的观点。荀况（约公元前313—公元前238），战国时期赵国人，儒家代表人物之一。他曾经传道授业，战国末期两位最著名的思想家、政治家——韩非、李斯均为其门下高足。著作集为《荀子》。

孔子学说的中心思想为“仁”，孟子学说的中心思想为“义”，荀子继二人后提出“礼”，重视社会上人们行为的规范。在人性问题上，荀子的观点与孟子相对，他提出“性恶论”。

• 《荀子·性恶》写道：“人之性恶，其善者伪也。”此句意指人性是恶的，而人性之善是靠后天的学习和教化得来的。

• 荀子认为人生而具有好色、好声、好味、好利等特性，只有经过教化，才能去恶从善。荀子以“性恶论”为出发点，提出了“制礼义以分之”“注错习俗，所以化性”的成长之道。

• 显然，荀子与孟子不同，他较注重的是“修习”的过程，强调习俗环境和习行，这是他对孔子“习相远”的发展。

• 与孔孟一致的是，荀子认为“涂之人可以为禹”的关键在于善于学习，积善成圣。荀子在阐述理想人格的过程中，与孔孟相异的地方是开始将人格的内在品性与法的观念联系起来，开始注意到理想人格的现实基础。

1.4.5.3 道家

（1）老子认为人性自然，提出“无为”的主张。老子据传姓李名耳，我国古代伟大的哲学家和思想家，道家学派创始人。道家学说由老子开创，其著作《道德经》，共五千字，作为经典传于后世。后来杨朱、尹文、慎到、田骈等人发展了老子思想，称稷下黄老之学。庄子秉承道家思想之主流，成为道家学说的集大成者，因此道家学说又称老庄之学。

• 老子用“道”解释宇宙万物的演变，认为“道生一，一生二，二生三，三生万物”，“道”乃“夫莫之命（命令）而常自然”，因而“人法地，地法天，天法道，道法自然”。“道”为客观自然规律，同时又具有“独立不改，周行而不殆”的永恒意义。

• 老子的思想主张是“无为”，老子认为，世界的本源是无，只有“无”才符合“道”的原则，“圣人处无为之事，行不言之教”。“无为而治”是道家基本的政治主张。无为，即“不为物先，不为物后”，顺乎自然以为治。无为是实现无不为、无不治的前提和条件，“以无事取天下”。

• 老子提出了“无为而无不为”的哲学思想，他认为在大道之下，事物是发展变化的，并且是矛盾运动的结果，矛盾运动是对立统一的。不仅如此，道家还发现了矛盾的斗争性和互相转化，十分清晰地表明矛盾的主要方面，懂得矛盾的发展变化，便可洞察并把握。

• 老子的人性论主要特点是人性自然，人性无善恶之规定，人性没有先天的道德属性。人性随着人在社会化过程中产生的善或恶，都是叛逆了人的自然本性，是人的自然本性的异化。正是在这自然人性论的基础上，他提出“绝圣弃智”“绝仁弃义”“绝巧弃利”，从而返璞归真的成长之道。“上德若谷”的品质，表现在待人接物上就会采取“无弃”的态度；表现在恩怨问题上，老子主张“报怨以德”；表现在荣辱观上，便是“宠辱不惊”。

（2）庄子推崇人的自然本性，认为应放弃一切妄为。庄周（约公元前369—公元前286年），战国时期宋国人，道家学派的代表人物，老子哲学思想的继承者和发展者，先秦庄子学派的创始人。后世将他与老子并称为“老庄”，他们的哲学被称为“老庄哲学”。庄周和他的门人以及后学者著有《庄子》。

• 庄子主张“无为”，放弃一切妄为。庄子认为一切事物都是相对的，推崇人类的自然本性，对儒墨提倡的仁义道德予以否定。战国之时，儒家学说流行，仁义也成了当时人们的一种普遍追求。不满于社会现实的庄子，自然把批判的矛头首先指向“仁义”，认为仁义破坏了素朴的人性，仁义是虚伪、争夺以及种种社会弊端的根源。庄子倡导人性回归自然纯朴，反对压制人性的等级社会，这其中蕴含着人道主义思想。

• 庄子认为是道给了我们形貌，天给予了我们形体，我们要做的是不要因为好恶而损害自己的本性。他以人的完整生命为起点来思考人应当度过一个怎样的生活旅程。庄子的“道”是天道，是效法自然的“道”，而不是人为的残生伤性。

• 庄子幻想一种“天地与我并生，万物与我为一”的主观精神境界，物我两忘，安时处顺，逍遥自得（庄子的观点属于“宿命论”还是“安命论”，学术界一直存在不同看法）。

1.4.5.4 法家

韩非（约公元前281—公元前233年），战国时期韩国公子。韩非的主要著作《韩非子》是先秦法家学说集大成的著作。法家是中国历史上提倡以法治国思想的重要学派，法家是诸子百家中的一家。商鞅重“法”，申不害重“术”，慎到重“势”。战国末期韩非综合各家之长，兼言法、术、势，集成为法家思想。法家学派被《汉书·艺文志》列为“九流”之一，它提出了富国强兵、以法治国的理念。法是通过具体的刑名赏罚来实现的。法家学派的思想要点如下：

（1）人性自为自利的天性。韩非以法家冷峻的眼光，对人性问题进行了审视，揭示出人性自为自利的天性。他认为“夫安利者就之，危害者去之，此人之情也”。从传承思想文化的角度看，韩非提出的安利恶害的人性是有其思想源头的。首先是对管子、商鞅等法家人物思想的继承；其次是对儒家学派荀子“人性恶”思想的承续。

（2）以法为教。韩非主张改革和实行法治，要求“废先王之教”（《韩非子·问田》），“以法为教”（《韩非子·五蠹》）。他强调制定了“法”，就要严格执行，任何人也不能例外，做到“法不阿贵”“刑过不避大臣，赏善不遗匹夫”（《韩非子·有度》）。他还认为只有实行严刑重罚，人民才会顺从、社会才能安定、封建政权才能巩固。因此，他主张通过一系列的改革措施，公布法令，统一制度，奖励耕战，富国强民。

（3）主张建立君主专制的中央集权体制。韩非继承和总结了战国时期法家的思想和实践，提出了君主专制中央集权的理论。他主张“事在四方，要在中央；圣人执要，四方来效”（《韩非子·扬权》），国家的大权要集中在君主（“圣人”）一人手里，君主必须有权有势，才能治理天下，“万乘之主，千乘之君，所以制天下而征诸侯者，以其威势也”。法令应该“编著于图籍，设之于官府，而布之于百姓”。齐国早期的法家代表管仲也说：“君臣上下贵贱皆从法。”他们积极主张通过变法来打破贵族统治，用官僚政治代替贵族政治，将最高权力集中于封建君主手中。

（4）诚信观。诚信观是法家学派的重要理念。“诚”是指真心实意，开诚布公。“信”的基本含义为诚实、不疑、不欺。法家先驱管仲认为讲诚信是天下行为准则的关键；强调管理者的各个层级都要重诚信，把诚信纳入德行的范畴。“先王贵诚信，诚信者，天下之结也。贤大夫不恃宗，至士不恃外权。坦坦之利不以功，坦坦之备不为用。故存国家、定社稷，在卒谋之间耳。” “信之者，仁也。不可欺者，智也。既智且仁，是谓成人。”（《管子·枢言》）意思是说，先王最重视诚信，有了诚信，天下各国就结好了。贤大夫不依靠宗室门第，士不依靠别国同盟，取得平平小利不视为功，面对平平储备不当作大用。所以“存国家、定社稷”的大事就在短暂的谋划当中解决了。

1.5 组织行为学面临的挑战与机遇

组织的外部环境一直在变化，但是在过去 10 年以及未来 10 年的变化，将比其他任何时间段都要意义深远。这些变化，要求企业管理者、领导者和所有的员工做出个人以及组织上的调整。组织行为学的研究面临着众多的挑战，如全球化、劳动力多元化、多样性和灵活性上升、社会人口趋向老龄化、失业严重、社会伦理道德体系的缺位、对产品质量和生产率要求越来越高等。管理者需要学习如何管理多元化的劳动力队伍、授权、改善人际关系、增强员工忠诚度、激发创新和变革等。

1.5.1 全球化与反全球化

1.5.1.1 全球化

全球化意味着整个世界摆脱了国界的限制，地球变成了一个真正无边界的世界。今天的全球化程度史无前例。因为信息技术和交通系统使得更加密切的全球连接和依赖成为可能。在全球化的背景下，经营企业不再局限于本国，取而代之的是全球化的经营。目前许多中国企业已经开始跨国投资、兼并及并购企业组织，在更为广阔的全球范围内经营，其员工也有着不同的文化背景。文化差异成为每一家在全球市场上竞争的企业所面临的关键问题之一。所以目前组织行为学最重要的问题是，企业领导和员工如何在这个新的现实环境下进行有效的工作？在经济全球化的背景下，企业如何实现跨文化管理，也是组织行为学所面临的一大挑战。

1.5.1.2 反全球化

尽管全球化对企业带来的积极影响是使得企业具有更广泛的选择性，但是其消极影响却是难以判定什么是最佳和最合法的选择，经理人还要面对如何在全球范围内进行资源协调。在经济全球化的大背景下，近些年由于缺乏具有划时代意义的技术，以突破收入差距和社会不公平，以及扩大发展模式缺乏包容性等因素，出现了反全球化群体。

（1）反全球化凸显了世界经济增长乏力所带来的国家之间的矛盾以及组织中个体的复杂性与来源多元化的问题，这要求组织行为结合相应的文化情境实现对组织中个体行为的预测和管理。

（2）反全球化的浪潮和全球经济的整体萧条，促使掌控全球一半以上贸易供应链的跨国企业放缓了全球业务扩张的步伐。全球贸易和本土化生产可能此消彼长，在这种不确定的大形势下，组织开始准备迎接一个不同的世界秩序。个体和团队同样需要开始采取行动，以帮助组织准备应对一个更多边界的商业世界。

1.5.2 互联网、大数据科学与人工智能

互联网、大数据科学与人工智能的发展为组织行为学提供了新的科学发展观和方法论。

1.5.2.1 互联网

互联网的快速发展已经深刻地影响了社会组织的运行与个人的工作生活和社交方式。在科技浪潮的冲击下，世界上每一个发展主体都发生了革命性的颠覆。对企业而言，员工的心理与行为、组织内部的沟通规范与工作方式，乃至团队领导方式等，都受到了明显的影响，并随之变化。

（1）互联网使得人们的个性和创造性得到更大程度的发挥。

（2）互联网开放性、交互性、平等性的特点，使得人们的思维向着平等和双向沟通的方向发展。

（3）互联网技术的普及和互联网用户的增长，使许多人可以选择在家办公或移动办公，为社会分工和协作实现有机统一提供了有力的工具。

（4）随着越来越多的组织为了完成不同的任务而使用虚拟团队，组织也面临着一些问题，如团队的工作效率低、团队领导的职责不明等。

1.5.2.2 大数据科学

近年来，以大数据和人工智能为代表的前沿信息技术及应用备受各界关注，相关领域的风投创新和创业始终热度不减，据新闻报道，国际数据公司（International Data Corporation，IDC）预测，到2021年全球在人工智能系统方面的投入将达到522亿美元。过去的数据分析更多地针对群体行为模式，而

现在我们可以基于大数据分析和挖掘每一个人的社会行为。大数据给社会生活和商业带来的机遇与挑战，可以说是颠覆性的。

（1）大数据能够观察复杂行为模式。我们越来越多地从大数据中观察到人类社会的复杂行为模式。大数据时代重在研究网络环境下社会人的态度、行为和社会影响。传统的社会“平均人”不是重点了。如果我们能从大数据中捕捉某个体的行为模式，并将分散在不同地方的信息数据全部集中在大数据中心中进行处理，就能捕捉群体行为。

（2）大数据影响企业数据管理和知识管理。大数据下丰富的数据和知识使得决策参与者的决策能力大大提高，决策参与者角色发生改变，进而影响企业的管理决策质量。这对于企业的未来是个好消息，可以通过使用数据来确定目标、发展因果理论，并对理论进行检验。管理者可以确定哪些员工活动与目标相关。大数据在人员管理方面的最佳应用，可能会出现在组织行为学和心理学的研究中，在这些研究中大数据甚至可以帮助患有精神疾病的员工监测和改变他们的行为。

（3）大数据的局限性。大数据技术处理能力的提高带来了隐私问题。当数据收集使用了监测仪器时，这种问题就更加明显。例如，电子监控在短期内能够改善任务绩效和公民行为。但是，引入监视分析技术，通过监控和反馈控制提高生产率的这一方法，已经被艾尔弗雷德·斯隆的管理控制技术超越，后者通过为员工提供有意义的工作，在管理方面取得了更大的成功。

在谨慎使用大数据的同时，对人类行为的倾向性有所理解，有助于我们做出正确的决策和减少天然的偏见。建议是要尽可能多地利用证据来确认直觉和经验判断，这就是组织行为学的作用。

1.5.2.3　人工智能

2017年，波士顿咨询公司（BCG）和MIT自动管理评论的联合研究报告《将AI照进现实》表明，人工智能将在未来5年时间内，对所有行业产生重大影响。人工智能给组织带来的挑战是如何处理人们对失业的恐慌。普华永道在2017年的一份报告中指出，在未来的10年里，英国将有30%的工作面临着被人工智能取代的风险，日本有21%，美国则有38%。在中国，根据北京大学市场与网络经济研究中心和腾讯研究院的合作研究报告，未来将有70%的职业受到人工智能的冲击。人工智能具有一定的优势，也存在着一定的不足。

（1）机器有超出人类机能的优势所在，它可以记住输入的每一个数据和建立的每个模式，也有能力快速处理大量的信息。但要想实现大数据的全部潜力，光靠机器是不行的。人工智能只能利用已经学过的知识，不能创造新的知识或创造有效的新科学情境。没有人类创建必要的数据结构和训练程序，并将重要的信息传递给它，机器的识别能力很难自行增强。

（2）在机器无法独自操作的实时危机的最佳处理中，人类也是必不可少的。数据在预测事件的风险和防止灾难方面，总是有局限性的。举个简单的例子，大多数商用飞机都会使用自动驾驶仪，当意外出现时，虽然机器会检测并尝试解决问题，例如标记一个机械错误，但它只能根据提前写入的信息进行尝试，而对实际情形和环境信息缺少了解，此时就需要人类飞行员介入决策，更何况机器还有可能在危机中出现问题，这时候能依靠的就只有人类飞行员了。

比如电影《中国机长》的原型故事：川航事件3U8633航班从重庆飞往拉萨，但是在起飞后40分钟左右，驾驶舱玻璃突然破碎，仪表盘脱落，自动驾驶失灵，机长只能靠自己的判断，手动维持飞行，最终成功带领全机组人员和乘客脱离险境。

（3）在管理领域也是如此。与大数据分析所获得的可重复性的结果相比，人类的行为往往反复无常，并且需要基于无数变量来预测，否则，我们的决策现在早就被人工智能取代了。但这永远不会成为一个有价值的目标，因为管理不仅仅是数据的总和。人工智能可以给管理者提供数字化技术决策和分析依据，但最终的判断还是要由管理者自己做出，因为目前的数字化技术无法涵盖并处理所有要素，比如公司文化、个体情绪、社会态度等。

从长远来看，即使技术在未来有极大的发展也很难做到这一点，换句话说人工智能不会取代管理者的工作，它只会补充管理者的工作，帮助其比以往更高效地完成工作。正如马夫罗马蒂斯（Mavromatis）所说：人工智能加上人类等于未来。与此同时，技术的革新也带来了大量新的工作岗位和服务项目，对企业提出了新的要求，例如人工智能工程师、人工智能监测（测试）人员以及机器训练师等新的职业会出现，会涉及诸多新的工作内容和岗位负责，因此企业需要制定新的管理规范和培养方案。

总的来说，人工智能和大数据对组织行为的影响是一个庞大的、尚未有系统结论的研究领域，并不是所有数字化技术的应用都只带来好处，也有部分数字化的应用过于背离人性，甚至成为压榨劳动力、激化矛盾的新工具。教学人员、管理人员以及员工在接下来的实践中应继续进行探索。不过探索中企业和个人需始终牢记，机器只是辅助人类决策和工作生活的工具，而不是人类生活和工作的主导者，人类始终要由自己作出决定。只有坚持这一底线和原则，企业和个人才能从数字化技术的发展和应用中获益，避免技术的反噬。

1.5.3 组织结构的变化

信息技术和互联网技术的迅速普及，以及团队化工作方式的广泛兴起，推动组织从构筑明确刚性的组织边界，转变为无边界管理或渗透边界管理。虚拟组织、扁平化组织、网络化组织等各种全新的组织结构形态纷纷涌现，这对组织的管理者提出了新的挑战。此外，组织结构变化所带来的这种边界的模糊性和开放性，要求组织行为学重新审视组织面临的经济、文化背景。在经济全球化的今天，组织行为学研究的客体发生了变化。在传统经济中，组织行为学研究人在封闭组织中的行为；而随着知识经济的到来，组织在信息化、网络化革新进程中，越来越趋于开放，组织内的物理、技术、社会和个人等因素持续和外部环境中的各种因素发生联系，尤其是外部的经济、文化环境，这就使得传统的组织行为学研究必须转向对开放型组织的考察。

1.5.4 组织员工多元化

对组织而言，组织员工的多元化一直是一个重要的研究课题，在知识经济时代，人的价值日益显现，而人的共性与个性的矛盾也日益突出。

1.5.4.1 员工代际多元化

在今天的组织中，一个重要的现实就是代际多元化。我国已经进入老龄化社会，而且老龄化的程度也正在不断增强。近年来，员工代际多元化的现象已经越来越严重地影响到组织管理的各个方面。随着“80后”“90后”乃至“Z世代”（是指20世纪90年代中叶及2000年后出生的人）成长起来，他们开始步入职场，并逐渐成为职场主力军。如何对这些极富人格特点的新生代员工进行有效管理，已经成为企业管理者尤其是人力资源管理中面临的一个新挑战。伴随社会的发展与转型，新生代员工的价值观和行为方式与上几代人有了较大的差别，过去行之有效的管理方法，在他们身上应用时会出现与预期不同的效果。价值观和行为方式的差异对组织来说是喜忧参半：喜的是他们主动学习动机和成就动机都很强，喜欢挑战事物、富有创造力、自信而且强调自我实现，这样的员工使组织更有活力，也能创造出更多的绩效；忧的是他们的稳定性欠佳，跳槽现象普遍而频繁，在他们的职业字典里很难找到“将就”两个字。在组织管理者看来，新生代员工是一个“矛盾”的群体。一方面，他们很上进、知识信息量大、自信、爱创新；另一方面，他们的工作期望值很高，能够承担的工作压力相对较低，工作稳定性也较差。

1.5.4.2 性别、种族与国籍多元化

目前组织的构成在性别、种族与国籍等方面正变得越来越多样化。例如，无论在中国还是其他国家，女性走出家庭参加社会劳动已经成为主流，种族或者国籍的差异及限制，也已经变得不那么重要了，组织管理者必须承认差异，以保证员工稳定性，并用提高生产率的方式，对差异作出反应。

1.5.4.3 员工背景多元化

员工背景的多元化是社会发展的结果，提高了组织的创造性和革新性，同时通过鼓励不同的观点来改革决策质量又反过来促进了社会的包容与进步。

1.5.5 工作方式新型化

1.5.5.1 临时性工作大量出现

过去的管理特点是长期的稳定伴随着偶尔的、短期的变革阶段。今天的情形正好反过来了，管理的特点是长期的、不断的变革伴随着短期的稳定。当今的管理者和员工面对的世界是一种永久的“临时性”的世界，员工所从事的实际工作永远处在变化当中。所以，员工需要不断更新自己的知识和技能，以满足新的工作要求。工作群体也变得越来越不固定。过去员工一旦被分配到某个特定的群体当中，这种分配几乎就是永久的，人们终日与同一群人共事，安全感很强。现在不同了，工作群体的临时性取代了这种可预测性，团队中的成员来自不同部门，而且总在变化。另外，组织越来越多地使用员工轮岗制，以适应不断变化的工作任务。最后，组织本身也处于不断变迁的状态中。它们不断地重组各个部门，卖掉经营不善的业务，压缩经营规模，把不重要的服务或操作外包给其他组织，用临时工取代长期工。今天的管理者和员工都必须学会应对临时性。他们必须学会在充满灵活性、自发性和不可预测性的环境中生活。

1.5.5.2 工作时间与工作场所出现变化

（1）工作界限开始模糊。20世纪六七十年代的经典美国员工形象是周一至周五出现在工作场所（中国从1995年5月1日起开始实行双休日），在工作中做满8～9个小时，工作地点和工作时间清晰明确。然而，如今的劳动力已经远非如此，员工们不断抱怨工作与非工作之间的界限变得越来越模糊，导致了许多工作与个人生活上的冲突，也给员工带来了更多的压力，许多因素使员工的工作与个人生活越来越难分清。首先，全球化组织的产生意味着员工的工作世界永远不会处于睡眠状态；其次，电信技术使得很多从事技术与专业工作的员工可以在任何地点、任何时间完成他们的工作，其员工需要承受更多的工作压力。

（2）工作生活平衡。在过去的几十年中最重要的雇佣问题之一，就是工作生活的平衡，要达到工作、家庭平衡，人们就需要减少工作和非工作需要之间的冲突。然而，很多员工难以做到平衡，因为无论在工作场所、家里还是其他地方，他们都会花很多时间工作或思考工作问题。在这一背景下，员工工作方式也随之发生改变。为了帮助员工更好地平衡工作与非工作弹性，工作时间在家办公等新型工作方式也应运而生。

（3）虚拟工作。作为新时代的一种新型工作方式，“虚拟工作”出现了。虚拟工作指的是员工可以利用信息技术在传统的工作场所之外工作，最常见的形式是在家工作。在网络化的组织中，人们即使相隔千里，也能够互相沟通一起工作。借助这种组织，人们得以成为独立的合同工，他们通过电脑进行远程办公，当服务对象有变化时，也可以跳槽。软件工程师、平面设计师、系统分析师、技术协调员、图片研究员、媒体编辑等，都可以在家里或非传统办公地点办公。不过，关于远程工作，尤其是在家工作的利弊，已经引发了广泛的研究和讨论。

• 虚拟工作显然更适合那些能够进行自我激励并且自律的人，他们可以在信息技术的帮助下有效开展工作，并且生活等其他方面的社会需要也能得到充分的满足。有相关证据表明远程工作会吸引应聘者，也会提高员工对工作和生活的平衡感。同时，远程工作带来的另一个好处就是环境效益，可减少能源的消耗。

• 除了这些潜在的利益，在家办公的员工实际上也面临许多实际或潜在的挑战。如果员工缺乏足够的在家办公的空间和资源，家庭关系可能会因此变得紧张而非得到加强。同时，在家办公还会导致社交上的孤立和晋升机会的减少等问题。

1.5.5.3 雇佣关系的变化

伴随工作方式的变化，员工与企业之间的雇佣关系也在发生改变。到了移动互联网时代，合伙制正在逐步取代传统雇佣制。合伙制，让管理者与优秀员工共同谋划、共享利润、共担风险。早在工业文明时期，雇佣制就已出现。因为第一、二次工业革命的到来让劳动力生产效率得到提高，生产关系随之发展演变为公司制。公司制最大的特点是雇用和被雇用。在这种雇佣关系的体制下，股东的利益将最大化。

20 世纪随着科学管理的兴起，现代管理制度得以确立。到了今天的移动互联网时代，个体价值在逐渐崛起，由于互联网文明代表更高的生产力水平，因此互联网文明时代的生产关系必然取代以工业文明为核心的雇佣制，新的组织结构所代表的新生产关系——“合伙人制”便应运而生。在整个互联网的连接中，个体价值不需要有特别稳定的组织结构，客户却需要个体能够现场快速反应。

传统模式市场的反馈速度非常慢，传统的组织形式和相对固定的科层制的组织结构很难满足客户的快速反馈需要，并且前端创造的价值和利润回报远远低于后台成本的增长，投资回报率没有以劳动生产率的增长作为公司的出发点。如果投资不以投资回报率来获得提高，只能走向失败，几年过后情况更是不敢想象。合伙制则通过内部市场化来快速感应市场需要，迅速捕捉商机，进而满足客户的人格化需要。从雇佣制到合伙制不仅是一场生产关系的变革，更是顺应时代走向市场化、激发人才活力、快速感应市场需要、提高运营效率的必然趋势。

1.6 组织行为学中没有绝对的真理

虽然化学、天文学、物理学等科学存在定律，这些定律是稳定一致的，适用范围很广，因此科学家能够计算出地心引力或充满信心地把宇航员送入太空。然而人类是复杂的，几乎没有简单而普适的原理能够解释组织行为，因为我们各不相同，很难总结出简单、准确而且广泛适用于我们自身的定律。在同样的情境中，两个人的表现常常大不相同，同一个人在不同的情境下的行为也会发生变化。例如，并非每个人都追求金钱，人们在宗教仪式上的行为和他们在聚会中的行为相去甚远。

当然，这并不意味着我们无法针对人类行为给出合理准确的解释，或作出有效的预测。相反，它的意义在于组织行为学的概念或理论必须反映情境或权变条件。我们可以说 X 导致 Y，但只能在 Z（权变变量）所限定的条件下。组织行为学是通过把一般性的概念和理论加以调整，再应用到特定的情境、个人和群体中而发展起来的。例如，组织行为学家会避免这样的说法：每个人都喜欢复杂且具有挑战性的工作（一般理论）。为什么？因为并不是每个人都渴望富有挑战性的工作，有的人喜欢常规、简单的工作胜过多变复杂的工作。换句话说，一项工作对一个人有吸引力，对另一个人却未必如此。因此，某项工作的吸引力是因人而异的。通常我们既能发现一般性规律，比如金钱确实会影响我们大多数人；也能发现偶然性，比如有些人比其他人更容易受到金钱的激励。当我们意识到一般性规律和偶然性在通常情况下是如何引导行为的时候，我们才能更好地理解组织行为学。

课后作业

1. 组织行为学与管理学研究有着怎样的关联？学习组织行为学的意义是什么？

2. 基于中国主要哲学思想与西方不同学派学者的人性观差异，分析人性观如何影响其管理理念。

3. 区分 X 理论与 Y 理论不同的管理观念。

4. 从组织行为学的学科发展和演变过程，分析人的地位和作用是如何不断得到提升的。

5. 分析组织行为学所面临的机遇与挑战。

6. 管理者如何应对新生代员工？

案例分析

大数据与人工智能在平安保险人力资源管理中的应用

数字化技术的应用可以大大降低组织的运行成本，以释放更多人力。以中国平安保险集团的招聘为例。

中国平安保险集团每年招聘超过 19 万的正式员工，需要接受 400 多万份简历。由于平安拥有涵盖金融业务各个领域的 30 多家子公司，业态条线复杂，即使是同一个岗位，不同分公司需要的人才也是不一样的。要完成如此巨大的工作量，需要很多人力。尽管平安可以聘请足够的人力资源员工来负责招聘，但也可能出现提问随意、评分不客观、流程不固定、面试周期长等问题。在这样的现实下，AI 面试的诞生与应用成为必然的趋势和选择。

2018 年，平安推出了历时 4 年研发的创新智慧人事一体化平台——HR－X，它的一大亮点是配备了 AI 面试官。

HR－X 平台的 AI 面试官集成三大智能引擎，嵌入全球领先的六大 AI 技术，包括声纹识别、语音识别、情绪识别、语音合成、文本机器人、语义情感分析等。通过海量、多元数据模型训练，AI 面试官可以通过前端对候选人进行提问、追问，甚至反问、答疑等语音互动；同时，后端可以做到同步直播、实时评分，并通过声纹识别等技术防止作弊；面试结束后，HR－X 平台会立即生成面试报告，为部门主管提供全面、客观、准确的录用建议。针对中高级职位，HR－X 的 AI 面试官还可以实现与真人面试官同步面试，提供最佳面试问题清单和注意点，辅助真人面试官做出更专业的决策。

平安把 AI 面试官这一系统设计得非常灵活、智能，涵盖 1 200 多个考察因子、6 000 多个面试问题，以及 15 万面试评价规则，同时还搭载了智能模式超市。各分公司可根据自身的需要，自由组合考察因子，形成定制化面试模型，以支持不同岗位、不同层级的面试需求。

最重要的是，AI 面试官能以最快的速度，准确有效地满足复杂的招聘需求，把 HR 从烦杂的初步筛选工作中解放出来，减轻其负担，减少面试过程中主观判断的影响，实现问得好、评得准、选得优。当前，这一技术已经在平安的 30 多家子公司全面上线，用它选到合适人才的概率超过 90%，比人工面试高 60%。

讨论：

大数据与人工智能对组织人力资源管理的影响。

个体篇

第二篇

管理心理学家克里斯·阿吉里斯说：“只有当我们了解了自己，才能够了解他人，而且也只有当我们了解了他人，才能够了解自己。”

2　传记特点与能力

学习目标

- 认识传记特点及其组成部分
- 分析个体传记特点与组织绩效之间的关联
- 掌握个体智力能力与体质能力的维度
- 用人职匹配理论分析当下我国对人才的需要

2.1 传记特点

传记特点（biographical characteristic）是指可以从员工的人事档案中直接获取的信息，是用于区分员工的一些最明显的方式，比如年龄、性别、工作期限、婚姻状态等。这些特征可能会直接影响员工的绩效，如对员工生产率、工作满意度、流动率和缺勤率等产生影响。这些表层特征之间的差异可能会成为歧视员工的根源，所以我们要了解这些变量与重要的工作结果之间到底存在哪些关联。不同群体之间的差异，比拥有共同特征的群体内部差异大得多。

2.1.1 年龄

组织行为学中研究传记特点中的年龄特征，目的主要是分析个体在不同年龄段的行为特征，以及不同年龄段个体可以从事的职业或者工作内容，与可能的相关工作绩效间的联系。过去人们普遍认为随着年龄增长，个体的工作绩效会不断下降，缺勤率会增高；而且老年员工缺乏灵活性，对新技术会有抵触。但随着员工的年龄增长而增加的经验和判断力，较强的工作道德感与对设定质量的承诺等，是否足以弥补个体身体技能等方面一定程度的衰退，则需要从组织行为学的研究中找到证据。

2.1.1.1 组织行为学对年龄与工作绩效间关系的研究现状

（1）年龄与生产率之间的相关性。很多人认为生产率会随着年龄的增长而下降。员工的技能水平，尤其在速度、力量、敏捷性和协调性方面，也会随着时间的推移而不断衰退；另外，长时间从事一项工作所产生的厌倦感、缺乏智力上的刺激，同样会影响到生产率。然而通过研究得到的证据却与这种普遍的看法相反。研究发现，年龄和工作任务绩效并不相关，老员工可能表现出公民行为。

（2）年龄与缺勤率负相关。研究显示，年龄与缺勤率之间的关系在一定程度上受到缺勤原因的影响。一般年长员工在可以避免的缺勤方面优于年轻员工；但他们在不可避免的缺勤方面，相对表现较差。这可能是因为年龄的关系易造成身体状况不良，或在疾病及损伤之后需要更长的时间恢复。最近的大多数研究表明，在能够避免的情况下，年长的员工缺勤率比年轻的员工低；在不可避免的情况下，两者的缺勤率相当，比如说病假。总的来说，年长的员工的健康状况要比平时人们想象中的更好。最近有人研究表明，全球范围内年长员工的心理健康问题和身体健康问题都比年轻员工要少。

(3) 年龄与离职率负相关。这一结论是在研究了年龄与离职的关系后得出的。当然，这个结果没有那么令人意外，原因主要如下：

• 员工年龄越大，可供选择的其他工作的机会就会越少，因为他们的技能越来越多地专注在某些类型的工作上。

• 年龄越大，认知期限一般越长，因此可能加薪的机会也越多，休假的时间更长，养老、福利也更具吸引力。

• 人们年龄越大就越不愿意离开现有的工作岗位。

(4) 年龄与工作满意度之间的关系。有关年龄与工作满意度之间的关系尚未有定论。有研究指出，年长员工往往对自己的工作更满意，与同事的关系更好，对自己效力的组织的承诺度更高。针对这一结果，目前存在若干解释。其中有些研究对比了专业技能和非专业技能的员工，通过观察他们的年龄与工作满意度的关系，得到的结论最有说服力：把两种类型的员工分开考察时，在专业技能组，满意度随着年龄的增长而持续增加；而在非专业技能组，到中年时满意度水平出现下降，之后又有回升。

2.1.1.2 孔子对个体年龄与发展的论述

我国早期思想家孔子在《论语·为政》中说："吾十有五而志于学，三十而立，四十而不惑，五十而知天命，六十而耳顺，七十而从心所欲，不逾矩。"这段话描述了年龄与心理行为特征及职业发展的关联，同时分析了个体在年龄成长的不同阶段所表现出来的行为特征和心理特征等的差异。

(1) 从学前期（0~15岁）：已经开始启蒙学习。

(2) 立志与学习时期（15~30岁）：与从学前期相比，此时的学习更与志向相结合。

(3) 自立时期（30~40岁）：懂理、独立于社会。

(4) 不惑时期（40~50岁）：不被外面的世界所迷惑，做事不犹豫。

(5) 知天命时期（50~60岁）：认识自然规律，知道自己的人生使命。

(6) 耳顺时期（60~70岁）：冷静倾听别人的意见，分辨真假、明辨是非。

(7) 从心所欲，不逾矩时期（70岁以上）：言行自由，自觉遵守客观规律，自觉遵守道德规范。

2.1.1.3 莱文森提出的发展阶段和任务理论

莱文森发展阶段和任务理论（Levinson's Developmental Stages and Tasks）

的核心概念就是“个体生命结构”，每一稳定时期的基本任务是建构生命结构。莱文森和他的同事认为这一生命结构是在成人阶段进化成的相对有序的结果，它由一系列交替稳定的结构建构阶段组成。

（1）青少年期（0～22岁）开始形成独特的个性，渐渐脱离对父母的依赖，而建立独立的生活。

（2）进入成人世界（22～28岁）。在此，新的生命结构一定要建立。一个年轻人开始试图去确定一种职业，建立更成熟的友谊和性联系——包括婚姻。这一时期的发展任务是达到一种认为自己是成人的最初感觉。莱文森及其同事发现，这一时期总有一个良师和一个人的未来成长或其成功密切相关。

（3）30岁间的转折时期（28～32岁）。这一时期，有许多职业、婚姻的变化，到这一转折的结尾，一个人的思想集中于未来，成人准备阶段也就完成了。

（4）安定时期（32～39岁）。通常十分忠诚于他的工作和家庭。他现在开始攀登职业的阶梯，这个时候，是在社会中寻求合适职位，确立职业，进行投入工作的时期。

（5）成为自己的安定后期（36～41岁）。这时成年人的主要发展任务是实现安定的目标。

（6）成年转折时期（42～45岁）。莱文森称之为成年转折。这个时期的任务是和过去相妥协，为未来做准备，为踏上成人中期铺设台阶。

（7）再建构时期（45～50岁）。40多岁时，一个人形成了成年成人的初始生命结构。他们认为随着建构第二成年成人结构，在50岁时会有一个转折。

莱文森的“个体生命结构理论”观，对于解释个体生存的成人发展模型是很有用的。它赋予我们一种检验一个人的生活经验的方法。以此方式，我们可以考虑到自身和世界的相互作用。

2.1.1.4 道尔顿—汤普森职业发展阶段理论

道尔顿—汤普森职业发展阶段理论（The Dalton，Thompson & Price Model）提出了个体进入职场后职业发展的主要规律。这与其年龄有一定的相关性，也与个体在某一职业中的任职期限有相关性。共分为四个连续的职业阶段：学徒（apprentice）、同事（colleague）、导师（mentor）、元老或顾问（sponsor）。每一个阶段都涉及不同的任务、不同类型的关系和不同的心理调整。

（1）学徒（16～25岁）。职业的探索阶段。个体帮忙、学习，并按指导行事，必须学会如何处理有关工作职责问题，并学会与其他人一起工作。

（2）同事（25～35岁）。立业阶段。个体做出独立的贡献，必须能够展示自身独特的技能，并证明自身有能力、能胜任工作。

（3）导师（35～55岁）。维持阶段。能够培训个体，并制定政策帮助他人。

（4）元老、顾问（55～75岁）。离职阶段。逐步结束工作。

关于职业的部分困惑，源于明确或隐含使用的职业模型。其中最有影响力的是组织的金字塔模型。大多数组织结构图都以图形方式说明了这一点。权威、地位和薪酬都随着个人职业发展阶段在图表位置上的上升而增加。这种模式隐含的概念是，职业发展包括尽可能迅速地向金字塔上游移动。大量专业人士进入工业或政府组织，这是他们面对的唯一职业发展模式。许多拥有高学位的专业人士成为管理职位的主要候选人。但也有很多人沮丧地发现，管理的能力和意愿似乎是他们在组织中获得进步、认可或奖励的唯一标准。

2.1.1.5 社会老龄化引发对待员工年龄的思考

在未来的10年里，由于多种原因，年龄与工作绩效的关系可能日益受到重视。

（1）年长员工的优秀特征。因为全球劳动力的老龄化，雇主们对年长的员工有着较为复杂的看法，雇主看到了年长员工所具备的很多优良品质：富有经验、有判断力、较强的工作伦理和质量意识；但与此同时，他们往往也觉得较年长的员工缺乏灵活性、对新技术有抵触情绪，所以组织在积极寻求那些可以接纳和认可变革的个体时，与年龄相关的负面评价明显阻碍了年长员工受聘的机会，并且在企业裁员时他们被打发走人的机会更大。

（2）年龄歧视导致低水平的组织绩效。在年龄歧视氛围较重的组织中，员工对公司的承诺度相对较低。这种较低的承诺度，最终会带来低水平的组织绩效。这项研究结果表明，抵制年龄歧视也许会有利于提高组织的绩效水平。

2.1.2 性别

2.1.2.1 性别对生产率的影响

在性别与工作绩效之间的关联中，争论最为激烈、观点最五花八门的就是女性能否把工作做得和男性一样好，即性别对工作绩效中生产率的影响。有研究表明，研究者在选择某些职位的应聘者时，会受到性别偏见的影响。

（1）一旦开始从事某一项工作，尽管男性和女性员工能够得到同样的发展机会，但女性员工不太可能被男性管理者安排到具有挑战性的职位上，而具有挑战性的工作往往可以帮助员工在组织中获得更高的职位。在传统男性领域中取得成功的女性往往被贴上不讨人喜欢、不友好、不受欢迎的上司等标签，但职位较高的女性反映这样的认知正在逐渐改变，而且她们可以通过有效的人际交往来反驳这种看法。

（2）女性认为性别歧视更为普遍。研究表明，在大部分员工为男性的工作场所中，女性尤其认同，与男性相比性别歧视更为普遍。

（3）性别对工作生产率无影响。已有的证据表明，男性与女性之间并不存在着影响工作绩效的重要差异。在解决问题的能力、分析技巧、竞争动力、学习技能、动机或者参与社会活动的能力方面，男女之间并无显著的差别。当然，男女确实存在着一些少许的差异。例如，女性在语言表达、短时记忆、形象思维能力等方面相对更强；男性则在空间知觉分析、综合抽象能力方面更强。另外，女性比男性更加容易遵从权威，对成功的期望值更低。

（4）性别决策仍然会影响我们的认知。研究发现，在美国，尽管获得学士学位的人群中60%是女性，但是理科领域的教授们仍然认为女学生在能力上不如男学生，即使她们和男学生一样有着同等水平的成就和技能，遗憾的是女学生很容易接受职业方面的刻板印象，并且通常认为她们不适合那些传统意义上的由男性从事的工作。即使是传统意义上的女性工作，女性也比男性赚得少。“玻璃扶梯”是指男员工在许多以女性为主导的工作领域，往往晋升得还更快。最近的一项研究表明，经验丰富的管理者会把71%用于加薪的资金分配给男性，只留下29%给女员工。

2.1.2.2 性别对缺勤率的影响

缺勤率引发性别歧视。由于生育的原因，女员工缺勤率往往会高于男员工。仅这一个原因足以让女员工在职场上处于劣势。职场中的妈妈们更要面临雇主的怀孕偏见，这限制了她们的职业机会。

2.1.2.3 性别对离职率的影响

大多数人的感觉是男士比女士爱跳槽。但有些国外的研究数据显示，女士离职率高于男士。因为很多西方国家女士生育时会离职到孩子入学等。近年来，国内进行了生育政策的调整，“90后”“00后”未来也将有些女士选择在完成生育与初期带孩子后再重返职场。这在数据统计上将影响男女离职比率。

研究表明，那些需要负担家庭责任的员工，无论男、女都会有较大心理压力。经历过最恶劣的公开歧视后，当感受到较低的工作承诺和工作满意度时就会出现更强烈的离职意愿。

组织离职率较高的原因是很复杂的。但是离职率高对组织绩效是有害的，尤其是那些脑力劳动者和管理者。虽然性别偏见和性别歧视依然严重，但有迹象表明这种情况正在改善。

2.1.2.4 性别对工作满意度的影响

男性员工与女性员工在工作满意度方面没有差异。决定工作满意度的更多是员工做的是不是自己喜欢的工作。

有证据表明，减少性别歧视，会对员工工作满意度起到提升的作用。

2.1.3 婚姻状况

婚姻状况是否对员工生产率产生影响，目前尚缺乏足够的证据。

2.1.3.1 婚姻状况对缺勤率的影响

相对一致的已有研究结果是，在年龄等因素相同时，与未婚的同事相比，已婚员工的缺勤率更低。

2.1.3.2 婚姻状况对离职率的影响

在年龄等因素相同时，与未婚的同事相比，已婚员工的离职率更低。

2.1.3.3 婚姻状况对工作满意度的影响

在年龄等因素相同时，与未婚的同事相比，已婚员工对工作更为满意。

研究分析，婚姻状况之所以在一定程度上影响工作绩效的一些维度，其可能的原因如下：

（1）责任感原因。婚姻带来的家庭负担，使得员工的责任感增强，对已婚员工而言，一份稳定的工作显得更为重要、更有价值。

（2）与人相处的因素。婚姻也教会人与人相处、相互宽容与理解，并能提高有效沟通。

（3）个性稳定性的原因。已婚个体本身对未来就具有更稳定的倾向。

2.1.4 任职期限

任职期限，又称资历，即员工在组织里待了多久。任职期限是指从正式任命现任职务当年起，根据实际任职时间按年度累加计算至今，也指员工在组织中从事某项具体工作担任职务的时间。任职期限指的是一段特定时间，具有特定性；任职期限可以有一个或多个。人们思考很多的一个问题就是任职期限对工作绩效有怎样的影响。

2.1.4.1 任职期限对生产率的影响

大量的研究探讨了资历与生产率之间的关系。如果我们把资历界定为在某项具体工作上持续的时间，那么可以说很多近期的研究表明，资历与生产率之间存在一定的正向关系。因此，任职期限通常代表的是工作经验，可以说是员工生产率的一个良好的预测。但是，任职期限不是生产率高低的指示器，任职期限长的员工也可能不是因为干得好，而是因为没有更好的去处，才不选择离开。

2.1.4.2　任职期限对缺勤率的影响

针对任职期限与缺勤率之间关系的研究表明，二者之间存在着负向的关系。但是，任职期限长其缺勤率未必会真低，只是在缺勤表统计上，显示着任职期限长的员工缺勤率较低。

2.1.4.3　任职期限对离职率的影响

任职期限在解释离职率上也具有潜在的有效性。在一项工作中干的时间越长，个体越不可能离职。有证据表明，员工在过去工作中的任职期限是未来工作离职率最有力的预测指标。

2.1.4.4　任职期限对工作满意度的影响

任职期限与工作满意度正相关。在对年龄与任职期限两个变量分别进行考察时，任职期限比生理年龄对工作满意度的预测更为稳定，也更加一致。

另外，研究也表明，过去的行为是对未来行为最好的预测指标。

2.2　能力

能力作为专业术语时，指的是个体成功完成工作中各项任务的可能性。

能力对于完成工作任务非常重要。在《论语》中，孔子多次强调了个体能力的重要性。例如，子曰：“不患人之不己知，患其不能也。”（《论语·学而》）意思是，孔子说：“不要忧虑别人不了解自己，而应当担心自己没有能力啊。”子曰：“君子病无能焉，不病人之不己知也。”（《论语·卫灵公》）意思是，孔子说：“君子只怕自己没有才能，不怕别人不知道自己。”尽管当时孔子的很多主张不被国君采纳，但孔子还以此来鼓励自己通过不断学习提高自身的能力，同时也勉励了一代代后人。

2.2.1　能力的类型

人的能力类型有区别，不同的工作要求员工运用不同的能力。组织期待选贤任能、人岗匹配，其理想境界就是“人尽其才、人尽其能、人尽其用、人事相宜”。能力主要包括体质能力和智力能力。

2.2.1.1 体质能力

体质能力（physical ability），是指人体健康状况和对外界的适应能力，是工作中对身体所需要的能力。体质能力是在遗传性和获得性基础上表现出来的人体形态结构、生理功能和心理因素的综合的、相对稳定的特征，包括力量、灵活性、协调性、平衡性、耐力等。对于从事知识与技术要求较少而又比较规范的工作的人（如运动员、搬运工、流水线上的操作工等员工）来说，体质能力可能会成为成功的关键因素。许多行业对于体质能力都有相应的严格要求，有必要在管理中确定员工的体质能力水平。

专家调查了数百种不同工作的要求，归纳出工作中体力活动的九项基本能力，见表2－1。不同个体在每项能力上都存在着一定程度的差异。如果管理者能够确定成功完成某一项任务所需要的体质能力的要求，并保证从事此项工作的员工具备这些能力，那么工作绩效无疑会得到很大的提高。

表2－1 九项基本体质能力

序号		体质能力	具体表现
力量因素	(1)	动态力量	不断重复或持续运用肌肉力量的能力
	(2)	躯干力量	运用躯干肌肉，尤其是腹肌，达到一定肌肉强度的能力
	(3)	静态力量	产生力量，阻止外部物体的能力
	(4)	爆发力	在一项或一系列爆发活动中产生最大能量的能力
灵活性因素	(5)	广度灵活性	尽可能远地移动躯干和背部肌肉的能力
	(6)	动态灵活性	进行快速重复的关节活动的能力
其他因素	(7)	躯体协调性	躯体不同部分进行同时活动时相互协调的能力
	(8)	平稳性	受到外力推拉，保持躯体平衡的能力
	(9)	耐力	当需要延长出力时间时，持续保持最高出力水平的能力

体质能力测试是根据体质的概念进行的身体检测，测试内容包括四大素质：身体形态、身体机能、身体素质和心理素质。经过我国各部门几十年的研究，根据我国当前人群的实际情况和测试指标的有效性、可靠性、客观性，最终选取身高、体重、肺活量、心肺功能、骨密度、10米×4往返跑、握力、反应时等作为体质测试的指标。而对心理素质的测试并没有做要求，但随着社会的发展，对心理素质的测试将成为体质测试中必不可少的部分。

2.2.1.2 智力能力

智力能力，即从事那些如思考推理和解决问题等智力活动所需要的能力。在大多数社会中人们都很重视智力因素，这合乎情理。一般来说，聪明的人会接受更高的教育，赚更多的钱；聪明的人也更容易脱颖而出，成为群体的领导者。然而，由于有关智商（Intelligence Quotient，IQ）测试的起源、影响因素和实施过程还存在争议，人们因此始终无法正确评估他们的认知能力。关于能力的理论是伴随着对智力的研究而开展起来的。因此，下面进行详细的解析。

2.2.2 智力能力的基本理论

2.2.2.1 瑟斯顿的七维智力理论

研究智力能力经常引用瑟斯顿的七维智力理论，该理论将智力能力分为：算术、语言理解、知觉速度、归纳推理、演绎推理、空间视知觉及记忆力，见表2-2。

表2-2 智力能力的七个维度

维度	描述	工作范例与其他职业举例
算术	快速准确的运算能力	工作范例：会计——计算一系列物品的营业税； 其他职业举例：服务生、投资银行家、工程师等
语言理解	理解读到的和听到的内容，理解词汇之间关系的能力	工作范例：工厂管理者——推行企业聘用政策； 其他职业举例：喜剧演员、教师、律师、作家等
知觉速度	迅速准确地辨认事物异同的能力	工作范例：火灾调查员——鉴别纵火责任的证据和线索； 其他职业举例：飞行员、职业摄影师等
归纳推理	确定一个问题的逻辑后果，以及解决这一问题的能力	工作范例：市场调查员——对未来一段时间内某一产品的市场需要进行预测； 其他职业举例：治疗师、软件设计师等
演绎推理	运用逻辑来评估某种观点的价值的能力	工作范例：主管——在员工提供的两项不同建议中作出抉择； 其他职业举例：医学研究员、侦探科学家，调查记者等

续表

维度	描述	工作范例与其他职业举例
空间知觉	方位辨识及空间关系判断能力	工作范例：室内装饰师——对办公室进行重新装饰； 其他职业举例：服装设计师、宇航员等
记忆力	保持和回忆过去经历的能力	工作范例：营销人员——回忆顾客的姓名； 其他职业举例：翻译、管理者、研究人员等

2.2.2.2 弗农的层次结构理论

弗农提出了智力的层次结构理论，认为智力的结构是按层次排列的，其中：第一层是普遍因素，即人的基本心理能量；第二层分为两大群，包括言语和教育方面的因素以及操作和机械方面的因素，叫大群因素；第三层为小群因素，包括言语、数量、机械信息、空间信息、手工能力等内容；第四层为特殊能力，即完成具体工作时需要的特殊技能。

2.2.2.3 加德纳的多元智力理论

加德纳提出了智力多元论（multiple intelligence theory），他认为，每一个人都具有相对独立存在的、与特定的认知领域或知识范畴相联系的7种智力，每种智力作为单独的系统即“模块”，在大脑中按各自的规则运行，这7种智力分别为：

言语—语言智力；音乐—节奏智力；逻辑—数理智力；视觉—空间智力；身体—动觉智力；自知—自省智力；交往—交流智力。

2.2.3 智力能力测试

专家们认为有些测试确实可以分析智力能力的构成。对智力能力进行测试，人们主要运用智商作为衡量人智力能力高低的数据指标。

2.2.3.1 比奈的IQ测试

比奈—西蒙智力量表由法国心理学家比奈（Binet Alfred）及其助手西蒙（Theodore Simon）于1905年编制，是世界上第一个智力量表。这个测验的目的是把异常儿童和一般儿童区分开来，并对其进行特别的教育。

比奈—西蒙量表在心理测验历史上具有划时代的意义，对以后的智力测验影响巨大。但限于当时的条件，比奈—西蒙量表也暴露出一些缺点，比如施测项目太少，仅通过30个测验项目来测量儿童的记忆、言语、理解等能力，存在分数不够稳定等问题。比奈认为一个人的智力在到达一定程度后就会停止增长或放缓增长，一般认为26岁会出现智商不断下降的情况，但年龄增长却不会停下来，但这显然不符合现实。

很多研究者对比奈—西蒙量表进行了修订，其中最著名的是斯坦福大学特曼（L. M. Terman）的修订版本，即斯坦福—比奈智力量表（Stanford - Binet Intelligence Scale）。1916 年，美国斯坦福大学特曼对比奈—西蒙量表所作的修订本，不但对每个测试题的实施程序及评分方法作出详细的说明和规定，而且把智商概念运用到智力测验中，使智力分数能在不同年龄间进行比较，从而进一步发展和完善了比奈以智龄评定智力的方法。1937 年，发表了第二个修订本，其中有两套等值的测验，即 L 型和 M 型。1960 年，在第三次修订中又将两个等值测验合并成一套，称 L - M 型。斯坦福—比奈智力量表认为，比奈智商本质上是一个比率，因此称为比率智商，一般人的平均智商定义为 100，如图 2 - 1 所示。

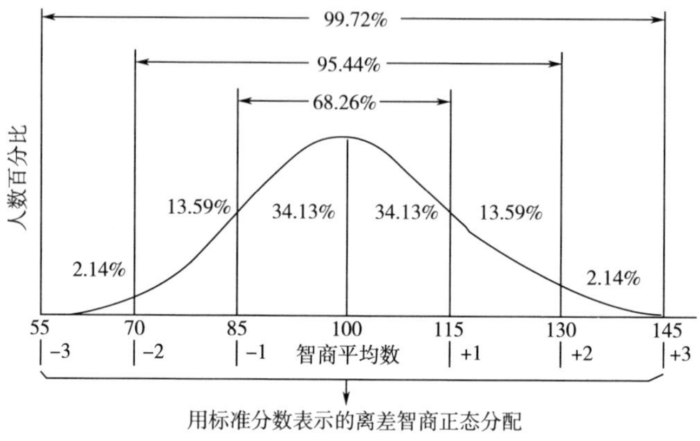

图 2 - 1　斯坦福—比奈智商的正态分布

根据斯坦福—比奈智商测验，正常人的智商符合正态分布，即大部分人的水平居中，少量人的智力特别高或特别低。斯坦福—比奈量表智商分布与命名如表 2 - 3 所示。

表 2 - 3　斯坦福—比奈智力量表分类（Stanford - Binet Intelligence Scale）

智商	类别
140 以上	天才（genius）
120 ~ 140	上智（very superior）
110 ~ 120	聪颖（superior）

续表

智商	类别
90～110	中材（average intelligence）
80～90	迟钝（dull）
70～80	近愚（borderline case）
50～70	低能（moron）
25～50	无能（imbecile）
25以下	白痴（idiot）

设定主体人口的平均智商为100，则根据一定的统计原理，一半人口的智商，介于90～110之间，其中智商在90～100和100～110的人各占25%。智商在110～120的占14.5%，智商在120～130的人占7%，智商在130～140的人占3%，其余0.5%的人智商在140分以上，另有25%的人IQ在100分以下。正常人的智商大多数为85～115。

2.2.3.2 韦克斯勒智力量表

美国心理学家戴维·韦克斯勒于1934年开始致力于智力测验的编制和研究工作，1939年发表了韦克斯勒—贝尔韦智力量表Ⅰ型。W－BⅠ是第一个成人智力测验，它的内容是以特别适合成年人使用的眼光来选择的，并用一系列不同的子测验的形式来编制整个测验，每个子测验内的题目皆由易到难排列。由于W－BⅠ在常模样本的代表性及子测验信度上的不足，韦克斯勒又于1949年增加了Ⅱ型。W－BⅠ和W－BⅡ主要用于测量10～60岁的被试，它们在内容和形式上为后来发展的各种量表奠定了基础。韦克斯勒使成人智力测验不再依赖语言项目，他把智力定义为使个人行动有目的的思维，合理应付环境，有效的一种聚集或全面的才能，并基于此开发了韦克斯勒智力量表（称为WB量表），可用于儿童与成人测试。首次采用了离差智商取代比率智商，离差智商表示每一个被试成绩偏离他同龄人的平均程度。标准差是根据测验分数的常态分布来确定的。

（1）WB量表的主要优点：

• 测验具有复杂的结构，不但有言语项目，还有操作项目。

• 可同时提供3个智商分数和各个分测验分数，能较好地反映智力的整体和各个侧面。

• 不但可以评价个人一般智力的高低，而且可以知道他在不同智力方面的差异。

• 采用分量表，将测量同一种智力的项目集中起来汇成分测验，各种年龄的受试者都接受同样的分测验。这种方法的优点是可对各种智力加以比较，同时可节省指导测验时间。

• 用离差智商代替比率智商，既克服了计算成人智商的困难，又解决了在智商变异性上长期令人困扰的问题；对信度和测量误差的处理值得赞许，采用因素分析方法研究测验的结构效度更具有理论意义。

• 整个 WB 量表测验的 3 套量表互相衔接，适用的年龄范围可从幼儿直到老年。

（2）WB 量表的不足：

• 缺乏充分的经验效度资料是韦氏 3 套智力量表的共同弱点，特别是在预测学业成就方面，不如斯坦福—比奈智力量表效度高。

• 因素分析研究也缺乏外在效标（external criterion，效度的外在体验标准）的支持。

• WB 量表对于测量智力极高和极低的被试不大适用。

• WB 量表施测的程序复杂费时。

尽管有上述不足，WB 量表还是被广泛用作智力诊断的工具。至 1981 年，有关 WB 量表的资料已在各种出版物上登载了 3 000 多次，足见其影响之大。

2.2.3.3 瑞文标准推理测验

瑞文标准推理测验（Raven's Standard Progressive Matrices，SPM）是由英国心理学家瑞文（J. C. Raven）于 1938 年创制的一种非文字智力测验。它在世界各国沿用，用以测验一个人的观察力及推理判断能力。

（1）SPM 的理论假设。SPM 的理论假设是将智力一般因素分为两种相互独立的能力：一种称为再生性能力，表明个体经过教育之后达到的水平；另一种称为推断性能力，表明个体不受教育影响的理性判断能力。词汇测验是对再生性能力的最有效的测量；而非语言图形的推理测验则是对推断性能力的最佳测量。

（2）SPM 是非文字智力测验。瑞文标准推理测验是一种纯粹的非文字智力测验，并且降低了文化因素对测验结果的影响，力求避免测验的偏差，因此也被称为文化公平测验。所以广泛应用于无国界的智力/推理能力测试，属于渐近性矩阵图，整个测验一共有 60 张图，由 5 个单元的渐进矩阵结构图组成，每个单元在智慧活动的要求上各不相同，总的来说，矩阵的结构越来越复杂，从一个层次到多个层次的演变，要求的思维操作也是从直接观察到间接抽象推理的渐进过程。

（3）SPM 没有时间限制。瑞文标准推理测验一般没有时间限制，大多在 40 分钟左右完成，答对的总分转化为百分等级。在个别测验时，如果记录下测试所用时间，并分析其错误的特性，还可以有助于了解被试者的气质、人格和情绪等方面的特点。

（4）SPM 适用范围宽。瑞文标准推理测验适用年龄范围宽，测验对象不受文化、种族和语言的限制，适合团体施测，也可单独施测。测验人员的范围可以包括：6～70 岁，不同职业、国家、文化背景的人都可以用，甚至聋哑人及丧失某种语言机能的病人或具有心理障碍的人也可以用。

（5）SPM 不能绝对化。由于瑞文标准推理测验强调推理方面的能力，并非完全的智力，目前仅用于智力方面的筛选。因此不能绝对化。

现在得到广泛应用的智力测验是韦克斯勒量表和瑞文标准推理测验。

2.2.4 智力能力对工作绩效的影响

高工作绩效对具体心理和体力能力的要求，取决于该工作本身对能力的要求。研究表明，能力与工作匹配时，员工的工作绩效便会提高。如果能力达不到工作的要求，那么无论态度多么好，个人多么努力，最终绩效仍会很低；如果能力远远超出工作要求、大材小用，工作绩效不会受影响，但组织会缺乏效率，员工满意度会降低。

2.2.4.1 智力能力与任务绩效的关系

研究普遍发现认知能力和任务绩效之间存在相关性。一项工作，从信息加工要求的角度来看越复杂，则成功完成此项工作所需的总体智力水平和语言能力就越高。其实在很多工作中，员工的行为具有高度常规性，很少有机会表示出差异，此时高智商能否出色完成工作影响并不大。但这并不是说在传统的复杂程度低的工作中，高智商的人就无用武之地。

2.2.4.2 智力能力对员工满意度的影响

虽然智力因素对更好地完成工作有很大帮助，但它并不能让人感到快乐或提高人们的工作满意度，智力与工作满意度之间几乎零相关。尽管有研究表明聪明的员工可能在工作中表现更好，并且更容易得到比较有趣的工作，但他们对工作条件的评估更为苛刻；即使条件已经很好，他们还是会期望更好的条件。

2.2.4.3 智力能力对个体学习的影响

智力能力的高低与个人的学习能力和学习成绩有很大关系。一个人的智商越高就表明他比别人更聪明或者能掌握更多的知识。但是智商不但与遗传因素有关，还与生活环境有关。如果我们只通过智力能力来推断一个人在社会上的成就就显得不够完善，甚至还会产生很大的偏差。另外，现代人的平均智商在逐渐提高，但目前尚不确定其原因是智力实际在增长还是测量原因所致。

2.2.5 能力的获得与变化

2.2.5.1 能力的获得

遗传是人的体质形成的基础，说明体质的形成与发展在很大程度上与后天环境有关。体质能力与智力能力都是先天的遗传因素对其发展提供了可能性，加上后天学习，并且受内外环境如自然与社会约束共同的结果。

（1）向他人学习。孔子在《论语》中常常提到如何通过学习提高能力。子曰："见贤思齐焉，见不贤而内自省也。"（《论语·里仁》）意思是说：看见德行卓越的人，就要想怎么努力像他一样。看见德行有亏的人，就要反省自己是否也犯同样的毛病。子曰："三人行，必有我师焉。择其善者而从之，其不善者而改之。"（《论语·述而篇》）。孔子说："三个人同行，其中必定有人可以作为值得我学习的老师。我选取他的优点而学习，如发现他的缺点，则引以为戒并加以改正。"

（2）持续学习不放弃。孔子在教育中也经常鼓励其弟子不要放弃学习，持之以恒。冉求曰："非不说子之道，力不足也。"子曰："力不足者，中道而废。今女画。"（《论语·雍也篇》）意思是，冉求说："我并不是不喜欢先生的道，而是我的道力不足呀。"孔子说："道力不足的人，中途而废，现在你停滞不前了。"子曰："不患无位，患所以立；不患莫己知，求为可知也。"（《论语·里仁》）意思是说，不要担心没有地位，应当担心自己没有立身的本领；不要担心没有人知道自己，只要努力，别人就会知道的。

2.2.5.2 能力随年龄而变化

研究表明，各项能力在不同年龄段会发生变化，大体如表2－4所示。

表2－4 能力发展水平差异

能力类型	10～17岁	18～29岁	30～49岁	50～69岁	70～89岁
知觉	100%	95%	93%	76%	46%
记忆	95%	100%	92%	83%	53%
比较和判断	72%	100%	100%	87%	69%
动作反应速度	88%	100%	97%	92%	71%

2.2.6 管理技能

随着科学技术的迅猛发展，生产的社会化程度不断提高，人的作用越来越突出，对人的管理已经成为管理的核心问题。

美国管理学家罗伯特·李·卡茨（Robert·L. Katz）在《哈佛商业评论》上发表了《高效管理者的三大技能》一文，提出有效的管理者必须具备技术技能、人际技能、概念技能。

2.2.6.1 技术技能

技术技能（technical skill）指使用某一专业领域内有关的工作程序、技术和知识来完成组织任务的能力，如工程师、会计、技术员等。技术技能强调内行领导，所有工作都需要一些专门的才能。获取技术技能的途径包括接受正规教育和从事工作。

2.2.6.2 人际技能

人际技能（human skill）是与人共事、理解别人、激励别人的能力。许多人在技术上是出色的，但在人际关系方面有些欠缺。例如，他们不善于倾听、不善于理解别人的需要，或者不善于处理冲突。由于管理者是通过别人来做事，因而必须具备良好的人际关系才能实现有效的沟通、激励和授权。各层管理者都必须具备人际关系能力。

2.2.6.3 概念技能

概念技能（conceptual skill）是指能够洞察企业与环境相互影响的复杂性，在此基础上加以分析、判断、抽象、概括，并迅速作出决断的能力。具体包括：系统性、整体性能力，识别能力，创新能力，抽象思维能力。例如，面对困难，管理者必须看清问题、制定解决方案、选择最优方案。概念技能是高级管理者最迫切需要的技能，实质上是一种战略思考及执行的能力。

2.2.6.4 诊断技能

在三大技能的基础上，近年来国外学者又增加了一个技能——诊断技能（diagnostic skill），即对特定的情境寻求最佳反应的能力，也就是分析问题、探究原因、采取对策的能力。正如一个医生根据病人的病情进行诊断并对症下药一样，一个公共管理者应根据组织内部各种现象来分析研究各种表象，进而探究其实质。如果我们将概念技能视为“只见森林，不见树木”的话，那么诊断技能便相当于“只见树木”，要由表及里，从现象掌握本质的功夫。

大多数的领导都需要技术技能、人际技能、概念技能和诊断技能。但是在不同的组织层次上，这些技能的重要程度有所不同。如图2-2所示，概念技能和诊断技能对于高层领导而言更为重要，基层领导则需要技术技能和人际技能。

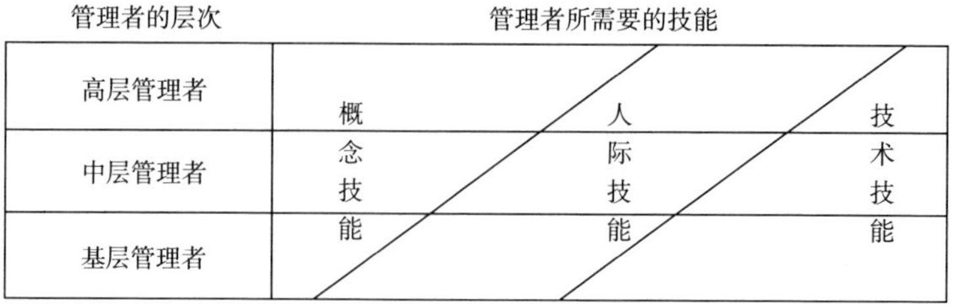

图 2－2　管理技能模型

这 4 种技能的不同组合是随着管理者从低层跃升到高层而变化的。不同阶层的领导者，由于处于不同的岗位，工作任务不同，管理范围不同，因而能力要求不同。当一个管理者从较低管理阶层上升到较高管理阶层时，他所需要的技术技能相对减少，而所需的概念技能则相对增加，但是人际技能对每一管理阶层来说都是重要的。

课后作业

1. 传记特点有哪些？传记特点与组织行为和组织绩效之间存在怎样的联系？
2. 什么是智力能力？它与组织行为学之间的关系是什么？
3. 体质能力的维度主要包括哪几方面？
4. 常见的智力测试工具有哪些？
5. 分析当代我国新生代员工与资深员工之间的能力差异。

自我测试

评估你的管理技能

以下问题有助于你进一步了解自己的管理技能水平，在你认为最符合实情的选项打“√”。

（1）总的来说我对有关量化分析的课程，譬如数学、统计学、会计学和金融学等得心应手。

A. 非常对 □　　B. 大致上对 □　　C. 不予置评 □
D. 不太对 □　　E. 根本不对 □

(2) 我跟大多数人都合得来。

A. 非常对 □　　B. 大致上对 □　　C. 不予置评 □
D. 不太对 □　　E. 根本不对 □

(3) 我通常比较容易把不同课程中的资料关联起来。

A. 非常对 □　　B. 大致上对 □　　C. 不予置评 □
D. 不太对 □　　E. 根本不对 □

(4) 我通常都能够找到问题的根源。

A. 非常对 □　　B. 大致上对 □　　C. 不予置评 □
D. 不太对 □　　E. 根本不对 □

(5) 当有任务下达时，我通常都知道该怎么做，即使有困难也能很快解决。

A. 非常对 □　　B. 大致上对 □　　C. 不予置评 □
D. 不太对 □　　E. 根本不对 □

(6) 我通常都能洞察人们行为的原因。

A. 非常对 □　　B. 大致上对 □　　C. 不予置评 □
D. 不太对 □　　E. 根本不对 □

(7) 我喜欢上理论和概念课。

A. 非常对 □　　B. 大致上对 □　　C. 不予置评 □
D. 不太对 □　　E. 根本不对 □

(8) 我通常都能洞察事情发生的原因。

A. 非常对 □　　B. 大致上对 □　　C. 不予置评 □
D. 不太对 □　　E. 根本不对 □

(9) 我喜欢上“动手”的课，比如写论文解决问题、研究新领域等。

A. 非常对 □　　B. 大致上对 □　　C. 不予置评 □
D. 不太对 □　　E. 根本不对 □

(10) 在团队工作中，我通常都能让大家接受我的观点和创意。

A. 非常对 □　　B. 大致上对 □　　C. 不予置评 □
D. 不太对 □　　E. 根本不对 □

(11) 我更喜欢思考纵观大局的问题，而不是小范围的具体问题。

A. 非常对 □　　B. 大致上对 □　　C. 不予置评 □
D. 不太对 □　　E. 根本不对 □

(12) 当我知道我的任务时，我通常都能找到完成它的办法。

A. 非常对 □　　B. 大致上对 □　　C. 不予置评 □

D. 不太对 □　　E. 根本不对 □

说明：

- 把 (1)、(5)、(9) 的得分相加，总体上反映出你的技术技能；
- 把 (2)、(6)、(10) 的得分相加，总体上反映出你的人际技能；
- 把 (3)、(7)、(11) 的得分相加，总体上反映出你的概念技能；
- 把 (4)、(8)、(12) 的得分相加，总体上反映出你的诊断技能。
- 分数越高，说明你在相关管理领域的自信心越强。

资料来源：关培兰，《组织行为学》第 4 版。

案例分析

阅读 MAP 管理才能评鉴使用的“组织中不同层次管理者胜任各维度的平均值及其统计检验表”(见表 2－5)。

表 2－5　组织不同层次管理胜任力各维度的平均值与统计检验表

能力类型	基层管理人员	中层管理人员	高层管理人员	F 统计检验
创新能力	3.99	4.26	4.51	7.19**
表达能力	3.35	3.68	4.08	10.52**
决策能力	3.71	3.89	4.33	9.38**
人际激励能力	4.20	4.34	4.49	3.92*
用人能力	3.92	4.22	4.40	11.09*
协调能力	3.77	4.01	3.83	2.70
时限控制和紧迫感	2.31	2.10	2.38	1.56
时间计划能力	3.83	4.00	4.38	3.85*

注：* 代表存在显著差异；** 代表存在非常显著差异。

资料来源：陈国海，《组织行为学》清华大学出版社，2007 年。

讨论：

1. 从“人岗匹配”来分析，不同的管理层级需要对应怎样的能力，为什么？

2. 对于管理者来说，哪些能力是晋升最重要的因素？为什么？

3　人格与价值观

学习目标

- 掌握决定个体人格的因素
- 懂得人格的稳定性与可塑造性
- 学习主要人格测试方法
- 解释主要的人格如何预测工作中的行为
- 认识价值观的定义与内涵
- 比较终极价值观和工具价值观的区别
- 了解价值观的代际差异

3.1 人格

3.1.1 人格的概念

组织行为学家对人格（personality）的定义是，人格是个体在对人、对己、对环境的适应中，异于别人的情绪、态度、价值观、动机、自我观念等心理特征。心理学家们认为，人格是在遗传与环境的交互作用下逐渐形成并发展的，在中国常常说的是性格。当我们用安静的、被动的、好斗的、有野心的、忠诚的或好交际的等特征来描述人时，我们是根据人格特质来分类的。人格是一个人对他人做出反应和与他人互动的方式的总和，是一个人感觉、思考和行为的相对持久的方式或模式。

人格是解释员工在组织中的行为方式以及他们对工作和组织有利或不利态度的重要因素。人格已被证明会影响职业选择、工作满意度、压力、领导力以及工作绩效的某些方面。人格类型的概念是指对不同类型的个体进行心理分类。人格类型可以与人格特质区分开来，人格特质有不同的层次或程度。

3.1.2 人格的测量

心理学家们开发了不同的心理测试方法来研究人们的人格类型。组织行为学提供了一系列的方法，帮助我们了解组织中个体的各种特征及其对绩效产生的影响。了解人格的组成有助于对行为进行预测，重要的理论框架和评估工具有助于我们对人格维度进行分类和研究。迈尔斯—布里格斯类型指标（Myers - Briggs Type Indicator，MBTI）和大五人格模型是目前使用最广泛和最著名的人格框架。两种框架都通过对人格各个方面的探索来描述一个人的全面人格。其他的框架，例如“黑暗三特质”模型，虽然解释了个人人格的某些方面，但并不全面。下面就每一个框架进行具体讨论。

3.1.2.1　迈尔斯—布里格斯类型指标

迈尔斯—布里格斯类型指标是使用最广泛的人格框架之一，已经被翻译成近20种世界主要语言，每年的使用者达200万，其中不乏世界500强之内的大型企业。

MBTI人格测验是一种迫选型、自我报告式的人格评估工具，用以衡量和描述人们在获取信息、作出决策、对待生活等方面的心理活动规律和人格类型。MBTI 人格测验包括 100 道问题，用以了解个体在一些情境中通常的感觉和活动。MBTI 分析方法从以下四个维度考察个人的偏好。

（1）E（Extraversion，外向）型/I（Introversion，内向）型。该维度关注"建立关系"，即如何与其他人打交道。E（外向）型的人倾向于将注意力和精力投注在外部世界、外在的人、外在的物、外在的环境等；而 I（内向）型的人则相反，较为关注自我的内部状况，如内心情感、思想。两种类型的个体在自己偏好的世界里会感觉自在、充满活力，而到相反的世界里则会不安、疲惫。

（2）S（Sensing，感觉）型/N（intuition，直觉）型。该维度关注"产生信息"，即以什么方式收集信息。S（感觉）型的人关注的是事实本身，注重细节；而 N（直觉）型的人注重的是基于事实的含义、关系和结论。S（感觉）型的人信赖五官听到、看到、闻到、感觉到、尝到的实实在在、有形有据的事实和信息；而 N（直觉）型的人注重"第六感觉""弦外之音"。直觉型的人的许多结论在感觉型的人眼里，也许是飘忽的、不实在的。

（3）F（Feeling，情感）型/T（Thinking，思维）型。该维度关注"做决策"，即处理信息决定以什么作为决策的基础。F（情感）型的人常从自我的价值观念出发，变通地贯彻规章制度，做出一些自己认定是对的决策；T（思维）型的人则比较注重依据客观事实的分析，一以贯之、一视同仁地贯彻规章制度。F（情感）型的人比较关注决策可能给他人带来的情绪体验，人情味较浓；T（思维）型的人不太习惯根据人情因素变通，哪怕做出的决定并不令人舒服。

（4）J（Judging，判断）型/P（Perceiving，感知）型。该维度关注"选择优先性"，即行动方式以及什么更重要，是获取信息还是做决策。在处事方式上，J（判断）型的人目的性较强，一板一眼，他们喜欢有计划、有条理的世界，更愿意以比较有序的方式生活；P（感知）型的人好奇性、适应性强，他们会不断关注新的信息，喜欢变化，也会考虑许多可能的变化因素，更愿意以比较灵活、随意、开放的方式生活。在做决策时，J（判断）型的人较为果断；而 P（感知）型的人总希望获得更多信息后再决断。

在 MBTI 测试中，通过多个人格取向的并合，可以组成不同的人格类型。4 个人格取向的组合则称为"人格型态"。总括来说，MBTI 包含 16 种不同的人格型态，当中由 2～3 个取向并合而成的类型各自有一个描述性名称。此外，非正统的使用方法认为，每种人格与其他类型的互动关系都可以从组合间透悟出来。完整的描述包括四个取向各自的互动方式，一般这些描述要由注册心理学家根据众多的面试及研究结果写成。美国心理类型应用中心（The Center for Applications of Psychological Type）在互联网上公开了这些描述的精简版本。而包括统计结果的深入版本则可以在MBTI手册中找到。这16种不同的人格类型、人格特点与其适应的工作具体可见表3-1。

表3-1 16种人格类型、对应职业及人格特征表

ISTJ **稽查员（Inspector）** 这一类型的人安静且严肃，在取得成功的路上更注重全面和可靠。他们相对实际，责任感强，逻辑性强，专注力高。他们重视传统和忠诚。能够把自己的生活都安排得井井有条	ISFJ **保护者（Protector）** 他们有责任、友好、安静，执着于自己的义务。他们考虑周到全面，为人勤勉忠诚，而且体贴。关心他人的感受。喜欢有序且温馨的家庭环境和工作环境	INFJ **咨询师（Counselor）** 这一类型的人喜欢追寻思想、关系、物质等之间的联系和意义。对人有很强的洞察力。有责任心，对于自己的价值观极其坚持，很难动摇。面对计划和任务，足够果断，且有计划	INFP **治疗师/（导师 Healer/Tutor）** 这类人是理想主义者。他们忠于自己的价值观，以及自认为重要的人。渴望外部世界和自己内心世界的统一。他们好奇心重，热衷于理解别人，并帮他人实现潜能
ESTJ **督导者（Supervisor）** 这类人实际，是现实主义者。他们果断干练，一旦下决心就会马上行动。注重效率，以及日常的细节。有自己独特的、清晰的逻辑系统，在实施计划时强而有力	ESFJ **供给者/销售员（Provider/Seller）** 他们热心肠、有责任心。喜欢温馨而和谐的环境，并能够为此果断地行动或创造。喜欢和他人一起精确且及时地完成任务。忠诚度高，能体察到他人所需并竭尽全力帮助。渴望得到他人的认可和赏识	ENFJ **教师（Teacher）** 这类人热情，为他人着想，责任心强。注重他人的感情、需要和动机。善于发现他人的潜能，并希望能帮助他们实现梦想。是个人或群体成长和进步的催化剂。能够积极回应他人的批评或是赞扬。有着鼓舞他人的领导能力	ENFP **倡导者/激发者（Champion/Advocate/Motivator）** 他们热情洋溢、极具想象力。在这类人眼中，人生有很多的可能性。联系能力优异，总是需要别人的认可，也总是时刻准备着给他人赏识和帮助。有着很强的即兴发挥的能力

续表

ISTP **操作者/演奏者** **(Operator/Instrumentor)** 这类人忍耐力强，善于观察，行动力突出，善于找到实用的解决方法。对于大量信息的核心点有着极强的洞察能力。对原因和结果感兴趣，注重效率，且喜欢用逻辑来处理问题	ISFP **作曲家/艺术家** **(Composer/Artist)** 这类人安静、敏感、友善。渴望拥有自己独处的空间。不喜欢争论和冲突，也不会把自己的观念和价值观强加到他人身上	INTJ **智多星/科学家** **(Mastermind/Scientist)** 他们通常在实现自己的想法，或者达成自己的目标时有创新的想法和非凡的动力。洞察力突出，且能根据环境规律而形成长远计划。他们多疑也独立，对于自己和他人要求都非常高	INTP **建筑师/设计师** **(Architect/Designer)** 这类人对于自己感兴趣的任何事物，都能寻求找到合理的解释。他们通常喜欢理论和抽象的东西，热衷于思考。为人安静、内向。对于自己感兴趣的领域有超凡的集中力，同时拥有较为深度解决问题的能力。但是他们也多疑，有些挑剔
ESTP **发起者/创设者** **(Promoter)** 忍耐力强，注重实际。认为理论和抽象的解释没有意思，喜欢以积极的态度和行动去解决问题，享受和他人在一起，喜欢物质享受和时尚。学习新事物最有效的方式是通过亲身感受和练习	ESFP **表演者/示范者** **(Performer/Demonstrator)** 这类人通常表现为外向、友善，接受力突出，适应力强。他们热爱生活，热爱人类，也能很好地享受物质。喜欢团队合作和互利共赢。这类人思维灵活，为人自然，不矫揉造作。在学习新事物时，如果有伙伴一起学习，那么能够更快、更高效地学会	ENTJ **统帅/调度者** **(Field Marshall/Mobilizer)** 他们坦诚、果断，是天生的领导者。能快速发现不合理性和低效能性，进而发展并实施有效和全面的系统来解决问题。善于做长期的计划和目标的设定。这类人通常见多识广，博览群书，喜欢拓宽自己的知识面并将此分享给他人	ENTP **发明家** **(Inventor)** 反应迅敏、睿智，能够激励别人，警觉性强，直言不讳。这类人善于寻找理论上的可能性，用战略的眼光分析问题，能够理解他人。不喜欢例行公事，很少会用同样的方法做相同的事情

这16种人格类型，不仅能给我们的生活带来一定的启示和帮助，也有利于我们在职场上更好地发挥自己的能力，并灵活运用到社交中。MBTI能够提高人们的自我意识，并且能够提供就业指导。

但是，MBTI也存在一些问题：问题之一是，它按照非此即彼的方式，也就是说要么是外向型，要么是内向型，没有中间过渡，强制性地把人进行分类；另一个问题在于测量的有效性：人们在多次测试中往往会得到不同的结果；还有一个问题是测量结果难以得到确切的解释。MBTI 各个方面的重要性不同，每个方面在不同组合中的含义也会有所不同。因此，MBTI 的测试结果都要由经过训练的人解释，而这又增加了出错的概率。最后，MBTI 的测试结果与工作绩效不存在相关性，所以管理者更应该考虑使用大五人格模型作为招聘员工的人格测试的工具。

3.1.2.2 大五人格模型

大五人格理论是基于人格特质说发展起来的，大五人格因素一直被不断地重复发现，直至成为西方心理学界一个公认的人格特质模型。金博格（Goldberg，1992）称之为人格心理学中的一场革命。大量的研究都支持大五模型（Big five model）。研究者通过词汇学的方法，发现大约有五种特质可以涵盖人格描述的所有方面。大五人格（OCEAN），也被称为人格的海洋，可以通过 NEO－PI－R 评定。该模型中的这五个基本维度，是所有其他维度的基础，包含了人格特质中最重要的变量。对这些特质的测试很好地预测了人们在不同现实情境中的表现。以下为大五人格模型维度特征。

（1）责任心（conscientiousness）。这一维度是对可靠性的测量。责任心指人们控制、管理和调节自身冲动的方式，用以评估个体在目标导向行为上的组织、坚持和动机。有高度责任心的人显示出胜任、公正、条理、尽职、成就、自律、谨慎、克制等特点，是值得信赖的、持之以恒的；该维度上得分低的人很容易精力分散、马虎、缺乏规划性，且不可信赖。责任心同时反映个体自我控制的程度以及推迟需要满足的能力。冲动并不一定就是坏事，有时候环境要求我们能够快速决策。冲动的个体常被认为是快乐的、有趣的、很好的玩伴。但是冲动的行为常常会给自己带来麻烦，虽然会给个体带来暂时的满足，但却容易产生长期的不良后果。冲动的个体一般不会获得很大的成就。谨慎的人容易避免麻烦，能够获得更大的成功。人们一般认为谨慎的人更加聪明和可靠，但是谨慎的人可能是一个完美主义者或者是一个工作狂。极端谨慎的个体让人觉得单调、乏味、缺少生气。

（2）情绪稳定性（emotional stability）。这一维度刻画的是个体承受压力的能力。情绪稳定性高的人较为平和、自信、有安全感，在该维度得分高的人可能会更加积极乐观，对消极情绪的体验更少，且通常会比得分低的人更快乐。有时候我们会使用与情绪稳定性相反的神经质（neuroticism）来进行讨论。高神经质个体倾向于有心理压力、不现实的想法、过多的要求和冲动，更容易体验到诸如愤怒、焦虑、抑郁等消极的情绪。他们对外界刺激的反应比一般人强烈，对情绪的调节、应对能力比较差，经常处于一种不良的情绪状态下，并且这些人思维、决策以及有效应对外部压力的能力比较差。

（3）外倾性（extraversion）。这一维度描述的个体对关系的舒适感，是人际互动的数量和密度，以及对刺激的需要以及获得愉悦的能力。外倾者表现出热情健谈、自信果断、活跃主动、活力乐观、善于社交、喜欢群居等特质，喜欢引起别人的注意；内倾者则倾向封闭的、严肃的、谨慎的、腼腆害羞的、安静沉默等特质，不喜欢与外界过多接触。内倾者不喜欢与人接触，不能被解释为害羞或者抑郁，这仅仅是因为比起外倾者，他们不需要那么多的刺激，因此喜欢一个人独处。内倾者的这种特点有时会被人误认为是傲慢或者不友好，一旦与其接触，经常会发现内倾者是一个非常和善的人。

（4）经验开放性（openness）。这一维度刻画的是个体对新奇事物的兴趣和热衷程度。开放性高的人具有创造性、对艺术敏感、有想象力、情感丰富等特质；开放性很低的人保守，只对熟悉的事物感到舒适和满足。

（5）随和性（agreeableness）。这一维度考察个体对其他人所持的态度。这里所说的是广义的人际定向范围，随和性代表对合作和人际和谐是否看重。随和性高的人是善解人意的、友好的、慷慨大方的、乐于助人的，愿意为了别人放弃自己的利益。随和性高的人对人性持乐观的态度，相信人性本善，是亲近人的、有同情心的、信任他人的、宽大的、心软的人。随和性低的人则把自己的利益放在别人的利益之上，是容易出现敌对的、愤世嫉俗的、爱摆布人的、复仇心重的、无情的人。本质上随和性低的人不关心别人的利益，因此也不乐意去帮助别人。有时候，他们对别人是非常多疑的，常会怀疑别人的动机。

3.1.2.3 大五人格模型对工作绩效的预测

研究发现了大五人格维度与工作绩效之间有多种关系。其中，责任心是工作绩效的最佳预测因素，然而其他几个特质也和工作及生活的各个方面有关，并对工作和生活产生影响，表 3－2 对此进行了概括。

表 3－2 大五特质影响组织行为学标准的模型

大五特质	与组织绩效相关原因	影响面
责任心	• 付出更多努力，坚持不懈 • 更有驱动力，更有纪律性 • 更多的组织性及规划性	• 更高的组织绩效 • 更强的领导力 • 更长寿

续表

大五特质	与组织绩效相关原因	影响面
情绪稳定性	• 更少的消极思想 • 更少的消极情绪 • 更少的过度警醒	• 更高的工作及生活满意度 • 更低的压力水平
外倾性	• 更好的人际技能 • 更强的社会主导性 • 更多的情绪表达	• 更高的组织绩效 • 更强的领导力 • 更高的工作及生活满意度
经验开放性	• 更多的学习 • 更多的创造性 • 更多的灵活性及自主性	• 更好的培训成效 • 更强的领导力
随和性	• 更受欢迎 • 更顺从 • 更遵守规则	• 更高的组织绩效 • 更低水平的偏差行为

（1）工作中的责任心。研究人员指出，与责任心相关的个人特质对许多工作的成功而言都十分重要。这些工作涵盖了普通水平工作的复杂性训练以及经验，在责任心上得分较高的个体，工作方面的知识水平也高，这可能是因为有高度责任心的人更多责任心，可能与平均绩分点（grade point average，GPA）正相关。而更高的技术水平，又会和更高的工作绩效水平相联系。有责任心的人，更有可能表现出更多的组织公民行为，更少出现反生产工作行为或考虑离开组织，并且能够适应不断变化的任务需求和情况。责任心强的人的不安全行为也会比较少，即与责任心较差的人相比，他们的事故发生率往往较低。

和每一个特质一样，责任心也可能会带来问题，责任心过强的人可能会过于深思熟虑或追求完美，进而导致幸福感以及任务绩效、安全绩效和组织公民行为等绩效的降低。他们也可能会由于过度专注于自己的工作，而没能帮助组织中的其他人。最后，他们通常缺乏创造性，尤其是在艺术上。

（2）工作中的情绪稳定性。在大五特质中，情绪稳定性与工作和生活满意度的相关度最高，并且能够降低工作倦怠程度和离职倾向。情绪稳定性高的人，能够适应工作场所中意想不到的或不断变化的需求。而在情绪稳定性的另一端，那些无法应对这些需求的神经质者，则可能会经历倦怠。这些人也更容易有工作和家庭之间的冲突，进而影响到工作成果，由于这些负面的、令人紧张的影响，神经质的员工更可能有反工作行为，而不太可能参与组织公民行为，也不太可能在工作中受到激励。

（3）工作中的外倾性。在需要人际互动的工作中，外倾者会表现得更好。外倾者更具社交主导性，更能驾驭人，比内倾者更加自信。外倾性这个指标能够相对准确地预测出谁将在团队中表现出领导力。外倾者通常工作满意度较高，而工作倦怠程度较低。当然，外倾性也有一些负面因素，比如外倾者可能会显得自吹自擂、自私自利或过于霸道。他们的社交行为对于一些不需要频繁人际互动的工作可能是不利的。

（4）工作中的经验开放性。与其他特质相比，开放性高的人往往是最具有创造能力和创新能力的人。在这一维度得分高的人更有可能成为有效的管理者，在面对模棱两可的状况时也更加得心应手。他们能够更好地面对组织变革，适应能力也更强。虽然开放性与初始工作绩效无关，但在较长的一段时间里，开放性得分较高的人相对不容易出现业绩下滑。此外，开放性高的人所经历的工作与家庭之间的冲突也会较少。

（5）工作中的随和性。随和的个体比不随和的人更受喜爱；他们在人际导向的工作（如顾客服务）中表现出色。他们所经历的工作和家庭间的冲突较少，更不容易受到离职的影响。随和性得分高的人，还会通过组织公民行为来对组织的绩效做出贡献。随和性得分较低的个体和责任心得分较低的个体一样，都更有可能做出反生产工作行为。随和的人在事业上往往不会特别成功。这可能是因为随和性得分很高的个体认为自己不那么适合市场，也不太愿意去包装自己的形象。

总的来说，几乎在所有的跨文化研究中都发现了大五人格因素，包括中国、美国、德国、日本、以色列和西班牙等国家。但是可能不太适用于偏远地区小型团体的研究。研究表明，大五特质和重要的组织成果之间有相关性，且这些相关性都是可以被验证的。但是这些特质并不是个人所表现出来的全部特征，也不是具有组织行为学含义的全部特征。

3.1.2.4 A型、B型与C型人格的测试

研究认为，人格是人的心理因素中最本质的东西，心理行为是通过神经系统，包括下丘脑和脑垂体的活动来实现的，同时它又影响神经活动。下丘脑是植物神经系统皮层下中枢，可以调节内脏活动，也是调节内分泌活动的主要器官；中枢神经直接或间接地控制体内各种器官活动，包括情感、行动、分泌、消化、吸收和代谢等。只有神经系统的正常工作，才能维持体内平衡，

生理功能的运转也就正常。所以，心理个性会影响神经系统，对人体健康关系重大。

（1）A 型人格。A 型人格或称 A 型行为模式的提出，是心理学对于身心疾病研究的一大贡献。长期以来，医学界认为诱发心脏病的原因是高血压、血清胆固醇、吸烟等，但这些因素解释或预测了只有不到 50% 心脏病患者。20 世纪 70 年代，美国心脏病学家弗雷德曼和罗森曼提出了 A 型与 B 型性格理论，后来心理学提出易患心脏病的人有一种共同的行为模式，称为 A 型行为模式。目前在临床上，用是否是 A 型行为模式来预测心脏病就具有很高的准确性。以下是 A 型人格的主要特征。

• 脾气急躁、容易发怒、没有耐心、不善克制、难以松弛。对人常存戒心，有变动不定、无缘无故的敌意，有攻击性。任何的拖延或中断都将使之发怒，但是他们却容许自己打断别人，告诉别人一个更好、更快的做事方法。

• 喜当众人之首，有过分的竞争心理。好胜心强、有过分的雄心壮志。对工作成就不满足，有闯劲、不停去实现没有明确的目标。思维敏捷，会抢别人未说完的话说，喜欢显示自己的才华。如果是平衡有度的竞争感并没有坏处，但是，A 型人格者却失去了平衡点。他们的竞争感的动机来自对胜利的喜悦和对失败的厌恶。在工作上、游戏中、家庭里，甚至对自己，他们都抱有竞争的态度。在他们身边的人很难有喘气的机会。

• 容易焦虑，决策欠佳。A 型人格者常处于中度的焦虑状态中。他们不断给自己施加时间压力、为自己制定最后期限、感到时间紧迫，他们进行多种思维和动作，言语、运动和吃饭的节奏都很快，总试图做两件以上的事情，并具有多重的行为和思想。他们对于自己的思考能力、精力源泉，甚至消化功能都有极端的要求。他们觉得唯一使自己能领先别人一步的方式就是要高度的功能运作。A 型人格者是工作很快的人，那他们对数量和速度的要求高于对质量的要求。他们习惯做艰苦紧张的工作、着迷于数字，似乎成功是以每件事情中自己获益多少来衡量的。从管理角度看，A 型人格者愿意长时间工作，但他们的决策欠佳，绝非偶然，因为他们做得太快了。

• 很少有创新性，行为更易于预测。因为 A 型人格者关注的是数量和速度，常常依赖过去的经验解决自己当前面对的问题。对一项新工作，无疑需要专门时间来开发解决它的具体办法，但 A 型人格者却很少分配出这种时间。他们很少根据环境的各种挑战改变自己的反应方式，因而他们的行为比 B 型人格者更易于预测。

• 威胁身体健康。A 型人格者由于一系列紧张积累，极易导致心血管病，甚至可随时发生心肌梗死而猝死。研究表明，愤怒和敌意一贯与心脏病、健康状况不佳和死亡率较高联系在一起，这和心理学家与心脏病学家称为“生闷气”的特征之间存在着强烈的联系。有统计表明，在心脏病患者中，A 型人格达 98%，85% 的心血管疾病与 A 型行为有关。科学家们的大量研究表明，A 型人格者冠心病发病率是 B 型人格的 2 倍。我国有资料表明，A 型人格占冠心病人数的 70.9%。检验证明，A 型人格的人，心脏冠状动脉硬化的要比 B 型人格的人高 5 倍。有关医学专家认为，其原因主要是：A 型人格能激起特殊的神经内分泌机制，使血液中的血脂蛋白成分改变，血清胆固醇和甘油三酯平均浓度增加，会导致冠状动脉硬化。

A 型人格测试，以及缓解 A 型人格在心理上和生理上过度紧张和压力的方法见第 5 章。

（2）B 型人格。B 型人格很难界定。简单地说，就是 A 型人格相对应的人格。

- B 型人格者没有攻击性。举止温柔、为人持重、性情文静、和蔼可亲。与非要掌控局面的 A 型人格者相比，B 型人格者所面临的压力要小得多，患病的概率也要小很多。随和稳重的 B 型人格者，倾向于对自己的健康状况做出更客观的判断。当他们感到生病时，会习惯于采取预防措施，如避免过于疲劳。

- 容易满足。B 型人格者没有远大的志向，认为没有必要表现或讨论自己的成就和业绩，除非环境要求如此，因此总是比较低调。B 型人格者不在时间上有紧迫感以及其他类似的不适感，不会因为充分放松而不感到愧疚。

- 比较放松。B 型人格者较松散、对任何事皆处之泰然、抱持可有可无的态度。在面对无法控制的紧张性刺激时，B 型人格者会在初始阶段便承认失败而认输。B 型人格者会充分享受娱乐和休闲时光，而不是不惜一切代价表现自己的最佳业绩水平。他们与世无争。

对比 A、B 两种不同人格，在组织中，尽管 A 型人格者的工作十分勤奋，但 B 型人格者却常常占据组织中的高层位置。最优秀的推销员经常是 A 型人格者，但高层管理人员往往是 B 型人格者。其答案在于 A 型人格者倾向于放弃对质量的追求，而仅仅追求数量。然而在组织中晋升，常常奖励那些睿智、非敌意、有创造性的人格者，而非匆忙、机敏仅有好胜心的人格者。

（3）C 型人格。国际上有一些研究癌症与人格关系的科学家，把易患癌症的人格归为 C 型人格（与 A 型人格和 B 型人格相对应），并称之为癌症人格，C 是英文 cancer（癌症）的首字母。近年来，日本、加拿大、美国的学者发现，癌症不经治疗而自行消失者，多见于人格外倾、开朗、能发泄心中苦恼的患者；如果一个癌症患者经常抑郁、闷闷不乐、非常悲剧，他的存活时间相对来说要缩短很多。

• 隐藏情绪，人际关系不密切。很难公开表达自己的情绪，内心总是承受着难以解脱的压力，常心情紧张焦虑。怕面对人群、怕自己被伤害、谨言慎行。不愉快的时候，常强颜欢笑。有些 C 型人格者从小就认为自己和家人有很深的隔膜。情绪不安的时候，C 型人格者不去找人倾诉自己的心声。认为不把心事向人倾诉是强人的表现。

• 非常悲观，怀疑自己。对创新计划，都持悲观态度，极怕失败，不肯做尝试。认命、认为无力改善现状。当 C 型人格者觉得自己不如别人时，极度不安、老怀疑别人捉弄自己。每当做事没有成功时，常常自咎、懊悔不已。

• 找不到生活的意义，不愿求医。C 型人格者认为生活无价值、无乐趣；认为病是自生自灭。当发觉自己有可能患病时，拒绝告诉医生。失意时靠镇静药来麻醉自己。

• 威胁身心健康。学术界的看法是，C 型人格会严重妨碍体内的免疫机能，使这种机能不能充分发挥抗癌的作用。人体的免疫功能，是对抗癌细胞分裂繁殖的重要保护屏障。在健康人体内，虽然正常细胞也可能发生突变而成为癌细胞，但人体的免疫系统能够在这些癌细胞增殖之前及时将它破坏或者消灭，这样就没有发展成为癌症。C 型人格者内心冲突大、情绪压抑、抑制烦恼、委曲求全、逆来顺受，但内心却又极不服气。日常生活和工作中能与人保持表面和谐，但是其内心却悲观失望、矛盾而痛苦。如果这种矛盾情绪经常出现，就可能破坏人体免疫功能，导致癌症的发生。

3.1.2.5 四种气质类型

根据公元前 5 世纪古希腊医生希波克拉底的看法，人体内有 4 种体液，即血液、黏液、黄胆汁、黑胆汁，胆汁质的人体内黄胆汁占优势，多血质的人体液混合比例中血液占优势，黏液质的人体内黏液占优势，抑郁质的人体内黑胆汁占优势。每种体液所占比例的不同决定了人的气质差异。这种用体液解释气质类型的观点虽然缺乏坚实的科学根据，但把人的气质分为这样四个类型在今天看来仍具有其合理性，因此，四种气质类型的名称仍得以沿用。结合巴甫洛夫的高级神经活动类型学说（高级神经活动有四种基本类型），以及对心理活动的观测，这四种不同气质类型即胆汁质、多血质、黏液质、抑郁质。

（1）4 种人格特质的主要特征。

•胆汁质的人格特质。胆汁质相当于高级神经活动强而不平衡型，表现为直率、热情、精力旺盛、情绪易于冲动、心境变换剧烈等。

•多血质的人格特质。多血质相当于高级神经活动强而平衡灵活型，表现为活泼、敏感、好动、反应迅速、喜欢与人交往、注意力容易转移、兴趣容易变换等。

•黏液质的人格特质。黏液质相当于高级神经活动强而平衡不灵活型，表现为安静、稳重、反应缓慢、沉默寡言、情绪不易外露，注意稳定但又难以转移，善于忍耐。

•抑郁质的人格特质。抑郁质相当于高级神经活动弱型，表现为孤僻、行动迟缓、体验深刻、多愁善感、善于觉察别人不易觉察到的细小事物。

（2）4 种人格特质的思维方式差异。

•胆汁质个体认为“一果多因”：一个结果，可用多种方法，既可以这样做，也可以那样做；所以他们也经常变，变的是方法；明明今天教你这样做，过两天就要你那样做。

•多血质个体认为“一因多果”：做一件事，会有不同结果，有可能这样，也有可能那样；所以他们是经常变，变的是结果；明明答应你的事，过两天就忘了。

•黏液质个体认为“一因一果”：做一件事，只有这一个方法，而且必须按照这个方法去完成，喜欢做计划、做表格、制定规范，很难接受别人的意见。

•抑郁质个体认为“无因无果”：任何事情，这样也好，那样也好，这样做也行，那样做也行；口头上应和，心里觉得不一定；如果大家都这样，他就这样，大家都那样，他就那样。

曾经有一个简单的小例子帮助分辨这四种不同类型的人格。假如这四种类型人格的人看到有栋住房起火了，胆汁质的人会立刻行动起来，并指挥道：“关掉电闸，找到灭火器，马上去灭火！”多血质的人会楼上楼下大叫：“不得了啦，起火了！”黏液质的人会思考：“是什么原因导致起火了，是电线短路还是厨房着火？”抑郁质的人会旁观，在心里说：“反正有人会报警，消防队马上会到，不用那么急吧。”

3.1.2.6　霍兰德职业兴趣理论与人格特质的关联

约翰·霍兰德（John Holland）是美国约翰·霍普金斯大学的心理学教授，也是美国著名的职业指导专家。他于 1959 年提出了具有广泛社会影响的职业兴趣理论。霍兰德的职业兴趣理论主要从兴趣的角度出发来探索职业指导的问题，他明确提出了职业兴趣的人格观，使人们对职业兴趣的认识有了质的变化。霍兰德的职业兴趣理论反映了他长期专注于职业指导的实践经历，他把对职业环境的研究与对职业兴趣个体差异的研究有机结合起来。而在霍兰德的职业兴趣类型理论提出之前，二者的研究一直是相对独立进行的。

霍兰德以职业兴趣理论为基础，先后编制了职业偏好量表（Vocational Preference Inventory）和自我导向搜寻表（Self - directed Search）两种职业兴趣量表，作为职业兴趣的测查工具，霍兰德力求为每种职业兴趣找出两种相匹配的职业能力。兴趣测试和能力测试的结合在职业指导和职业咨询的实际操作中起到了促进作用。霍兰德认为，人格可分为现实型、研究型、艺术型、社会型、企业型和常规型六种类型，每种类型的人格特点不同、能力偏好有差异，因此适应的职业范例也有差异，如表 3 -3 所示。

表 3 -3　霍兰德职业人格类型的偏好、人格特点及职业范例表

类型	偏好	人格特点	职业范例
现实型	需要技能、力量、协调性的体力活动	害羞、真诚、持久、稳定、顺从、实际	机械师、钻井操作工、装配线工人、农场主
研究型	需要思考、组织和理解的活动	分析、创造、好奇、独立	生物学家、经济学家、数学家、新闻记者
艺术型	需要创造性表达的模糊且无规则可循的活动	富于想象力、无序、杂乱、理想、情绪化、不实际	画家、音乐家、作家、室内装饰家
社会型	能够帮助和提高别人的活动	社会、友好、合作、理解	社会工作者、教师、议员、临床心理学家
企业型	能够影响他人和获得权力的言语活动	自信、进取、精力充沛、盛气凌人	法官、房地产经纪人、公共关系专家、小企业主
常规型	规范、有序、清楚明确的活动	顺从、高效、实际、缺乏想象力和灵活性	会计、业务经理、银行出纳员、档案管理员

（1）霍兰德职业兴趣理论对于企业招募人才的价值分析。职业兴趣作为一种特殊的心理特点，由职业的多样性和复杂性反映出来。职业兴趣上的个体差异是相当大的，也是十分明显的。因为，一方面，现代社会职业划分越来越细，社会活动的要求和规范越来越复杂，各种职业间的差异也越来越明显，所以对个体的吸引力和要求也就迥然不同；另一方面，个体自身的生理、心理、教育、社会经济地位、环境背景不同，所乐于选择的职业类型、所倾

向于从事的活动类型和方式也就十分不同。

不同职业的社会责任、满意度、工作特点、工作风格、考评机制各不相同。同时，这种差异决定着不同职业对于员工的职业兴趣有着特殊的要求。现代人力资源管理的基本原则是将合适的人放在合适的岗位上。人与职位的匹配应该包括两个方面的内容：一是人的知识、能力、技能与岗位要求相匹配；二是人的性格、兴趣与岗位相适应。因此，企业在招募新员工时，就非常有必要对申请在本企业工作的人员进行职业兴趣的测评，了解申请者的职业兴趣和人格类型。通过测试，企业可以得知自身所能提供的职业环境是否与申请者的职业兴趣类型相匹配，换句话说，企业可以考察出申请者是否适合在本企业的职业环境中工作。

所以，企业在招募人才的过程中，如果能够坚持以霍兰德的职业兴趣理论为指导，不仅可以招募到适合本企业的人才，还可以在招聘工作中减少盲目性。通过职业兴趣的测试，企业还可以给予新员工最适合的工作环境，以期他们在工作中最大限度地发挥自己的聪明才干。

（2）霍兰德职业兴趣理论对于职业选择和职业成功的价值分析。职业兴趣是职业选择中最重要的因素，是一种强大的精神力量。职业兴趣测验可以帮助个体明确自己的主观倾向，从而能得到最适宜的职业并给予最大的能力投入。根据霍兰德的理论，个体的职业兴趣可以影响其对职业的满意程度。当个体所从事的职业和他的职业兴趣类型匹配时，个体的潜在能力可以得到最彻底的发挥，工作业绩也更加显著。在职业兴趣测试的帮助下，个体可以清晰地了解自己的职业兴趣类型和在职业选择中的主观倾向，从而在纷繁的职业机会中找寻到最适合自己的职业，避免职业选择中的盲目行为。尤其是对于大学生和缺乏职业经验的人来说，霍兰德的职业兴趣理论可以帮助做好职业选择和职业设计，成功地进行职业调整，从整体上认识和发展自己的职业能力，为未来职业成功奠定基础。

3.2 价值观

3.2.1 价值观的概念与分类

3.2.1.1 价值观的概念

价值观代表了人们最基本的信念，是指个体对周围的客观事物，包括人、事与物的意义、重要性的总评价和总看法。这种对诸事物的看法和评价在心目中的主次、轻重的排列次序，就是价值观体系。所有人的价值观都具有层次性。罗基奈（M. R. keach）强调价值观是一种基本的、持久的信念，即“一种特定的行为模式或存在的最终状态，对个人或社会而言，比它的对立面或相反的东西更可取”。

价值观中很大一部分内容在我们早年生活中就已经形成。价值观是了解人们态度和动机的基础，同时它也影响我们的知觉。我们在加入一个组织前早已形成了什么是对、什么是不对的思维模式，这些观点都与价值观有关。价值观被认为是主观的，因人和文化而异，在许多方面与信仰和信仰体系相一致。它们包含一种道德色彩，因为它们承载着个人关于什么是正确的、好的或可取的想法。价值观代表了个人价值的优先化，是通过个人赋予自由、快乐、自尊、诚实、服从和平等的相对重要性来识别的。按照重要性进行排列，我们便可以了解和认识这个系统。

3.2.1.2　价值观的分类

社会心理学家米尔顿·罗克奇（Milton Rokeach）开发了罗克奇价值观调查系统（RVS），这是一种价值分类系统。该系统由两套价值观组成，每组有18个单独的价值项目，一组被称为终极价值观，另一组被称为工具价值观。

（1）终极价值观是指存在的最终理想状态。这些是一个人在他或她的一生中想要实现的目标。这些价值观在不同文化的不同人群中各不相同。RVS的终极价值是真正的友谊、成熟的爱情、自尊、幸福、内心和谐、平等、自由、愉悦、社会认可、智慧、救助、家庭安全、国家安全、成就感、世界美好、世界和平，以及舒适的生活和激动人心的生活。

（2）工具价值观指的是更可取的行为模式。这些是优选的行为模式或实现终极价值观的手段。工具价值观包括快乐、雄心、爱心、清洁、自制、能力、勇气、礼貌、诚实、想象力、独立、智慧、心胸开阔、逻辑、服从、乐于助人、责任和宽恕。工具价值观对理解和管理组织行为很重要，反映了人们通过工作努力实现的目标。例如，一个认为自己应该在工作中学习新东西的雇员，在超市当收银员会不开心，因为他一旦学会了如何使用收银机，就很少有进一步学习的机会了。反过来，他的不快乐可能会导致他对客户的帮助减少，或者更有可能去找另一份工作。

3.2.2　代际价值观

基于对当代的工作群体工作价值观的大量分析研究，研究者把他们分类以概括劳动力大军中不同人群或不同时代者的独特价值观。可以根据员工进入劳动力队伍的年龄/时代，将他们分成几个群体，由于大部分人在 18～23 岁之间开始工作，因此不同时代特点与雇员的年龄有着密切的联系。

价值观看起来很吸引人，但这些分类缺少可靠的研究，也因国家文化的差异而有很大的区别，因此这种方法有一定的局限性，应用时要注意。

3.2.3 全球化价值观

在分析文化差异时，被广为引用的观点之一是吉尔特·霍夫斯坦德在 20 世纪 70 年代末提出的观点。霍夫斯坦德曾经针对 40 个国家 11.6 万名 IBM 员工进行调查，了解他们与工作有关的价值观。他发现管理者和员工在有关民族文化的 4 个维度上存在差异，如权力距离、不确定性规避、个人主义与集体主义、男性化与女性代，详细的论述见第 14 章“组织文化”。

课后作业

1. 讨论不同测试中人格与个体行为与绩效的关系。
2 写出自己的工具价值观与终极价值观。
3. 分析态度与价值观对工作中行为的影响。
4. 讨论“00 后”的主要价值观，并分析可能会对组织管理产生的影响。

自我测试

MBTI 自我测试（简略版）

测试部分：请就下列题目进行单项选择，选择更能体现自身特点的项目。

1. 我宁愿（　　）

A. 解决一个新的、复杂的问题　　B. 做我以前做过的事

2. 我喜欢（　　）

A. 独自在一个安静的环境中工作　　B. 处于活动现场

3. 我希望有个老板（　　）

A. 在决策时建立标准并遵照标准行事　　B. 考虑下属的特殊需要

4. 当我在做一个项目时，我（　　）

A. 喜欢完成和了结这一项目

B. 常常将它悬在那儿，等待可能出现的变化

5. 做决策时，最重要的考虑因素有（　　）

A. 合理的思考、想法和各种资料　　B. 情感和价值观因素

6. 对于某一事项，我倾向于（　　）

A. 在决定如何做之前一遍又一遍地仔细考虑

B. 马上着手开始工作，边做边思考

7. 在做一个项目时，我喜欢（　　）

A. 尽可能地按照管理要求去做　　B. 尝试各种可能的选择

8. 在我的工作中，我喜欢（　　）

A. 在同一时间内做多项工作，对每项工作都尽可能多地学习

B. 选择一项有挑战性并且可以使我很忙碌的工作

9. 我经常（　　）

A. 列表格、做计划，明确何时做何事，尽量不改变原定计划

B. 避免做计划，让事项边进行边工作

10. 在与同事讨论问题时，我常常很容易就（　　）

A. 看到"全貌"　　B. 抓住细节

11. 当电话或手机铃响起来时，我通常（　　）

A. 认为是一次干扰　　B. 不觉得麻烦

12. 下面哪个词更适合你？（　　）

A. 分析的　　B. 情感主导的

13. 做工作时，我倾向于（　　）

A. 稳定而连续地工作

B. 突击性地、时有间断地工作

14. 当听到别人谈论某个话题时，我通常试图（　　）

A. 把它套在自己的工作上，看看是否适用于自己

B. 评价和分析这一信息

15. 有了新想法时，我一般（　　）

A. 马上开始行动

B. 喜欢再对这一想法多一些思考

16. 做一个项目时，我喜欢（　　）

A. 缩小范围，以便给出含义清楚、界限清晰的定义

B. 扩大范围，把相关问题也一并考虑进去

17. 阅读时，我通常（　　）

A. 将思路集中在所读的内容上面

B. 读出言外之意，并产生其他联想

18. 当必须马上做出决策时，我经常（　　）

A. 觉得不舒服，希望自己能掌握更多的信息

B. 可能根据已掌握的信息做出决策

19. 参加会议时，我倾向于（　　）

A. 一边发言，一边组织自己的思想

B. 对问题通盘考虑之后才发言

20. 在工作中，我一般把大量时间花在下列哪类问题上？（　　）

A. 想法　　B. 人员

21. 在会议中，我最容易被下列哪些人惹恼？（　　）

A. 提出许多含糊粗略的想法

B. 提出许多实际操作细节，因而导致会议时间延长

22. 我是一个（　　）

A. 早起的人　　B. 夜猫子

23. 在准备一个会议时，我是哪种风格的人？（　　）

A. 我乐意加入，并喜欢做出积极反应

B. 我喜欢充分准备，且通常先将会议内容列出提纲

24. 在会议中，我喜欢别人（　　）

A. 显示出更丰富的情绪　　B. 集中于会议任务

25. 我更喜欢在这样的企业工作：（　　）

A. 我的工作可以激发智慧　　B. 我认可它的目标和使命

26. 在周末，我通常（　　）

A. 计划一下该做什么

B. 一边过日子一边决策，看看会发生什么

27. 我更加（　　）

A. 爱社交　　B. 爱沉思

28. 我更喜欢为这样的老板工作（　　）

A. 充满新想法　　B. 现实的

29. 下面（　　）是对我更有吸引力的词。

A. 社交的　　B. 理论的

30. 下面（　　）是对我更有吸引力的词。

A. 独创性　　B. 实践性

31. 下面（　　）是对我更有吸引力的词。

A. 有组织的　　　　　　　　　　B. 能适应的

32. 下面（　　）是对我更有吸引力的词。

A. 活跃的　　　　　　　　　　B. 专心的

评分部分：每题计 1 分，请按下述表 3－4 计完分数后，分别在以下四组中圈出得分较高的那一项，最后合成自己的 MBTI 类型：①I 项与 E 项；②S 项与 N 项；③T 项与 F 项；④J 项与 P 项。

表 3－4

I 项得分	E 项得分	S 项得分	N 项得分
2A	2B	1B	1A
6A	6B	10B	10A
11A	11B	13A	13B
15B	15A	16A	16B
19B	19A	17A	17B
22A	22B	21A	21B
27B	27A	28B	28A
32B	32A	30B	30A
T 项得分	F 项得分	J 项得分	P 项得分
3A	3B	4A	4B
5A	5B	7A	7B
12A	12B	8B	8A
14B	14A	9A	9B
20A	20B	18B	18A
24B	24A	23B	23A
25A	25B	26A	26B
29B	29A	31A	31B

资料来源：D. Marcicand P Nutt，Personality Inventory，Organizational Behavior：ExperiencesAnd Cases（SLPaul：West，1989）以及 http：//www. recruit－china. com/Career/MBTI.

案例分析

我国思想家对于认识个体时的见解

宰予昼寝。子曰：“朽木不可雕也，粪土之墙不可圬也，于予与何诛?”子曰：“始吾于人也，听其言而信其行；今吾于人也，听其言而观其行。于予与改是。”（《论语·公冶长》）

庄子在著作《九征》中也提道：“故君子远使之而观其忠，近使之而观其敬，烦使之而观其能，卒然问焉而观其知，急与之期而观其信，委之以财而观其仁，告之以危而观其节，醉之以酒而观其侧，杂之以处而观其色。”

讨论：

1. 用白话文解释上述两段话。
2. 从孔子与庄子的话中，分析我国古代先贤识人的方法。

4 知觉与个体决策

学习目标

- 了解知觉受外部因素与内部因素共同影响
- 掌握影响知觉的因素
- 懂得知觉偏见如何影响知觉
- 学习归因理论
- 知觉与个体决策之间的关系

4.1 知觉

4.1.1 知觉的概念

知觉（perception）指的是个体为了给自己所处的环境赋予意义，而组织和解释其感知印象的过程。一个人所感知的东西可能与客观现实差距很大。知觉在组织行为学中非常重要，是因为人们的行为是以对现实的感知而不是以现实本身为基础。这个世界是人们感知的世界，这对行为来说十分重要（斯蒂芬·P. 罗宾斯）。知觉的特性主要包括整体性、恒常性、意义性、选择性、知觉适应。

知觉是个体对环境刺激进行选择、组织、理解、反思并赋予其意义的过程。环境刺激的多种属性同时或相继作用于不同的个体感受器时，在大脑皮层上多个部位形成兴奋中心，扩充后形成暂时联系，从而使我们对事物的关系产生反应，借助关系反射，人们形成了对事物的整体的认识。知觉具有选择性，总是过滤掉大多数的内部或外部刺激，而只注意几种关键的刺激，通过感觉器官接收，再根据对象的特点和自身的兴趣选择注意的焦点，然后结合个体自身特征赋予刺激与意义。

4.1.2 影响知觉的因素

许多因素都可以影响知觉，还有可能引起知觉的偏差和歪曲知觉。这些因素可以归纳为知觉者、知觉对象和知觉情境三类，如图 4－1 所示。

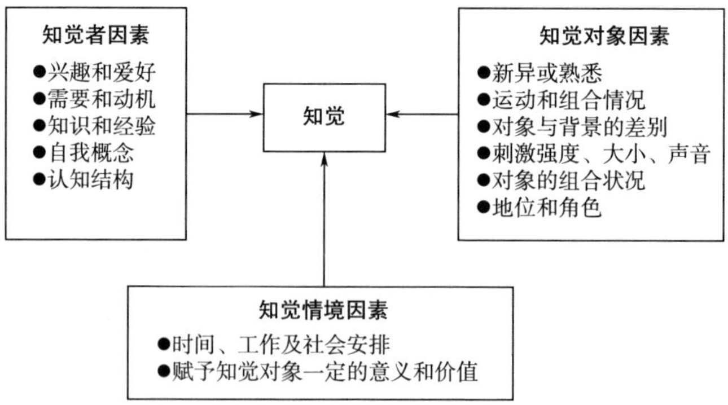

图 4－1 影响知觉的因素

4.1.2.1 知觉者因素

知觉者的主观因素对知觉起到非常重要的影响，主要有以下几个方面：

（1）兴趣和爱好。通常人们感兴趣的或厌恶的事物容易被察觉，并引起相应的知觉。而不感兴趣的事物，则往往被排除，出现熟视无睹的情形。

（2）需要和动机。未满足的需要或动机，能够对人的知觉产生强烈的影响。

（3）知识和经验。个体具有的知识、经验对知觉的选择性影响也很大。

（4）自我概念。自我概念分为两种：实际的自我，指个体如何看待和评价自己；理想的自我，指个体期望自己成为什么样的人的知觉。自我概念的影响主要表现在：如果我们了解自己，能够正确描述自己的个性特征，我们就能更好地知觉他人；如果我们能积极地接受自己，我们就会更容易看到他人的优点；我们自己的人格特征，会影响我们注意到别人的哪些个性特征。

（5）认知结构。认知结构越全面、越复杂，我们对他人的知觉就越趋于实际。知觉到同一个人时，有人以身体特征去评价，如高或矮、胖或瘦；有人以性格去评价，如活泼或稳重。

此外，价值观、身体状况等因素也会影响知觉的结果。这些由主观因素所造成的个体知觉差异，使人的知觉世界丰富多彩，也更难以把握。

4.1.2.2 知觉对象因素

（1）知觉的某些特征与知觉组织。格士塔心理学（Gestalt Psychology，又名完形心理学）的创始人韦特海默指出，大脑是一个动力系统，具有通过联想把几个刺激组合成一种可识别模式的倾向。这种组合符合封闭率、连续率、接近率、相似率及转换率特征。

- 封闭率。一组分散的知觉对象包围一个空间时，容易被人知觉为一个单元。
- 连续率。连续率和封闭率密切相关，封闭率提供了缺失的刺激，而连续率则认为人倾向于知觉那些连续的线段或模式。
- 接近率。在时间、空间上接近的刺激，容易被知觉为一种整体模式。
- 相似率。各种刺激越相似就越可能被知觉为同一组织。
- 转换率。可以经历广泛的改变，而不失其本身的特性。

（2）知觉对象的外表特征。比如，大小、形状、颜色等，以及其刺激强度、声音、温度、运动状态、新奇性、重复次数与背景的对比也能影响知觉。

由颜色引之知觉差异的原理，已经被日常衣着、房间室内装饰等广泛应用。普遍来说，红色、橙色、黄色给人温暖之感；蓝色、蓝绿色、蓝紫色给人寒冷之感；黑色、红色被人知觉为重；蓝色、绿色被人知觉为轻；浅色使人觉得宽大；深色使人觉得狭小。有学者分析，知觉对象的颜色与个体知觉之间存在着一定的对应关系，见表4－1。

表4－1 知觉对象的颜色与个体知觉的对应关系

颜色	情绪	颜色	情绪
红色	热情、危险	紫色	豪华、浪漫、抱负
橙色	欢迎、能量、创新	黑色	权力、优雅、神秘
黄色	幸福、积极、活力	白色	纯洁、真理、简单
绿色	和谐、治愈、成长、冷静	棕色	可靠、友好
蓝色	平静、放松、忠诚、智慧		

比如微软中国的苏州分公司，为了通过环境设计来吸引人才，就在中庭采用了明亮而丰富的色彩，用黄色、绿色和蓝色形成渐变的楼梯装潢，使员工心情舒畅的同时，也试图激发大家的工作活力。再如，搜狐畅游大厦的每层楼都是不同的色调，有红色、粉色、橙色、绿色、蓝色和紫色，这家游戏设计公司的员工在不同楼层之间穿梭，就仿佛行走在彩虹之中，鲜艳而丰富的色彩可以让他们感觉自己充满活力，灵感自然也就随之不断出现了。

4.1.2.3 情境知觉因素

情境或环境通过影响人的感受性而改变知觉效果。对客体或事件的感知时间会影响我们的注意力，地点、光线、温度或其他情境因素亦是如此。

人们通常意识不到那些影响他们对现实产生看法的因素。事实上，人们甚至对自己的能力都没有那么敏锐的知觉力。值得庆幸的是，通过增强意识和采取客观手段，我们可以减少知觉上的扭曲，例如当人们更多地意识到自己的种族偏见时，他们就更有动力去控制自己的偏见，同时也更善于感知到自己的偏见。

4.2 人际知觉：对他人做出判断

人际知觉，或者说人们对彼此形成的知觉，是与组织行为关系最密切的知觉概念之一。我们对他人的许多知觉都是基于第一印象和小提示形成的，而这些都没有证据支持。当我们推断别人的道德水平时，这一点会带来很多麻烦，但却相当常见。研究表明，我们对他人最强烈的印象源于对他们道德的感知，然而我们对这一点的初始信息可能是粗略的和没有根据的。以下就从归因理论及背后的证据开始，来消除妨碍我们正确认知他人的一些倾向。

4.2.1 归因理论

社会心理学家海德于1958年提出了归因理论（Attribution Theory），它是解释我们如何确定自己以及他人行为原因的理论。根据归因理论，影响人的行为是对事件原因的知觉，而不是事件本身。该理论专注于理解特定事件的原因、评估事件的责任，以及对事件中的当事人进行评价。

4.2.1.1 归因的分类

归因可以分为内部归因和外部归因。

（1）内部归因是指个体控制能力之内的内部责任来源，例如个体的能力、技术、内部激励、性格等。

（2）外部归因是指个体控制能力之外的外部责任来源，例如环境条件、情境特征、他人的影响等。

4.2.1.2 归因的三个要素

哈罗德·凯利（Harold Kelley）提出了一个解释人们怎样决定他人行为原因的模型，他认为进行归因时，人们关注三个主要因素：一致性、一贯性和特殊性，见表4－2。

表4－2 归因理论

观察	解释		归因
个体行为	特殊性	高	外因
		低	内因
	一致性	高	内因
		低	外因
	一贯性	高	外因
		低	内因

（1）一致性。如果其他人在相似的场合下也都会有相同的反应，那么就认为该行为具有一致性。从归因的观点看，如果一致性高，就很可能会对行为进行外部归因。

（2）一贯性。如果行为具有一贯性，也就是说在其他时间相似的场合下也表现出同样的反应，我们就会对这一行为作出内部归因。

（3）特殊性。特殊性是指个体在各种不同场合下，是否都会表现出类似的行为。如果特殊性很低，即这种行为跟平常没什么差别，我们就会把这种行为归于内因；如果特殊性高，我们就会把该行为归于外因。

不同个体有不同的归因模式。美国心理学家维纳（Bernard Weiner）在1974年的研究表明，在现实中，有经验的员工对行为的成败进行分析时常做四种归因：一是个人努力程度的大小，属于内因中不稳定的因素；二是个人能力大小，属于内因中的稳定因素；三是任务的难度大小，属于外因中的稳定因素；四是机遇、运气状况的好坏，属于外因中的不稳定因素。

行为者如果把行为的成败归于外因，常常会消除失败带来的不快，但会减少成功带来的喜悦；如果把行为的成功归于内因，则往往对未来的成功抱有更高的期望，会设置更高的期望目标。作为领导者，应当注意引导下属向内因中不稳定的因素方面归因，鼓励员工增强自信，持续努力。

4.2.2 判断他人常走的捷径

个体的社会知觉（social perception）就是在社会环境中对他人的心理状态、行为动机和意向、社会特征和社会现象的知觉。在社会知觉领域中，由于知觉的主体、客体都是人，具有强烈的主观能动性，因而社会知觉非常复杂，双方的关系、相对地位、价值观念、人格、社会经验和知觉对象行为的真实程度等都可能成为重要的影响因素。但由于人们只具有有限的信息处理能力，因此可能带来社会知觉的偏差和错觉。判断他人时，有时走捷径能使我们迅速获得正确的知觉，并为预测提供有价值的资料，然而有时走捷径会造成严重的偏差。

4.2.2.1 选择性知觉与知觉防御

任何人、物体和事件的突出特征都会提高人们对其产生知觉的可能性。因为我们不可能接纳自己见到的所有内容，只有那些能够对我们产生刺激的事物才能让我们留下印象。我们只能利用选择性知觉（selective perception），根据自己的兴趣、背景经验和态度主动选择。选择性知觉使得我们快速阅读他人，但同时也有信息失真的风险。因为我们看见的是我们想看到的东西，我们也许会从一个模棱两可的情境中得出没有根据的结论。在一些极端的情境中，我们的情绪滤掉大量威胁我们信仰和价值观的信息，这一现象被称为知觉防御。知觉防御在保护我们自尊的同时，也可能形成一种减缓压力的短期机制。

4.2.2.2 首因效应

首因效应（primacy effect），也称第一印象作用。第一次看到其他人或听到他们的声音时，我们的心里就基于我们所获得的最初信息而创造了深刻的心理印象，这是个体在社会认知过程中，通过“第一印象”最先输入的信息对客体以后的认知产生的影响作用。这种先入为主的第一印象是人普遍的主观性倾向，会直接影响到以后的一系列行为。实验心理学研究表明，外界信息输入大脑时的顺序，在决定认知效果的作用上是不容忽视的。最先输入的信息作用最大，最后输入的信息也起较大作用。大脑处理信息的这种特点是形成首因效应的内在原因。

4.2.2.3 近因效应

与首因效应相反，近因效应（recency effect）是指在多种刺激一次出现的时候，印象的形成主要取决于后来出现的刺激，即交往过程中，我们对他人最近、最新的认识占了主体地位，掩盖了以往形成的对他人的评价。心理学的研究还表明，在人与人的交往中，交往的初期，即在延续期还生疏的阶段，首因效应的影响重要；而在交往的后期，就是在彼此已经相当熟悉时期，近因效应的影响也同样重要。

4.2.2.4 刻板印象

基于对某人所在群体的知觉去判断某人即为刻板印象（stereotyping），又称定型效应。我们需要应对的刺激源有无数种，通过刻板印象及启发性的概括，我们可以迅速做出决策。当我们概括得不准确或概括得太多时，挑战就产生了。刻板印象可能根深蒂固，并且足以影响重大的决定。

刻板印象十分普遍，但是在应用到具体的个人或情境时，可能没有丝毫的准确性。我们必须反省自己，确保在评估和决策中排除刻板印象。“越是有用的东西，误用的危险就越大”，这是对刻板印象的警告。

在组织中常见的刻板印象有三个来源：年龄、性别和种族。

（1）关于年龄较大、比较传统的员工，有六个常见的刻板印象：对组织变革有较大的抗拒心理；创造力较小；比较不愿意承担可预期的风险；身体较差；比较不愿意学习新方法；新技术的接受能力较差。

（2）虽然关于性别的刻板印象大部分并没有被证实，但男人和女人仍然被认为有许多不同。男性被认为比女性更武断、积极、客观、理性和有能力；女性被认为较被动、情绪化、服从和敏感。

（3）许多人根据外表将他人划分为不同的种族，然后对他们产生刻板印象。例如，卡茨和布雷利（1933 年）调查了美国 100 名白人大学生对某些种族群体的刻板印象，发现他们大多认为黑人有迷信、懒惰、无忧无虑等品质，而认为德国人有科学头脑、勤奋和呆板等共同品质。

4. 2. 2. 5　晕轮效应和号角效应

当我们以个体的某一特征（如智力、社会活动能力、外貌）为基础而形成对一个人的正面印象时，我们就受到晕轮效应（halo effect）的影响。比如，有些公司只雇用学习成绩优良的大学毕业生，因为他们认为，分数高不只显示学业优良，同时也是该生人际关系和领导能力的体现。如果我们从某一特征中得出对一个人的负面印象时，号角效应（horn effect）就发挥了作用，这些效果很容易得到验证。如果你认为某人是善于交际的人，你能从中推断出什么呢？你不太可能会说这个人是内向的，对吧？你可能会认为这个人说话大声是个快乐或机智的人，然而实际上“善于社交”这个词并不包含这些积极属性，管理者应谨慎，不要急于依靠这些小线索轻易作出推断。

4. 2. 2. 6 期望效应

期望效应（expectation effect）指的是预先的期望会抑制个体对事物的认识，知觉过程、对信息的选择、对知觉对象的解释都会偏向知觉主体预期的方向。期望效应的另一方面是自我实现的预言，也称皮格马利翁效应，对于这种现象的解释有两种：一种是观察者专注于预期发生的行为，忽略和预期不一致的行为，这种对信息选择的偏向，使得对于行为的评价发生偏差；另一种是知觉对象感受来自他人的期望，进而影响动机，带动行为表现向预期方向发展，从而使预言变成现实。

4. 2. 2. 7　对比效应

对比效应（expectation effect）可以使知觉失真。我们对一个人的评价并不是孤立进行的，而是常常受到我们最近接触到的其他人的影响。在一系列的面试中，面试官有可能会因为求职者在面试中所处的位置而对其进行评估，如果排在该求职者前面的人是个平庸的人，则有可能有利于对他的评估；如果排在他之前的是个极出色的求职者，则可能不利于对他的评估。

我们能够明显地看出知觉影响了我们的世界观，很多知觉几乎是瞬间产生的，并没有经过深思熟虑。有些时候这些知觉的影响不大，但在更多的情况下他们极大地影响了我们做出的决定。在个人层面上理解知觉的过程，是提高组织有效性的第一步。

4.3 知觉与个体决策之间的联系

个体都要做出决策（decision），也就是说他们需要在两个或多个备选方案中进行选择。高层管理者要决定组织目标、所提供的产品或服务、最合理的财务运作、建立新厂的地址等；中层管理者要决定生产日程安排、选择新员工、合理分配薪水的增长。近年来，越来越多的组织把工作相关的决策赋予非管理层的员工，过去只有管理者拥有这些权利。可见，个体的决策已经成为组织行为学中非常重要的一部分。但是组织中个体的决策方式，以及他们最终做出决策的质量，在很大程度上受到知觉的影响。

决策是针对问题（problem）作出的回应。由于事件的当前状态与期望状态之间存在差异，因而要求个体考虑几种不同的活动进程。任何一项决策都需要对信息进行解释与评估，但是人们的资料一般来自多种渠道，需要对其进行过滤、加工和解释。资料对决策有关还是无关，需要用人们的认知回答。与此同时，还需要制定各种备选方案，并评估每一方案的优点和缺点。决策者的知觉过程也会对结果产生巨大的影响。在整个决策过程中，知觉失真经常存在，这会使决策者的分析和结论带有偏见。

4.4 在组织中进行决策

商学院会训练学生遵循理性决策模型，尽管这些模型很有价值，但他们并不总能描述人们的决策过程。除了我们讨论过的知觉错误，组织行为学还通过处理决策失误来改善我们在组织中的决策方式，因此我们描述这几种错误先从理性决策模型的概述开始。

4.4.1 理性决策模型、有限理性模型和直觉模型

组织行为学中有公认的决策结构，每个人在制定决策时都会使用理性决策、有限理性和直觉。尽管这些过程从表面上看是合理的，但并不一定能带来最准确或最佳的决策。更重要的是，有时候在特定的环境下，一种决策所带来的结果可能比另一种决策要好。

4.4.1.1 理性决策模型

我们常认为最优决策是理性决策（rational decision - making），也就是说在具体的限定条件下做出稳定的、价值最大化的选择。这些选择遵循理性决策模型（rational decision - making model）的六个步骤具体如下：

（1）界定问题所在。

（2）确定决策标准。

（3）根据标准分配权重。

（4）开发备选方案。

（5）评估备选方案。

（6）选择最佳方案。

理性决策模型假设决策者拥有完全的信息，能以一种无偏见的方式识别所有的相关方案，并选择效用最高的方案。现实生活中的大部分决策都没有遵循理性决策模型；人们常常满足于可以接受的方案或合理的方案，而不是最优的方案决策。选择往往局限于问题症状和当前的可选方案之间。有决策专家指出，大多数决策是一个判断的过程，而不是一个通过规范模型而界定的过程。另外，人们显然没有意识到他们做的是次优抉择。

4.4.1.2 有限理性模型

我们通常没有遵循理性决策模型的原因在于信息加工能力的有限性使我们不可能吸收最优决策所必需的所有信息，所以面对复杂问题时，决策者的做法是把问题难度降低到易于理解的水平。许多问题没有最优解决方案，因为它们太复杂，无法运用理性决策模型的参数，所以方案只要足够好就可以了，也就是说人们寻求的是那种让人大致满意并足够解决问题的方案。

由于人的头脑在建构和处理复杂问题时远远达不到完全理性的要求，因此我们只能在有限理性的范围内活动。我们建构简化的有限理性模型（bounded rationality model），从问题中抽取重要的特点，而不是抓住问题的所有复杂方面，然后，我们可以在有限理性模型的范围内做出理性行为。当然，符合要求的选择并不总是最糟糕的，简单的程序可能比传统的理性决策模型更合理。

4.4.1.3 直觉模型

可能最不理性的决策方法就是直觉决策（intuitive decision making），它是指从经验中提取精华的无意识的过程。直觉决策依赖于整体联系或者说不同的信息片段之间的联系；直觉决策速度快；受情感控制，这就意味着情绪投入。尽管直觉不是理性的，但不一定是错误的，也不一定总是与理性分析背道而驰，两者是相辅相成的。但直觉不是迷信，也不是未知的或者超常的第六感产物。直觉很复杂，需要根据多年的经验和学习才能形成。

研究人员对直觉是否能进行有效决策意见不一，但大多数专家持怀疑态度，一定程度上是由于直觉难以衡量和分析。也许专家给出的最好建议是“利用经验中得出来的直觉进行推测，但一定要用客观数据和理性冷静的分析来检验直觉”。

4.4.2 常见的偏见和错误

虽然决策者会努力做出有限理性决策，但这其中隐藏着偏见和错误。为了使所要付出的努力最小化，避免顾此失彼，人们更愿意依赖经验、一时的冲动、内在的感觉及“经验规则”。这些方式确实有效，但也会严重歪曲理性。下面重点分析最常见的一些偏见，并提供一些建议帮助我们了解如何避免这些偏见。

4.4.2.1 过度自信偏见

不断有研究表明，人们往往对自己的能力过于自信，从而高估自己的能力。但是，人们通常意识不到这种偏见。在判断和决策的过程中，没有什么比过度自信更普遍、更具有危害性的了。研究表明，那些智力和人际能力最弱的人，最有可能高估自己的能力和技巧。企业家的乐观精神和新投资项目的绩效之间存在负相关：人们越乐观，项目越不成功。一些企业家会对自己的想法过度自信，这样就很容易忽略可能出现的问题。

4.4.2.2 锚定偏见

锚定偏见（anchoring bias）是指把信息固定在初始阶段。一旦固定，我们就无法对接下来的信息做出全面的判断。之所以会有这种偏见，是因为我们的大脑给予最先接收到的信息过多的关注。因此，相对于后来接收到的信息，初始印象、想法、价格和评估所占有的权重过高。

4.4.2.3 验证偏见

理性决策的过程，假设我们会客观收集信息。但实际上我们不是，我们常常是有选择地收集信息的。验证偏见（confirmation bias）是选择性知觉的一个例子，我们在寻找那些能够证实我们选择的信息，忽视那些与我们的判断相违背的信息。我们接受那些具有表面价值的能够证实我们先前观点的信息，而对那些与我们的观点相悖的信息持批评和怀疑的态度。因此，我们收集到的信息，一般倾向于支持我们已有的观点。我们甚至会到更有可能告诉我们想听信息的来源处寻求信息。我们还会更多地关注支持性信息而忽视相反的信息。当我们相信自己的信息很准确并且持有自己的观点时，最容易产生验证偏见。幸运的是，那些在决策时需要做到准确决策的人，不太容易有验证偏见。

4.4.2.4 承诺升级

承诺升级（escalation of commitment）是管理心理学中的一个概念，是一种在过去决策的基础上不断增加承诺的现象。尽管有证据表明已经作出的决策是错误的，但是人们还是倾向于继续作出同样的决策。承诺升级是对过去即使是错误决策的投入不断增加的现象，常发生在人们认为要对自己的失败负责时。管理者为了证明自己最初的决策是正确的，常常会持续投入大量资源给从一开始就注定失败的决策，很多组织因此蒙受巨大损失。明白这一现象对于组织中的管理决策具有重大意义。

4.4.2.5 易获性偏见

易获性偏见（availability bias）是指人们进行预测和决策时大多利用自己熟悉的或能够凭想象构造而得到的信息，导致赋予那些易见的、容易记起的信息过大的比重。事件会激起人们的情绪，尤其是那些最近发生的生动鲜明的事件，更容易从记忆中提取，所以我们会高估那些发生可能性不大的事件。

4.4.2.6 随机错误

大多数人认为我们在一定程度上能够控制这个世界，人们倾向于认为自己能够预测随机事件的结果，这就是随机错误（randomness error）。当我们试图给随机事件赋予意义时，决策就会受到影响。严重的结果就是我们把想象的模式变成迷信，这可能完全是虚构出来的或是由先前强化的某种模式演变而来的。当基于随机事件的决策影响我们的判断或者是重要的决策产生偏差时，这些决策就对我们造成了障碍。

4.4.2.7 风险厌恶

风险厌恶（risk aversion）是投资者对投资风险反感的态度。在金融理论中，这个概念被用来解释投资者的行为以及投资的预期收益与风险之间的关系。当面对具有相同预期货币价值的投机时，风险厌恶者喜欢结果比较确定的投机，而不喜欢结果不那么确定的投机。一般来说，投资者普遍不愿承担风险。对于具有相同收益率的不同投资项目，投资者首先选择风险小的投资项目。风险厌恶投资者，要求回报较高于其面对的风险。有时存在相反的风险偏好，当试图阻止一个消极的结果时，人们宁愿冒险。压力情境可能引起更强烈的风险偏好，对积极的结果，压力之下的人厌恶风险；对消极的结果，压力下的人偏好风险。

4.4.2.8 后视偏见

后视偏见（hindsight bias）是指当结果已知时，人们倾向于错误的认识，认为自己原本能够做出准确的预测。当我们获得关于结果的准确反馈时，我们似乎很容易地认为这一结果本来就显而易见。很多人将其称为马后炮。但是偏见降低了我们从过去中学习的能力，它让我们认为自己是最好的预测者，并错误地感到自信。假设你预测的准确率只有40%，但如果你认为自己的准确率达到了90%，你就不太可能会怀疑自己的预测力。

4.5 影响决策的因素：个体差异和组织限制

影响人们决策的因素，以及人们的决策在多大程度上受到错误和偏见的影响，也受到个体差异和组织限制影响。

4.5.1 个体差异方面

决策活动受有限理性的影响存在常见的偏见和错误，直觉个体差异也会使决策制定背离理性模型，这些个体差异主要包括人格、性别、智力和文化差异等方面。

4.5.1.1 人格

研究表明，人格确实会影响到我们的决策，例如人格中的责任心和自尊水平这两个因素。

（1）责任心。具体的责任心，特别是追求成就和忠于职守的责任心，会影响承诺升级。首先，高成就导向的人讨厌失败，所以他们升级承诺希望以此阻止失败；然而忠于职守的人更倾向于为组织的利益考虑，因此他们较少升级自己的承诺。其次，追求成就的个体更容易受后视偏见的影响，也许这是因为他们需要为自己的行为辩护。目前还没有证据表明忠于职守的人是否不受这种偏见的影响。

（2）自尊水平。高自尊水平的人，即那些认为自己足够优秀的人，有维持自尊的强烈动机，所以他们利用自我服务偏见来保护它。也就是说，他们把失败归咎于他人，把成功归咎于自己。在更极端的情况下，那些具有浮夸人格特质的人，更会利用自我服务偏见。浮夸的人格特质是自恋的一个方面。

4.5.1.2　性别

男性和女性谁能做出更好的决策？这要视情况而定。在无压力的情况下，男性和女性的决策质量几乎是一样的。在有压力的情况下，男性似乎更倾向于以自我为中心做出更冒险的决策；而女性则变得更有同情心，决策能力也提升了。

有关沉思的研究，让我们对决策中的性别差异有了更深刻的解释。沉思是指长时间的思考。女性比男性花更多的时间分析过去、现在和未来，而且更有可能在决策之前反复分析，在决策之后做出更改。这种做法也可能让问题更难解决，使人们更容易后悔做出的决策，更加抑郁。女性抑郁的可能性几乎是男性的两倍。然而，我们并不清楚为什么女性比男性沉思得更多。一些研究认为，问题可能在于下丘脑、脑垂体和肾上腺做出的反应方式不同，但随着年龄的增长，这种性别差异逐渐减小，少年时期差异最大，65 岁之后差异最小，这时候男性和女性的沉思都最少。

4.5.1.3　智力

智力水平高的人能够更快地处理信息、更准确地解决问题、更迅速地进行学习。所以可能会认为他们受常见决策错误的影响较小。然而，智力仅仅有助于消除其中一些问题。聪明的人同样会陷入锚定、过度自信和承诺升级的错误中。这可能是因为聪明并不会改变过度自信和情感保守的可能性。但这并不意味着智力不重要，一旦受到决策错误的警告，聪明的人能够更加快速地学会如何避免它们。

4.5.1.4　文化差异

我们需要认识到，决策者的文化背景可以显著影响问题的选择、决策分析的深度、对逻辑和理性的重视程度，以及组织决策应该由管理者单独制定还是集体制定。文化差异主要表现在时间取向、关于理性的价值观、对人们解决问题能力的信任以及对集体决策的偏好上。

4.5.2　组织限制

组织本身限制着决策者，使他们的决策背离理性模型。管理者调整自己的决策，从而与组织的正式规则保持一致，回应组织对绩效评估和奖励体系的要求，并符合组织规定的时间限制。过去的组织决策，也会作为前提条件约束当前的决策。

组织限制对个体决策的影响主要包括：绩效评估、奖励体系、正式规则、系统、强加的时间限制、传统惯例等。

课后作业

1. 什么是知觉？影响知觉的因素有哪些？

2. 假如期末考试未能得到理想的成绩，你会如何归因？

3. 分析刻板印象与晕轮效应会对招聘产生怎样的影响。

4. 比较对男人和女人正面和负面的刻板印象。

5. 通过知觉的学习，你认为对管理者有什么启示，对员工有什么启示？

6. 什么是理性决策模型？它与有限理性模型和直觉模型有什么不同？常见的决策偏见和决策错误有哪些？

7. 讨论如何能够减少偏见和错误。

案例分析

相由心生

有一天，苏东坡到佛印禅师处与佛印禅师聊天，两人均盘腿而坐。聊到高兴时，苏东坡问佛印禅师："你看我现在像什么？"佛印禅师说："我看你像一尊佛。"苏东坡笑着对佛印禅师说："我看你像一堆牛屎。"佛印禅师笑笑，没有说什么。

苏东坡以为他胜利了，回家后沾沾自喜地和他妹妹苏小妹谈起了这件事。苏小妹说："哥哥，你输了！禅师的心是佛一样的境界，所以看你像一尊佛；而你的心态像一堆牛屎一样，看禅师当然也就像一堆牛屎了。"苏东坡听后顿时面红耳赤。

讨论：

1. 这则小故事说明了怎样的道理？

2. 试用本章所学的知觉理论分析这个案例。

5 情绪与压力

学习目标

- 区分情绪与心境
- 了解情绪的作用
- 认识情绪劳动的定义与特征
- 学习调整情绪的方法
- 掌握压力的定义与来源
- 学习压力测试量表

5.1 情绪与心境

5.1.1 情感、情绪和心境的关系

情感、情绪和心境是三个密切相关的概念。

情感（affect）是所有感觉的统称，包含情绪和心境两个成分。

情绪（emotion）是一种强烈的、离散的、短暂的情感体验。

心境（mood）则是一种比情绪更持久、更弱，并且通常不会因为某个具体事件的刺激而产生的情感。

情感、情绪和心境之间的关系如图5－1所示。

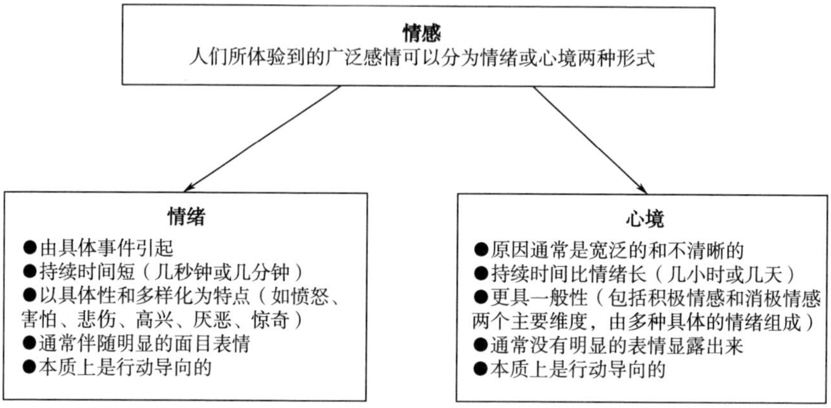

图5－1　情感、情绪和心境

虽然情感、情绪和心境在理论上是独立的，但在实践中这些差异并不总是十分明显。当我们回顾组织行为学中的情绪和心境方面的研究主题时，就会看到一些领域中情绪方面的信息多一点，另一些领域中心境方面的信息多一点，这是目前的研究现状。

有研究认为，影响情绪和心境的因素包括人格、每日时间、每周时间、天气、压力、社交活动、睡眠、锻炼、年龄、性别等。

5.1.2 主要的心境：积极情感和消极情感

为了研究心境和情绪在工作场所中的影响，可以把情绪分为两类：积极

情绪和消极情绪。积极情绪，如快乐和感激，表达的是正向的评价或情感；消极情绪，如愤怒或内疚，表达的内容正好相反。情绪不会是中性的，中性的感觉不是情绪。当把情绪分为积极和消极两类时，它们就变成了心境状态，因为我们是从更加整体的角度来看待这个问题，而不是孤立地看待具体的情绪。兴奋是高度积极情感的纯粹指标；而厌倦是低度积极情感的纯粹指标；紧张是高度消极情感的纯粹指标，而放松是低度消极情感的纯粹指标。最后，有的情绪如满意和悲伤，则居于中间；有的情绪如惊讶，既不是明显积极的，也不是明显消极的，所以无法匹配。

积极情感（positive affect）作为心境的一个维度，它由积极情绪组成，在程度高的一端，包括如兴奋、得意、快乐等高度积极情感。

消极情感（negative affect）是心境的另一个维度，它在程度高的一端由紧张、压力、沮丧等高度消极情感组成。

虽然我们很少同时体验到积极情感和消极情感，但随着时间的推移，人们体验这两种情感的多少确实会有所不同。有些人可能会在一周的时间里体验到相当多的积极情感和消极情感，我们把他们称作情绪化的人或情感强烈的人。有些人几乎不会体验到这两种情感，我们可以把他们称作非情绪化的人或沉着冷静的人。还有一些人可能会更多地体验其中一种情感，且比另一种情感要多得多。

5.1.3 情绪的类型与作用

5.1.3.1 情绪的类型

作为一种强烈的、离散的、短暂的情感体验，情绪一共有多少种?《礼记·礼运》中记载的“七情”分别指：“喜、怒、哀、惧、爱、恶、欲”。这近似于当代组织行为学研究人员所认同的6种普遍的情绪：快乐、惊讶、害怕、悲伤、愤怒、厌恶。尽管我们有时候会把快乐当作惊讶，但基本上不会混淆快乐和厌恶。

许多研究者曾试图把众多情绪限定在一个更基础的情绪集合中，如将情绪区分为愤怒、轻蔑、热情、羡慕、害怕、挫败、失望、困窘、厌恶、快乐、憎恨、希望、嫉妒、欢快、热爱、骄傲、惊奇、悲伤等几十种。一些研究者认为，着眼于基本的情绪来思考，可能会让我们忽略大局，因为情绪在不同的环境中可能代表不同的含义，并且其含义在不同的文化中也有所不同。

心理学家试图通过研究我们对情绪的表达方式来识别基本的情绪，事实证明，面部表情很难被理解。这种方法存在的一个问题是，有的情绪太复杂，不容易通过面部表情表现出来。另一个问题是，虽然人们很大程度上可以跨文化识别情绪，达到比随机乱猜更高的水平，但对于彼此接触较少的文化群体而言，识别的准确性会变差。同时，某些文化规范会限制情绪表达。因此，我们对情绪的展示并不总是等同于我们对情绪的识别。

5.1.3.2 情绪的作用

著名的天文学家卡尔萨根曾这样写道："在强烈情绪的作用下，我们很容易把自己变成傻瓜。"这表明理性和情感是互斥的，如果你展现出感性的一面，行动上就可能缺乏理性。有些人认为过分展示自己的情绪，比如悲伤到流泪的程度，将不利于事业的发展。我们应该离开所在的房间，不让别人看到我们情绪的流露。这些观点表明，情绪的表达与体验会让我们看上去软弱、不堪一击或不理性。

但这种观点是错误的，我们的情绪实际上使我们的思考变得更加理性。因为我们的情绪可以反映出我们对周围世界的认知，它们可以指导我们的行为。例如，处于消极心境中的人，可能比心境愉快的人更能分辨真实的信息和不准确的信息。

5.1.4 情绪智力

情绪智力（emotional intelligence）是指"个体监控自己及他人的情绪和情感，并识别、利用这些信息指导自己的思想和行为的能力"。换句话说，情绪智力也就是识别和理解自己和他人的情绪状态，并利用这些信息来解决问题和调节行为的能力。在某种意义上，情绪智力是与理解、控制和利用情绪的能力相关的。

美国哈佛大学心理学博士格尔曼1985年在《情绪智力》一书中，将情绪智力简称为"情商"（EQ），并重新定义"聪明"一词。他的观点是，当预测一个人的成功时，被称为"性格"的思想品质所起的作用比用智商测验和标准化成就测验所起的作用更大。他把情商（EQ）总结为以下五个方面的能力。

5.1.4.1 自我意识

自我意识是指个体对自己心理特征与行为表现的认识与评价，能够察觉出自己某种情绪的出现，观察和审视自己的内心，体验和监视情绪时时刻刻的变化，它是情感智商的核心。

5.1.4.2 自我管理

自我管理是指个体能够调控自己的情绪，使之适时适度地表现出来。

5.1.4.3 自我激励

自我激励是指个体能够依据活动的某种目标调动、指挥情绪的能力。

5.1.4.4 识别他人的情绪

个体能够通过细微的社会信号敏感地感受到他人的情绪状态、需求与欲望。

5.1.4.5 协调人际关系

个体对他人情绪管理的能力，包括影响他人、鼓舞他人、解决冲突以及团队合作的能力。

5.1.5 情绪劳动

5.1.5.1 情绪劳动的概念与特征

（1）情绪劳动的概念。情绪劳动（emotional labor），是指员工在工作过程中与人交往时表现出符合组织要求的情绪。这一概念是从对服务业工作的研究中发展起来。例如：空乘人员应该是热情愉快的；医生应该是情绪中性的。很多销售人员或餐厅服务员都知道友好的行为以及微笑的重要性。即便感到不高兴时，也会知道管理人员希望员工在和顾客打交道时能够打起精神来。因此，员工不得不伪装自己，当员工投入工作时，他们分别消耗了体力劳动和心理劳动。实际上情绪劳动几乎涉及了每一项工作。例如，管理人员希望员工在与同事交往或与客户打交道的过程中要彬彬有礼，不能出现相互敌视。

（2）情绪劳动的特征。人的情绪活动是普遍广泛的，人时时在产生情绪，处处在产生情绪，然而不能把员工所有的情绪活动都看成是情绪劳动。扎普夫（Zapf）对情绪劳动所具有的特征进行了如下归纳：

• 情绪劳动是员工与顾客之间互动的产物，情绪劳动是与顾客面对面、声音对声音工作的一个重要因素。工作应分为两类：一类是与人打交道的工作；另一类是与物打交道的工作。与人打交道的工作比与物打交道的工作涉及更多的情绪控制、产生及表现问题。因此，在与人打交道的工作中，员工必须按要求付出情绪劳动。

• 情绪劳动是有目的地表现情绪来影响他人情绪的过程。在与人打交道的工作中，员工常常要按要求表达情绪，以影响他人的态度和行为。员工的工作行为是由其内在的情感及情绪驱动来实现的。

• 情绪表达规则。在社会交往中，人们总是遵守一定的社会规则，这些规则为适当的情绪表达规则。情绪表达规则实际上是一种行为规范。它间接地说明，某种情绪在某种条件下是合适的，应该公开表达。目前，许多公司虽然没有明确制定情绪表达规则，但常常把它包括在组织文化或工作描述以及任命说明书中。服务性企业则往往明文规定一些情绪表达规则。

• 情绪劳动的多维度性。情绪劳动包括四个方面因素：表达频率、对表现规则的重视程度、要求表现的情绪差异和情绪失调，这四个方面的维度可进行不同程度的调整，并各自对情绪劳动产生不同的影响。

5.1.5.2　内感情绪和外显情绪

情绪劳动让员工陷入两难，总会有一些同事你不喜欢却还必须和他们一起工作。你可能觉得他们很粗鲁无礼，或者觉得他们在背后说你的坏话，但不管怎样你的工作要求与这些人打交道，所以你不得不装出友好的样子。在工作方面常常把情绪划分为内感情绪和外显情绪。

（1）内感情绪。内感情绪（felt emotions）是个体的实际情绪。

（2）外显情绪。外显情绪（displayed emotions）是组织要求员工表现的，并被视为符合特定工作的情绪。它们并不是与生俱来的，而是后天习得的产物。同样，大多数人知道我们需要在婚礼上表现出快乐，即使你并不想去庆贺。

研究表明，职场上通常要求人们表达积极情绪，如快乐、兴奋；却不能表现出压抑、恐惧、愤怒、厌恶等消极情绪。有效的管理者都知道，当有一名员工做出不良的绩效评估时，要表现得严肃；当自己未得到晋升时，要克制掩饰自己的愤怒。如果一名销售人员没有学会微笑和友好待人，那么无论他的真实情况如何，都很难在销售岗位上干得长久。

5.1.5.3　情绪失调

当员工需要表现出来的情绪与其真实情绪不同时，真正的挑战便出现了，这种不一致被称为情绪失调（emotional dissonance），这会对员工造成重大的伤害。如果把沮丧、愤怒和怨恨封闭起来，置之不理的话，最终会导致情绪衰竭（emotional exhaustion）和情绪倦怠（emotional burn out）。

情绪失调与认知失调类似，只不过情绪失调关注的是感受，而不是思考。情绪劳动作为出色工作绩效的一个关键成分变得越来越重要，因此组织行为学领域越来越强调对情绪的理解。

5.1.6　情绪调节的方法

情绪调节领域的研究人员，通常会研究人们在改变自己的情绪时所采用的策略。有研究表明，乐观解释风格会产生健康、康复、精神，并能够预测抵抗抑郁的能力。心理调适是应对压力的最佳方法。

认知心理学派认为，人的困扰是自己受到制约的结果，人倾向于扭曲思考与不停地困扰自己，但是人有能力改变自己的认知、情绪、行为。积极心理学能帮助人们改变对事物的看法，换个角度看问题。

5.1.6.1 控制情绪

情绪劳动主要是员工按照组织的要求，对自己的情绪加以控制和表达的过程。阿什福斯（Ashforth）和汉弗莱（Humphrey）针对员工在组织中如何控制情绪提出了以下四种策略：

（1）自主调节 （automatic regulation）。这种策略把情绪看成一种自主的体验过程，比如看见一个受伤的孩子，自然会表现出对孩子的同情，这种同情心是一种自然的反应。当事人没有必要去扮演。扮演理论认为，在这种情况下情绪劳动是以自动模式来完成的。在感觉到某种情绪时，就自然流露，产生相应的情绪反应，这种情绪劳动不需要有意识的努力。

（2）表层扮演（surface acting）。大多数情绪理论学者都承认情绪是由主观感受、心理反应和表情行为等几个部分构成的。表情行为包括面目表情、语音和姿势。表层扮演就是指员工尽量调控表情行为以表现组织所要求的情绪，而内心的感受并不发生改变。表层扮演意味着内心的感受与外部表情之间的分离，但不失为一种策略。这就是我们常说的“陪笑脸”。对于一个表层扮演水平较高的员工来说，掩饰一种情绪是一件很容易的事。但是，如果扮演拙劣的话，那么就可能被对方识破。

（3）深层扮演（deep acting）。深层扮演策略就是指为了按要求进入角色，尽量去体验必须产生的情绪。在这种情况下，表情行为是发自内心的。此时，不仅要对表情行为，而且要对内心感受进行管理。积极的深层扮演策略就是要求雇员作出努力，精心调控情绪，做到表里如一。例如，一名女售货员在家与丈夫吵了架，心情抑郁、气愤，但在面对顾客时，她就必须努力排除抑郁和气愤的心情，在内心体验到真诚的快乐，脸带笑容地面对顾客。深层扮演是一个积极主动的过程，要求员工尽可能努力激活那些能够引起某种情绪的思想、想象和记忆等心理活动。在表层扮演因为太机械而不能满足顾客最真诚的人际关系的需要时，深层扮演就会变得非常必要。

（4）失调扮演（dissonance acting）。这种策略要求员工保持平静的中性心情去应对各种环境刺激，以便集中精力去完成主要任务。这种策略要求员工能够表面上表现出职业所需的情绪，而内心仍保持中性。因此，员工必须对自己的情绪进行管理，不让坏情绪的刺激和表面的情绪影响自己的心情。内心的体验与外部的情绪表达不一致，这种内外失调更有利于工作（完成主要任务），这就是常说的“职业性公关”。例如，一名银行经理在为一个几百万元的贷款项目进行谈判时，尽管在谈判过程中有各种各样的表情，但内心却一直保持镇静和中性。

5.1.6.2 改变态度，行动起来

学会把任何事情都想开一点。正如亚里士多德所说，生命的本质在于追求快乐。使得生命快乐的途径有两条：第一，发现使你快乐的时光，增加它；第二，发现使你不快乐的时光，减少它。

改变就是最好的出路，这是对抗情绪低潮期的良方中最为久经考验的一种。处于情绪低潮期的人会产生心灵的麻痹、疑心重重，甚至觉得自己不可能再有任何进展了、一辈子或许就会在默默无闻中度过了。这些消极的情绪会让人彻底放弃努力。这个时候最重要的一点就是让自己行动起来，做出积极的改变，即使出去和朋友聊天，都是一个积极的改变。

5.1.6.3 善待自己

不要做出伤害自我的事情，最基本的原则是不要陷入消极情绪而难以自拔。如果在工作中有什么问题，就打电话给自己的亲人、朋友或老师说说情况。此外，对未来进行积极的幻想也是克制消极影响的一个好办法。在脑子里想象着好的结果，也会受益匪浅。

5.1.6.4 保持健康的生活方式

（1）合理的锻炼。哈佛大学心理研究人员发现，锻炼可以增强人体免疫力，而且可以让人摆脱消极的状态。通过锻炼人会变得振奋，同时通过出汗和跳跃等，人的负面情绪可以得到发泄。任何离开椅子的活动都能让一个人重新振奋。周末不要总是“宅”在家里上网，离开椅子和床，积极行动，让自己的精神振奋起来。

（2）睡出意志力。睡眠不足时，人的本能就会对威胁做出保护反应，例如：人会变得消极、无法集中精力、更容易在诱惑面前屈服、容易被压力压垮、更容易放弃、情绪也会变差等。补充睡眠可以让一个人的意志力恢复，使人不再感受到这种威胁，所以无论工作多忙都应该抽空补充睡眠。

（3）保持健康的饮食。佛罗里达州立大学研究人员发现，与吃饱肚子的人相比，由于不吃饭而导致血糖低的人，在热控力测试中得分更低。可见保持健康的饮食也能增强意志力。储备更好的饮食可以帮助人们补充能量。增强能量储备，有助于意志力的恢复。

（4）放慢奋斗的脚步，懂得坚持与忍耐。遇到低谷期，我们就得努力克服，而且还要一步一步走过来。要尽量去理解低谷期，思考是否要去尝试。

而这些问题的答案只有一个——把脚步放慢点。做任何事情，实际上都不可能一帆风顺，不可能做到决策一个比一个英明，措施一个比一个得力。

有关这些观点，在近年来国内外专家出版的积极心理学书籍中有非常详细的理论论述和操作方法讲解。例如，《不抱怨的世界》《活在当下》《活出生命的意义》《正能量》《遇见最好的自己》等很多积极心理学派的书籍都不断受到重视。这些书中指出了每一个追求成功的人都具有的人生态度，那就是积极主动。这种态度可帮助人们学习调整情绪的方法，并缓解压力。让我们了解拥有较为积极的情绪状态，使人不断追求、让生活变得圆满幸福的动力和感情等。

5.2 压力

5.2.1 压力与工作压力的定义

压力（stress）是指那些使人感到紧张的事件或环境刺激，是人体内部由于外界刺激而出现的紧张或唤醒的内部心理状态，是人体对需要或伤害侵入的一种生理反应。

工作压力是人们在工作过程中，人在对付那些自己认为无法对付的威胁时，所产生的情绪上和身体上的异常反应。它源于人与环境相互作用时机体的一种内部状态，包括焦虑、强烈的情绪和生理上的唤醒以及挫折等各种情感和反应。

压力的存在是不可避免的，工作、生活都可能产生压力。事实上，没有任何压力的工作生活环境是不存在的。本书主要探讨工作压力。能否正确处理工作压力问题，对每个工作者和组织整个绩效都有重大的影响。

5.2.2 压力的主要来源

个体所受到的压力源包括内因性压力与外因性压力。内因性压力源包括：痛苦、罪恶感、挫折感、疾病、不良自我等；外因性压力源包括：环境、冷热、噪声、灾害等。这些压力源作用于个体的知觉，形成了不同的主观感觉压力。如个人感受到的压力会因个体人格与个人经历而异，社会支持系统影响个体压力等。

在工作中面临新的或有威胁的因素时，个人就会感受到工作压力。尽管压力的感受因人而异，差别很大，但工作压力的产生还是有规律可循的。工作压力源有多种形式，几乎各种工作环境中的各种事都可能形成对某人的压力源。管理人员和行为科学家们为了辨认具体的压力源及其影响，做了大量的研究工作，证明了多种工作压力源的存在。

5.2.2.1 工作负荷

这方面比较突出的是工作太多或太少产生的压力。有研究者指出，逐渐增加的工作负荷一方面源自全球化要求的工作效率，另一方面源自个体想提高自己的生活质量而带来的更多工作压力。

5.2.2.2 组织因素

员工所担负组织交给的具体任务也是压力的主要来源之一。任务不同，组织、上级、同事和下级对员工的工作期望也不同。如果其他人对一个员工的期望要求太高、太低、模棱两可甚至矛盾，就会给员工带来思想上的焦虑和不安，使其感受到压力。

（1）任务含糊不清，角色模糊。个体对行为结果缺乏了解与预计时，会产生角色模糊的感受。因此，组织在向一个成员交代其工作任务时，一定要把工作目的、工作要求、工作规范、工作纪律、任务完成的数量和质量、完成时间等一切必要的问题交代清楚，让他知道该做什么和不该做什么，了解他的工作范围和责任。否则，这些方面的含糊不清会给员工带来很大的精神压力。比如，当两个公司合并时，员工往往不能确定某项任务该由谁去完成，不明白自己的任务是否和别人重复，也不知道向谁去反映自己的问题，所有这些都会使员工感到不安，产生压力。

（2）任务冲突。在一个组织当中，不同的群体对另一个群体有各种不同的期望，而它又不可能同时去满足这几个不同群体的要求，这种矛盾性和不一致性就产生了任务冲突。

由不同群体对另外一个群体的期望不同导致的冲突，称为任务的外在要求冲突；由同一群体对另一群体的数个互不相容的期望要求导致的冲突，称为任务的内在要求冲突。

（3）组织的特征。一个组织的简单特征对某些职工来说可能会产生压力。特别是有些工作环境的特征对于很多人来说都有可能产生压力。例如，组织气氛就会对工作产生压力。当一个组织到处充满着敌对、疏远和不友好的气氛时，员工之间就很难进行有效的磋商，就会感到终日惴惴不安，相互之间互不信任，不能真正交流感情。员工之间缺乏共同解决问题的协作精神。

组织的其他特征，如办公室政治活动等，对某些人来说是另一种压力源。

5.2.2.3 工作和生活经历的发展

主要的压力源与人的终身经济发展密切相关，包括工作安全、提升、调动和发展的机会。太多或太少的工作任务，都可能使员工感到不利于他的发展。

5.2.2.4 组织内部的人际关系

组织中的各种群体对组织中个人的行为具有很大的影响。个人与其他人的关系是组织生存和压力潜在来源的关键部分。良好的人际关系可以促进个人和组织目标的实现，而不好的人际关系会产生压力和其他不愉快的后果。

以上各种工作压力会带给员工不同的压力感。知识型员工的工作压力源如表5-1所示。

表5-1 知识型员工工作压力源的九个维度

压力源维度	具体压力源因素	人数百分比
1. 工作本身的压力	(1) 工作责任大	24.2%
	(2) 工作难度高、强度大	22.9%
	(3) 应急工作，紧迫	9.2%
	(4) 工作风险大	2.6%
2. 角色冲突和角色模糊	(1) 对新工作不能适应	16.3%
	(2) 自我人格与工作要求或组织文化冲突	11.8%
	(3) 职位设置不合理（职责不明、权责不匹配）	3.9%
	(4) 工作价值和意义模糊	3.3%
3. 工作背景和氛围造成的压力	(1) 竞争的压力	42.5%
	(2) 个人生活与工作冲突	16.3%
	(3) 组织成员和家人、朋友的期望	9.8%
	(4) 工作环境、设备条件差，不能保障工作安全	7.2%
	(5) 社会评价和舆论	5.9%
	(6) 组织缺乏前途或前景不明	3.9%
4. 组织内的期望要求与组织运行机制的压力	(1) 来自组织的期望和任务分配	19.0%
	(2) 组织管理决策模式和自己的想法冲突	16.3%
	(3) 岗位考核目标的完成比较困难	13.1%
	(4) 薪酬制度不合理（分配不公或薪酬过低）	7.8%
	(5) 组织成员对工作的支持和认可度不够	4.6%
	(6) 领导方式不合理（专制或放任）	3.9%

续表

压力源维度	具体压力源因素	人数百分比
5. 人际关系和沟通造成的压力	（1）建立良好的人际关系有困难	22.9%
	（2）与同级或下级沟通、协调有困难	9.8%
	（3）与上级部门、领导沟通有困难	5.2%
6. 职业发展和自我开发的压力	（1）工作与学习、进修、深造发生冲突	5.9%
	（2）晋升的压力	3.9%
	（3）目前的工作不是理想职业	2.6%
7. 自身能力素质不适应的压力	（1）能力、素质、知识结构不能满足工作要求	11.1%
	（2）身体条件不能满足工作要求	6.5%
8. 知识更新和组织变革的压力	（1）知识更新、技术升级带来的压力	14.4%
	（2）组织重组或转制带来的压力	9.2%
	（3）单位裁员、个人下岗的压力	8.5%
9. 自我期望的压力	（1）对自己要求严格、期望值高	15.7%
	（2）与他人比较职位、薪水所产生的压力	3.3%

5.2.3 压力测试

5.2.3.1 社会再适应评定量表

1967 年，心理学家霍尔姆斯（T. H. Holmes）和雷赫（R. H. Rahe）在美国对 5 000 余人进行了关于生活事件（造成人们生活变化并要求对其适应和应付的社会生活情景和事件）对健康影响的调查研究。他们将当时美国人生活中常见的 43 项生活事件列成表格，把每一项生活事件引起生活变化的程度或达到社会再适应所需努力的大小称为生活变化单位（Life Change Unit，LCU），以此反映心理应激的强度。研究者认为，配偶死亡引起当事人生活变化的程度最大，所以规定配偶死亡的生活变化计量单位为 100，其他生活事件的计量单位由每一位被调查者与前述标准对比参照自评，最后获得了被调查总体对 43 项生活事件自评的“生活变化单位平均值”，并由大到小按次序进行排列，编制了一张包括 43 项生活事件及相应的生活变化计量单位的目录表，称为社会再适应评定量表（Social Readjustment Rating Scale，SRRS），见表 5 - 2。将现阶段面临的各种事件分数相加，可以大致了解自己的压力水平。

表 5－2 社会再适应评定量表

生活改变事件	事件影响值	生活改变事件	事件影响值
丧偶	100	子女离家生活	29
离婚	73	跟配偶亲属的矛盾	29
分居	65	出色的个人成就	28
牢狱之灾	63	配偶开始或停止工作	26
亲近的家庭成员死亡	63	开始或结束学业	26
受伤或生病	53	生活条件的改变	25
结婚	50	个人习惯的调整	24
失业	47	与老板有矛盾	23
复婚	45	工作时间或条件的改变	20
退休	45	住所改变	20
家庭成员的身体健康变化	44	学校改变	20
怀孕	40	娱乐方式的改变	19
性生活方面的困难	39	宗教活动的改变	19
家庭新成员的到来	39	社会活动的改变	19
工作的重新适应	39	少于十万元的债务	17
财务状况的改变	38	睡眠习惯的改变	16
亲近的朋友死亡	37	家庭成员聚会次数的改变	15
到一个新的行业	36	饮食习惯的改变	15
跟配偶争吵次数的改变	35	休假	13
有超过十万元的债务	31	新年	12
提前还贷	30		

霍尔姆斯对经历了不同事件的人进行多年的追踪观察，认为生活事件与10年内的重大健康变化有关。如果一年中LCU低于150单位，那么你在未来两年中生病的概率低于35%；如果LCU在150～300单位，则发生疾病的概率增高到51%；而如果LCU超过300单位，第二年生病的可能性达80%。了解了自己的压力水平，你就可以有意识地去调节，从而采取积极的措施。当你面临变化的时候，要有备而战。

5.2.3.2 压力人格量表

压力人格量表测试，又称为A型人格测试表，可以用于了解我们的压力人格情况，如表5-3所示。

表5-3 压力人格量表测试

（请依照您的直觉，按程度圈选下列最适合描述您平时行为的分数）

1	2	3	4	5	6 不好说	7	8	9	10	11
1. 跟人的约定时间很有弹性						从来不迟到				
2. 是个好的倾听者						会打断别人说话				
3. 永远从容不迫						永远匆匆忙忙				
4. 能耐心等待						无法耐心等待				
5. 做事情漫不经心						做事情全力以赴				
6. 一次只做一件事						手上同时做许多事				
7. 说话缓慢、不慌不忙						说话有力（有时会敲桌子）				
8. 做事情不管别人怎么想，着重自我感受						做事情在乎别人的认同				
9. 做任何事情动作很慢						做任何事情动作很快				
10. 态度很随和						态度很强硬				
11. 能自由地表达情绪						隐藏自己的情绪				
12. 除工作外对许多事情感兴趣						对工作外的事情几乎不感兴趣				

总分说明：分数越高说明压力越大。分数大于103分，为极端A型人格，非常容易有压力；分数在90~103分，为A型人格，容易感受到压力；65~90分，为B型人格，不容易感受到压力；13~64分，为极端B型人格，非常不容易感受到压力。

A型人格又被称为冠心病人格，其个性行为特点主要是：脾气急，反应快，竞争心强，苛求自己，不惜任何代价实现目标，“活着干，死了算”。B型人格不易感受到压力，个性行为特点主要是：较为达观，对未来充满信心，喜欢按照个人兴趣生活，热爱有趣的工作。

5.2.4 压力的影响

压力对个体的健康及员工的绩效都会带来很大的影响。

5.2.4.1 压力对健康的影响

在压力条件下，个体会出现的生理反应包括：心跳加速，肾上腺素增加

（力气升高）、需氧量增加、血管收缩、血流量增加、淋巴细胞减少、胃肠加速分泌胃酸、胃停止蠕动。压力下的反应，在一定程度上能够帮助我们逃避刺激物。

有些普遍的压力，就是压力并不十分强烈，但是持续不断，导致我们经常性地紧张、焦虑、烦恼、忧愁，甚至恐惧，这对个体的健康很有害。长期处于压力下也会带来一定的疾病症状，例如胃痛、背痛、头痛、失眠、关节炎、气喘、中风、高血压、腹泻、心悸、抽筋、感冒、骨头僵硬等。

一些研究结果就表明，承受较高压力的管理人员患心脏病的可能性是正常人的两倍；遭受心脏病第二次打击的可能性是常人的五倍；得致命心脏病的可能性是承受较低压力的管理人员的两倍。还有确凿的证据表明，工作压力不但使人易染重病，还能直接引起致命的疾病，缩短人的寿命。一些研究人员最近证实，压力与癌症有很大关系。疾病的产生降低了劳动者的素质，不仅给个人和家庭带来痛苦和不幸，也给组织带来了巨大损失。

5.2.4.2 压力对工作绩效的影响

实践经验证明，工作压力的大小对工作绩效既会产生正向的影响，也会产生负向的影响，这取决于压力的大小以及个体对压力的承受能力。工作压力与工作绩效的关系像一个正态分布的曲线：中间高、两头低。在完全没有压力的情况下。个体会感受到无聊、疲惫、挫折、不满，因此绩效很低；随着压力的上升，个体感受到变化，其满意度会上升，会提升创造力与成就感，提高合理解决问题的能力，进而提升绩效。但是并不是压力越大越好，如果压力过大，超过个体的承受能力，就会出现挫折感、低自尊、耗竭、疾病等情况，导致个体开始不合理解决问题，个体的工作效率降低。如果压力持续过度增大，人就会崩溃，甚至出现情绪衰竭、人格解体、无成就感，此时会出现工作耗竭，完全没有工作效率。

研究者指出，随着时间的推移，经常出现的低水平压力事件可能成为某种潜在因素，导致员工的紧张程度逐渐增强。工作中压力的不断增加，会让我们的心情变得更糟，从而产生更多的消极情绪。虽然有时压力会让人们奋发图强，但对大多数人来说，压力会破坏心情。最近有研究表明，人们在情绪透支的情况下会想要回避、退出。

5.2.5 工作倦怠

5.2.5.1 工作倦怠的定义

工作倦怠是指由于长期压力导致情绪衰竭、缺乏人情味、低成就感的心理状态。马斯拉奇（Maslach）等人发现工作倦怠可以从三个维度来加以定义，即情绪衰竭（emotional exhaustion）、缺乏人情味（depersonalization）、个人成就感降低（diminished personal accomplishment）。

（1）情绪衰竭是指个人的情绪资源及与之相关的生理资源被用尽的感觉，代表工作倦怠的个人应激维度。在三个维度中，情绪衰竭是报告最广泛、分析最彻底的一个，有很多研究报告指出，情绪衰竭维度代表着工作倦怠的核心内容。

（2）缺乏人情味是指在工作中对他人的一种消极的、没有人情味的或疏远的反应，它代表工作倦怠的人际情境维度。

（3）个人成就感降低是指一种不胜任，以及在工作中缺乏成就的感觉，代表工作倦怠的自我评价维度。

5.2.5.2　工作倦怠的进程

马斯拉奇等人认为，工作倦怠的发生是一个连续的进程，在此进程中，一个阶段促进了另一个阶段的发展。

（1）情绪衰竭是第一阶段，表现为精力不足、身心疲劳。有时，情绪衰竭也被称为同情疲软，员工不再感到自己应给予其他人或顾客更多的关心或帮助。

（2）第二阶段进入缺乏人情味阶段，也被称为人格解体，表现为对工作的冷漠态度，对组织的吹毛求疵，对顾客及他人的疏远。

（3）第三阶段进入低成就感阶段，也称为低职业效能，表现为对完成工作的自信心下降，个体在这种情况下会产生习得无助感，即不再认为自己的努力会起作用。

5.2.5.3　工作倦怠的影响因素

工作倦怠的影响因素主要包括工作特征因素和个体特征因素。

（1）工作特征因素。包括工作量要求、角色冲突与角色模糊、缺乏支持和资源、信息和控制感、公平感、人际情绪压力、职业特征等。

（2）个体特征因素。包括年龄、性别、婚姻状况、教育程度、倔强、低自尊、外控型、神经质、A 型性格等。

工作倦怠作为工作压力与工作应急的特殊表现形式，对身体和心理健康都有重要影响，对员工的工作满意度、离职倾向等多种指标也有预测作用。

5.2.5.4　工作倦怠与离职倾向之间的关系

国外对工作倦怠与离职倾向关系的研究比较多，大多数研究都支持工作倦怠与离职倾向的正相关关系。认为工作倦怠所产生的负面影响会导致员工离职倾向提高，发展到最后，对于组织来讲，最严重的后果便是员工离开组织。李和阿什福斯（Lee & Ashforth，1996）在对工作倦怠衰竭维度的元分析研究中发现，角色冲突与工作超载是导致工作倦怠的主要原因，指出工作倦怠会导致员工离职倾向的产生和组织归属感的降低。

5.2.6 正确处理工作压力与工作倦怠

5.2.6.1 正确处理工作压力

在我们的日常工作和生活中，压力的存在是不可避免的，不可能也没有必要完全消除压力。实际上有确凿证据表明，在中等压力下，员工更能激发出能量和热情。大部分人要求的是压力最大不超过这样一个程度，即他们觉得对周围的事物有一定控制能力。

（1）识别压力。正确处理工作压力首先要能识别工作压力，并指出它对组织和个人工作绩效的影响。有效的管理者认为人们体验太大压力的征兆是改变个性、工作习惯或行为方式。一般来说由于压力太大，行为方式有可能发生下列变化：

- 工作比通常晚得多、少得多。
- 增加了拖拉性。
- 缺勤增加。
- 很难做出决策。
- 粗心出错的次数增加。
- 逃避不可逾越的界限。
- 遗忘职位的要求。
- 难以与别人相处。
- 盯在个人的错误和失败上。

如果某位员工在某段时间内的表现符合上述大部分情况，他就应该积极去寻找对付压力的办法了。

（2）正确处理工作压力。对付压力应采用多种方法，包括从组织的角度和从个人的角度，两方面共同努力。对付压力的策略分为两类：第一类是个人采取的策略；第二类是组织采用的策略。

第一类：个人策略。

- 明确任务。任务含糊不清是产生工作压力的一个重要原因。因此，为了消除由此引起的工作压力，就要明确每个人的工作任务，该干什么、不该干什么、有什么责任、享有什么权利等都要明确交代。

- 授权。管理人员的工作如果太多，可以把一些不太重要的任务交给下属去做，如收集资料、出席会议、接发文件等。授权能直接减少对管理人员的工作要求，并且对他人来说也是一种激励。

• 寻求帮助。如果员工在完成任务的过程中遇到了困难或感到缺乏信息，最有效的办法就是寻求别人的协助。这样做可以明显地减少个人的焦虑，降低工作压力。

• 消除完美无缺的思想。产生压力的一个重要原因，是管理者幻想着完美无缺的员工，员工们幻想着完美无缺的工作，幻想着品德高尚、慈悲无限的管理者。如果在现实生活中找不到这样的工作、这样的人，他们便觉得苦恼极了，甚至为此焦虑不安。事实是，世界上没有十全十美的领导和员工，也没有十全十美的工作，每件事都能发挥出自己的最高水平，都能做得完美无缺是不可能的。正确对待现实才是科学的态度。

• 增强对模糊状态的忍耐度。人人都喜欢明确清楚的任务，都愿意接受详细准确的指令，但是现实情况却并非如此。人们，特别是管理人员，在工作中遇到的问题并不都是很明确的，对工作成绩的评价标准也存在比较模糊的地方。因此，一方面我们应该尽量减少任务的模糊状况，另一方面也应该努力提高对模糊状态的忍耐度。这样才能有效地减小工作压力。

• 松弛技巧。在工作的间隙，借助一些方法松弛一下过度紧张的神经，可以减少肌肉紧张，降低心率、血压及呼吸的速度，使自己能够保持冷静的头脑，更有效地处理工作压力。例如，闭上双眼休息一会儿，找一个安静的环境，到花园里散步，打太极拳等。

• 工作调动。如果某项工作的压力太大，自己感到实在难以应付，这时候最好的办法，就是在生理和心理上受到损害之前放弃这项工作，再谋求一个比较合适的职位。

第二类：组织策略。

• 培训。一方面，培训可以提高员工的专业知识技能；另一方面，培训让他们学会如何减轻和对付工作压力。例如，对领导者进行培训，以使他们掌握更好的决策技术；对管理人员进行培训，以使他们做出更好的绩效评价，更有效地听取员工的意见，更准确地安排工作及发号施令等；对工作人员进行培训，使他们熟练掌握业务知识和工作技能，学会如何处理同事之间、上下级之间的关系等。

• 工作设计。为了改变工作和人员的不适应状况，除了进行人员的调整外，还可以重新设计工作，重新划定任务范围或改变工作内容，通过进行工作职务分析，提高工作职务的明确性。

• 授权。从组织的角度最有效降低压力的办法是授权于员工，使他们对自己的工作及工作环境有更高的自由度和驾驭能力。

• 保健中心。设立保健中心的目的就是让员工有一个适宜的环境来调整心理、生理的不平衡。在这里人们可以进行健康检查、医疗保健，也可以静处修养、散步游玩或者进行体育锻炼。

• 弹性工作制。有些公司在员工的工作时间与工作量上有弹性，以使员工能在工作与个人生活之间进行平衡。

• 员工休假计划。事实表明，组织制定的员工休假计划可以有效地缓解员工的工作压力，这意味着员工至少可以暂时从压力中解脱出来。有些公司为员工提供带薪休假，帮助员工制订个人休假计划。

• 为员工提供社会支持。社会支持至少有三种途径可以减轻压力：首先，社会支持可以帮助员工改变对压力的认知，让员工知道组织和同事们对他战胜压力很有信心。其次，社会支持可以提供减轻压力的信息，如让有经验的员工向新员工提供如何应付复杂局面的经验。最后，社会支持可以让员工感受到来自组织和他人的情感支持，以缓解压力感受。

5.2.6.2 正确处理工作倦怠

（1）给予自主性。组织应该大胆地将大部分决策权下放给员工，这样做是对他们的信任和尊重，能促进他们潜能的发挥，也能提高工作本身的效率。

（2）设置有挑战性的工作目标。对于员工来说，一个与自己能力相适应且具有一定挑战性的工作目标能够引起他的兴趣和动力，从而通过全力工作，以满足自我实现的需要。因此，组织应利用目标设置的过程，对员工实施有效的激励。

（3）鼓励创新性。企业员工对于工作自主性、创新性的渴望，对新知识的探索和对新事物的创造源于企业员工本能的欲望。建立创新成功奖励机制以及创新失败宽容机制，可实现对员工的创新激励。

（4）建立完善的社会支持系统。建立完备的社会支持系统，增强组织的支持性，是压力管理和控制的有效途径之一。

（5）经济报酬激励。获得一份与自己的贡献相称的报酬，并能够分享到自己创造的财富是企业员工自我价值实现的一种外在体现，因此报酬的合理性对工作倦怠来说有着显著的影响。

5.2.7 员工帮助计划

5.2.7.1 员工帮助计划的概念

自 1982 年首次正式提出员工帮助计划（EAP）的概念以来，至今员工帮助计划还没有统一的定义，许多学者从不同角度对员工帮助计划的概念进行了阐释。国际 EAP 协会认为员工帮助计划是以工作场所为基础的计划，其目的是：帮助组织提高工作效率；帮助员工找到解决个人问题的模式，包括但不限于健康、婚姻、家庭、财务、酗酒、毒品、法律及情绪压力，以及其他可能影响员工工作表现的个人问题。

5.2.7.2 员工帮助计划的内容

随着经济社会的快速发展，竞争日趋激烈，个人面临的工作生活压力越来越大，员工帮助计划也在应用实践中不断得到深化，其服务内容从最初的为酗酒员工提供戒酒服务，到形成综合性服务项目，逐步发展出更为广阔的服务领域。

中国台湾林碧桂提出的员工援助项目服务内容包括以下五大类：

（1）心理咨询辅导类，包括新进员工工作与生活适应，员工个人情绪、情感、婚姻、家庭沟通，生涯规划与转换，退休员工和离职员工咨询辅导等。

（2）教育成长类，包括员工进修培训、技能训练、生涯规划、辅导专业智能等。

（3）休闲体育类，包括社团、康乐、联谊、聚会、旅游、球赛、文艺活动、文化交流等。

（4）医疗保健类，包括医务室服务、特约医院、医药报销、健康教育等。

（5）福利服务类，包括急难救助、照顾老人和小孩、救济补助、法律咨询、税务咨询、投资理财等。

5.2.7.3 员工帮助计划应用的效果

20 世纪 80 年代，美国学者对员工帮助计划实施的效果进行的成本回报分析显示，美国企业平均为 EAP 投入 1 美元，可为企业节省运营成本 5 ~ 16 美元；康奈尔大学的雇员帮助教育和研究项目认为实施 EAP 使学校提高了留职率，降低了病假率，节省了经费；彦姆斯（James）等的“雇员帮助项目”对 ERP 的有效性研究表明，2008 年全美使用 EAP 服务的雇主中，大约有 60% 的企业避免了由员工生病请假给生产带来的损失，同时有 72% 的企业改进了工作效率降低的状况。

课后作业

1. 在“996”工作情境下，员工的压力主要来自哪里？取消“996”后，员工又可能面临怎样的压力？

2. 居家办公员工的压力主要有哪些？为什么？
3. 当下你的压力主要来自哪里？
4. 分析情绪与情境的关系。
5. 解释情绪劳动以及情绪失调。
6. 讨论情绪管理的好办法。

自我测试

心理幸福感

牛津幸福问卷（Oxford Happiness Questionnaire，OHQ）是由牛津大学的心理学家迈克尔·阿盖尔（Michael Argyle）和彼得·希尔斯（Peter Hills）修订的。

通过牛津幸福问卷（见表5－4），了解自己当下的幸福感，提升积极情绪的方法，慢慢提升幸福感。

表5－4　牛津幸福问卷

请花几分钟时间进行调查。这是了解你当前幸福水平的好方法。你甚至可以通过再次参加调查，用你的分数来比较你在未来某个时候的幸福水平。如果你正在使用这个网站上介绍的一些干预措施来提高你的幸福水平，你可以看到你在牛津幸福问卷上的得分是否会因此而提高。 不要在个别问题上花太多时间。没有“正确”或“错误”的答案（也没有陷阱问题）。你脑海中出现的第一个答案可能就是适合你的答案。如果你觉得有些问题很难，请给出一般情况下或大多数情况下对你来说是正确的答案。
下面是一些关于幸福的陈述。请根据以下评分标准，在每项陈述后的空白处输入一个数字，以表明您对每项陈述的同意程度。请仔细阅读这些陈述，因为有些措辞是正面的，有些则是负面的。 1＝完全不同意；2＝中度不同意；3＝稍微不同意；4＝稍微同意；5＝适度同意；6＝非常同意
根据调查问卷内容，自我选择评分。 1. 我对自己的方式不是特别满意。(R) ________________ 2. 我对其他人非常感兴趣。________________ 3. 我觉得生活很有意义。________________ 4. 我对几乎每个人都有很温暖的感觉。________________

续表

5. 我很少醒来感觉休息好了。(R) ______________ 6. 我对未来不是特别乐观。(R) ______________ 7. 我发现大多数事情都很有趣。______________ 8. 我总是承诺和参与。______________ 9. 生活是美好的。______________ 10. 我不认为这个世界是个好地方。(R) ______________ 11. 我经常笑。______________ 12. 我对生活中的一切都很满意。______________ 13. 我不认为我看起来有吸引力。(R) ______________ 14. 我想做的和我已经做的是有差距的。(R) ______________ 15. 我很高兴。______________ 16. 我在一些事物中发现了美。______________ 17. 我总是对别人有一种愉快的影响。______________ 18. 我可以安排（找时间做）我想做的任何事情。______________ 19. 我觉得我不能控制我的生活。(R) ______________ 20. 我觉得我可以承担任何事情。______________ 21. 我感到精神上完全清醒。______________ 22. 我经常感到高兴和兴奋。______________ 23. 我觉得做决定不容易。(R) ______________ 24. 我对生活的意义和目标没有特别的感觉。(R) ______________ 25. 我觉得我精力充沛。______________ 26. 我通常对事件有很好的影响。______________ 27. 我不喜欢和别人在一起。(R) ______________ 28. 我感觉不是特别健康。(R) ______________ 29. 我对过去没有特别愉快的回忆。(R) ______________
计算你的分数： • 步骤1：标有（R）的项目应反向评分：如果你给自己打了“1”，就把它划掉，改成“6”；将“2”改为“5”；将“3”改为“4”；将“4”改为“3”；将“5”改为“2”；将“6”改为“1”。 • 步骤2：将所有29个问题的数字相加。(将转换后的数字用于反向评分的12个项目。) • 步骤3：用步骤2的总分除以29，这是你的幸福分数。 建议记录下你的分数和日期。然后，可以选择将现在的分数与以后的分数进行比较。如果你正在尝试一些练习，这会特别有帮助，并积极努力提升你的幸福感。

资料来源：希尔斯·P. 和阿盖尔·M.（2002）. 牛津幸福感问卷：测量心理幸福感的紧凑量表。

案例分析

富士康的“连跳门”

富士康科技集团是台湾鸿海精密工业股份有限公司在大陆投资兴办的专业研发生产精密电气连接器、电脑系统组装、消费性电子、液晶显示器等产品的高新科技企业。集团在电脑、通信及消费性电子产业引领潮流，享有盛誉，是全球前三大 EMS（电子制造服务）厂商之一，与全球顶尖的电脑、通信及消费电子领导厂商结成长期策略联盟。集团规模迅速壮大，在中国大陆、中国台湾、日本、东南亚及美洲、欧洲等地拥有数十家子公司，现有员工 60 余万人。

但是，工作压力大造成了年轻员工情绪的不稳定。近年来富士康科技集团连续发生员工自杀事件。2007—2008 年发生三起，2009 年发生三起，2010 年自杀事件急剧上升，到 2010 年 5 月就连续发生 13 人跳楼事件，还有其他自杀行为，造成很大影响。

富士康科技集团承认公司管理不足，在“2010 深圳民营企业招聘周”活动上，饱受“跳楼风波”困扰的用工巨头富士康，除了常规招收大量的普工外，还招收百名“辅导员”。据悉，为了应对相关的事件，加强对员工的心理和职业辅导，富士康新设了一个辅导部门，“辅导员”将达到 100 名。此外，招聘的生产管理储备干部等员工除了常规的笔试、面试以外，还要进行相应的心理测试，通过以后方能入职。

富士康召开媒体发布会，对跳楼事件做出回应，对系列事件向社会道歉，并宣布在富士康内部安装防护网阻止跳楼事件，然而其效果不尽如人意。如何应对这一连串的负面事件将成为富士康面临的难题。

讨论：

1. 从组织行为的视角分析，出现“连跳门”事件的主要原因有哪些？
2. 通过“连跳门”事件，反映出组织管理存在哪些问题，应如何改进？

6 态度与工作满意度

学习目标

- 区分态度的三种成分
- 总结态度与行为之间的关系
- 对主要的工作态度进行区分和比较
- 界定工作满意度
- 总结影响工作满意度的主要因素
- 分析员工在不满意时常见的反应方式

6.1 态度

6.1.1 态度的内涵

态度（attitude）是个体针对物体、人物和事件的评价性陈述。这种陈述可以是正面的，也可以是负面的。态度反映了一个人对某一对象的内心感受。工作态度是人们目前对其工作和组织所持有的关于如何表现的感觉、信念和想法的集合。

研究人员认为态度主要由三个部分组成——认知、情感、行为。这种分析有助于人们理解态度的复杂性。

6.1.1.1 认知成分

认知成分（cognitive component），指对态度对象的认识和理解。这种态度是对事物的一种描述和看法，是态度形成的基础。认知成分可以在描述性的语言中得到体现，例如“我的薪水很低”。

6.1.1.2 情感成分

情感成分（affective component），指对态度对象的情感体验。例如，喜欢、讨厌、羡慕、追求、支持、回避等。它是态度形成的核心。例如，“我对我的工资如此之少感到气愤”。情感能够导致行为结果。

6.1.1.3 行为成分

行为成分（behavioral component），是指个体以某种方式对某人或某事作出行动的意向，是态度的重要外部表现。接着上面的例子，行为就表现为“我要去找一份薪水更高的工作”。

一般来说，态度的三种成分是相互协调一致的，认知成分为情感成分奠定了基础，情感又会决定行为倾向。

6.1.2 态度的功能

态度在工作中具有以下四种功能。

6.1.2.1 调整功能

调整功能是指能帮助人们更好地适应环境，并把这些态度作为今后行为的基础。

6.1.2.2 自我保护功能

自我保护功能使个人在受挫时可以保护自己。也就是说，失败的时候可以显示出自己轻视这种事件，从而对受到的挫折进行解释，类似吃不到葡萄说葡萄酸的寓言故事。

6.1.2.3 价值观表现功能

价值观表现是指个人可借自身所持有的态度，来表现其所推崇的价值观。

6.1.2.4 知觉功能

知觉功能是指在个体所知觉到的外部世界中寻求稳定性、一致性，或者可预测性的行为倾向。态度一旦形成，就变成了一种知觉客观世界的参照框架，由此人们能够组织和解释周围的世界，并将它作为个人行为的指针。

工作态度比价值观更具体，也不那么持久，因为人们体验工作的方式往往会随着时间的推移而改变。例如，当个体工作中得到晋升或被拒绝晋升时，其工作态度可能会改变。相反，个体的价值观在不同的工作和不同的组织中基本保持不变。

6.1.3 态度的基本理论

6.1.3.1 态度变化阶段说

心理学家凯尔曼（Herbert C. Kelman）提出了态度改变的三阶段理论（stage theory of attitude change），认为人们改变态度会经历服从、同化、内化三个阶段。

（1）服从。服从有两种：一种是出于主体的意愿，不知不觉地模仿；另一种是受到群体规范的压力，从而产生了服从行为。

（2）同化。在同化阶段，态度不再是表面的改变，也不是被迫，而是自愿地接受他人的观点、信念、行为或新的信息。这一阶段已经与所要形成的态度相接近，但没有同自身全部态度体系相融合。

（3）内化。在内化阶段，内心发生了质的变化，新的观点、新的情感和新的意愿已经纳入了自身的价值体系之内，成为自身态度体系的一部分，比较稳固，也不太容易改变。到了这一阶段，态度才真正地形成。

6.1.3.2 认知失调论

虽然通常我们认为认知导致了情感，而情感又导致了行为，但事实上这几个组成部分很难区分开来。太多的早期研究做出了这样的假定：态度是引发行为的原因，也就是说人们的态度决定了他们所做的事。我们的日常经验也表明了这种关系的存在，人们会观看自己喜欢的电视节目，员工会尽量逃避他们讨厌的工作，这些现象都是符合逻辑的。

认知失调理论（cognitive dissonance theory）是由美国社会心理学家利昂·费斯廷格于1957年提出的阐释人的态度变化过程的社会心理学理论，其思想基础源于格式塔心理学。认知失调理论是20世纪五六十年代在西方社会心理学研究领域中最有影响的理论之一，着重探讨的是个体的态度和行为不一致的问题。“失调”是当个体的行为和态度不一致时出现的一种令人不愉快的动机状态。

（1）四种认知失调。费斯廷格认为一般情况下，个体对于事物的态度以及态度和行为间是相互协调的；当出现不一致时，就会产生认知不和谐的状态，即认知失调，并会导致心理紧张。费斯廷格区分出以下四种认知失调：

• 决策后失调。当一个人必须在各有优缺点的两者间作出选择时，选择后易产生失调。

• 强制服从失调。当一个人受外力影响而采取与信念相反的行为时产生这种失调。

• 接触新信息造成的失调。一个人有意或无意地接触新信息可能使现存的认识受到威胁，从而产生失调。

• 社会支持体系造成的失调。个人的认识受到群体成员的反对，或自己的群体成员身份要求接受新信息时产生这种失调。

（2）个体消除认知失调的决定因素。费斯廷格认为，个体想消除认知失调的愿望取决于以下三个因素：

• 造成失调的要素的重要性。如果导致失调的要素很重要，减少态度与态度之间或者态度与行为之间的不一致，会给个体带来较大的压力。比如，某酒店经理认为酒店利润和顾客的健康都非常重要，当他发现酒店饭菜烹制过程中员工不注意卫生时，他就会面临着高度的认知失调。

• 个体认为自己对这些要素的可控程度。如果当事人认为这种失调是不可控的，那他不太可能改变自己的态度。例如，如果导致失调的原因在于上司的指示，那么减少失调的压力就会小得很多。尽管认知失调依旧存在，但可以把它合理化解并作出辩解。

• 失调可能带来的后果。如果卷入到失调状态中，个体因此获得很大的收益，那认知失调造成的压力就不会太强，因为高报酬本身就是一种有效的平衡剂。

（3）个体认知失调有差异。费斯廷格认为，每个人的失调耐受性不相同，是有个体差异的。有人认为外倾型人比内倾型人的失调耐受性高。外倾型人在写完一篇相反态度的报告后，其态度改变比内倾型人少。认知失调理论可以解释一些社会心理现象，在解释态度改变上用得较为广泛。

认知与行为不一致或认知之间不一致，导致产生失调感。改变态度以达到一致，是降低失调感的一种主要方式。个体为了解除紧张会使用改变认知、增加新的认知、改变认知的相对重要性、改变行为等方法来力图重新恢复平衡。

6.2 工作中的态度

每个人都有成千上万种态度，但组织行为学只聚焦于很有限的几种态度，这些态度塑造了员工对工作环境的积极或消极的评价。大多数研究都集中在这三种态度上：工作满意度、工作卷入和组织承诺。其他的重要态度包括组织支持感和员工敬业度。

6.2.1 工作满意度和工作卷入

6.2.1.1 工作满意度的定义

当人们谈及工作态度时，通常指的是工作满意度（job satisfaction），描述了人们对工作特点进行评估后所产生的对工作的积极态度。如果一个人拥有较高的工作满意度，则说明他对工作持积极态度，满意度水平较低的人则对工作持消极态度。组织行为学家认为工作满意度非常重要，我们将在后面的内容中专门讨论这种态度。

6.2.1.2 工作卷入

与工作满意度相关的一个概念是工作卷入（job involvement）。工作卷入用于测量一个人从心理上对其工作的认同程度，以及认为他的工作绩效水平对自我价值的重要程度。工作卷入度高的员工，对他们所做的工作有强烈的认同感，并且很在意自己从事的工作。

6.2.1.3 心理授权

与工作卷入密切相关的一个概念是心理授权（psychological empowerment）。心理授权是指员工关于自己能对工作环境产生影响、工作能力、工作意义及工作自主性的信念。

研究表明，授权的方法需要根据当地的文化和期望达成的行为目标作出调整，高水平的工作卷入和心理授权与组织公民行为（Organizational Citizenship

Behaviors，OCB）是一种自发的行为，不在员工的正式要求之内，但有助于建立职场的心理，并且与社会环境和工作绩效正相关。心理授权对工作态度和工作压力有很大的影响，对工作表现有中等的影响。有研究表明，如果我们把影响力、能力、意义和自我决定这四种信念放在一起考虑，而不是分开考虑，心理授权往往会有更大的影响。但是，也有一些证据表明，在考虑了其他因素后，关于工作意义的心理授权对态度和压力仍然有很大的影响。

6.2.2 组织承诺

6.2.2.1 组织承诺的内涵与模型

组织承诺（organizational commitment）是个人对所属组织的目标和价值观的认同和信任，以及由此带来的积极情感体验。它是一种重要的员工态度变量，对工作绩效会产生重要的影响。对组织作出承诺的员工即使感到不满，也不太可能怠慢自己的工作，因为他们出于对组织的依赖感和忠诚感，而认为自己应该努力工作，他们没有其他选择，或者很难离开。即便员工对当前的工作不满意，只要他们对组织作出足够多的承诺，就仍然会决定在组织中工作。

1960 年美国社会学家贝克尔（Howard S. Becker）首先提出组织承诺的概念。梅耶（John P. Meyer）和阿伦（Natalie J. Allen）于 1991 年提出三成分模型，将组织承诺分为情感承诺、持续承诺和规范承诺。

（1）情感承诺（affective commitment）指员工对组织的感情依赖、认同和投入，员工对组织所表现出来的忠诚和努力工作，主要是由于对组织有深厚的感情，而非物质利益。

（2）持续承诺（continuance commitment）是指员工对离开组织所带来的损失的认知，是员工为了不失去多年投入所换来的待遇而不得不继续留在该组织内的一种承诺。

（3）规范承诺（normative commitment）反映的是员工对继续留在组织的义务感，它是员工由于受到了长期社会影响形成的社会责任而留在组织内的承诺。

梅耶和阿伦（1990）还编制了三因素组织承诺量表，对上述承诺的三因素进行测量。

6.2.2.2 我国学者对组织承诺的研究

我国学者凌文辁（1998）、张治灿（2000）、方俐洛（2001）等人对国内企业员工的组织承诺进行了系统性的研究。他们采用访谈、半开放式问卷调查和结构化问卷调查等方法，编制了“中国员工组织承诺问卷”，探索中国企业员工的承诺结构。研究发现，中国员工组织承诺的结构模型中包含5个因子。中国企业员工的组织承诺结构中与西方同样具有情感承诺因子和规范承诺因子，其含义也与梅耶和阿伦模型中的一致。经济承诺和机会承诺的意义也体现在三因素承诺模型中的持续承诺因子中。然而，理想承诺这一因子却是西方模型中未涉及的。

通过应用“中国员工组织承诺问卷”对员工的组织承诺进行调查，了解员工的承诺状态和水平。每一位员工的组织承诺中都有上述五种承诺因子，但是他们各自的水平是不同的，只有一种或两种承诺因子占主导地位。其中以经济承诺和机会承诺为主导的员工离职率较高。对于这类员工，可以根据他们的绩效表现和组织需要，采取有针对性的措施来挽留其中所需人才，而机会承诺者可让其自然流失。因为保持一定比率的人才流动率，对公司也是必要的。而当组织内员工总体承诺水平较低时，意味着高度的人才流失危险，要求管理者高度警觉和反省，并调整管理措施。

6.2.3 组织支持感

社会心理学家艾森伯格（Eisenberger）认为所谓组织支持感（Perceived organizational support，POS），是指员工对组织如何看待他们的贡献并关心他们利益的一种总体知觉和信念。简言之，就是员工所感受到的来自组织方面的支持。这一概念有两个核心要素：一是员工对组织是否重视其贡献的感受；二是员工对组织是否关注其福利的感受。当员工对组织方面的支持产生积极的认知体验时，他们对组织本身也会产生比较正向的看法和信念。这种正向的信念会使员工在自己的贡献与组织的支持之间比较容易找到平衡点，进而提高对组织的各种制度和政策的满意程度。作为对组织的回报，员工也会提升自己对组织的承诺和忠诚度，并且会提高自己工作的努力程度。相反，如果员工感到组织轻视自己的贡献和福利，员工对组织责任的认知就会相应减少。因此，员工会减少对组织的情感性承诺和降低工作表现，甚至产生离职的意愿和行为。

麦克米林（McMillin，1997）通过自己的研究对艾森伯格的观点进行了补充。他认为艾森伯格等人所提出的组织支持感概念只包含了福利支持和尊重支持两个方面，而忽略了支持的其他方面，如工具性支持等。但员工如果缺少执行工作所需的基本的工具性支持（如信息、资源、工具、设备及培训等），那他们的工作进程和工作质量无疑会受到不利的影响，这将最终导致员工产生气愤情绪和挫折感。因此，麦克米林认为若想使员工对组织支持产生积极的知觉，组织方面的工具性支持也是必不可少的。

综合以往相关实证的研究结果，员工组织支持感的作用主要体现在以下四个方面：对员工的积极工作态度具有正向影响，对员工的消极工作态度具有负向影响；对员工的工作投入具有正向影响；对员工的工作绩效具有正向影响；对员工的组织公民行为具有正向影响，对其消极行为具有负向影响。

6.2.4 员工敬业度

员工敬业度（employee engagement）是指个体对工作的参与度、满意度及工作的热情。为了评估员工的敬业度，可以询问他们是否有资源和机会学习新技能；是否认为他们的工作重要且很有意义；他们对同事或上级的互动是否满意。敬业度最高的员工对工作充满激情，并与公司联系密切。不敬业的员工虽然在工作上花了时间，却没有倾注精力与注意力。敬业程度是许多可衡量的产出的决定因素，对员工敬业度研究的总结表明，员工敬业度与员工表现和组织表现中度相关。例如，一些研究提到员工敬业度在不同的时候会用来指代不同的组织形象，包括心理状态、个性特征和行为；另一项研究发现，衡量员工敬业度时所用的许多问题与衡量满意度、承诺度和卷入度时所用的问题相似。总体而言，研究表明，员工敬业度能够对重要的结果产生影响，然而截至目前所积累的研究同样让人怀疑这一因素和其他工作态度有多少不同，因此研究人员仍然有很多工作要做。

6.3 工作满意度

前面我们简要地讨论了工作满意度，在这里我们将对这个概念进行更仔细的剖析，并分层次探讨影响工作满意度的因素、工作满意度与工作绩效的关系、工作满意度的测量方法等。

6.3.1 工作满意度的概念

工作满意度是个体对其工作的情感反应、情绪体验和态度，是一种重要的员工态度变量，源自对其从事工作或工作经历的评价。包括对于工作本身、报酬、晋升机会、上司和同事等五个方面的满意度。基于工作是否能够帮助实现个体的价值观、能否满足个体的需要和兴趣而体现为高低不同的满意度水平。当工作与个人需要、兴趣相符以及工作条件、人际合作令人满意时，就会出现高水平的工作满意度。决定工作满意度的根本因素，是人们的各种需要和价值观。

6.3.2 影响工作满意度的因素

赫茨伯格（Herzberg）认为，影响工作满意度的因素可分为物理环境因素、社会因素和个人心理因素。其中，物理环境因素包括工作场所的条件、环境和设施等；社会因素是指员工对工作单位管理方面的态度，以及对该单位的认同、归属程度；个人心理因素则包括对自身工作意义的看法、态度以及上司的领导风格等。史蒂芬·P. 罗宾斯认为可以从工作条件、人格、薪酬、企业社会责任等维度探讨影响工作满意度的因素。

6.3.2.1 富有挑战性的工作

员工更喜欢企业能为他们提供机会以发挥自己的技术和能力，为他们提供各种不同的任务，有一定的自由度，并能得到关于他们工作好坏的及时反馈。这些特点使得工作更富有挑战性。挑战性低的工作使人感到厌烦，但是挑战性太强以至于难以完成的工作也会使人产生挫折感和失败感，严重的还会产生恐惧感。在中度挑战性的条件下，大多数员工会感到愉快和满足。

6.3.2.2 公平的报酬

员工希望分配制度和晋升政策能让他们感到公正、明确，并与他们的期望一致。当报酬分配建立在工作要求、个人技能水平、工作绩效和市场平均工资水平基础之上时，就会导致对工作的满意。但需要提醒的是，并不是每个人都只是为了钱而工作，而报酬与满意度之间的联系也不是一个人的绝对所得，而是对公平的感觉。同样，员工也追求公平的晋升政策与实践。晋升为员工提供的是个人的成长机会、更多的责任和社会地位的提高。因此，如果员工觉得晋升决策是以公平和公正为基础做出的，他们便可以轻而易举地从工作中体验到满意感。

6.3.2.3 良好的工作环境

员工对工作环境的关心既是为了个人的舒适，也是为了更好地完成工作。研究表明，员工希望工作的物理环境是安全舒适的，温度、灯光、噪声和其他环境因素不应太强或太弱。此外，有相当一部分员工希望工作场所离家比较近，环境干净，设备比较现代化，有充足的工具和机械装备。

6.3.2.4 和谐的人际关系

人们从事工作不仅仅是为了挣钱或者获得看得见的成就，对于大多数员工而言，工作还满足了他们的社交需要。因此，友好的和支持性的同事会提高员工对工作的满意度。上司的行为也是一个决定满意度的主要因素。当员工的直接主管是善解人意的、友好的，对好的绩效能提供表扬，能倾听员工的意见，对员工表现出个人兴趣时，员工的满意度就会提高。

6.3.2.5 人格要与工作匹配

员工的人格与职业的高度匹配将给个体带来更多的满意度。因为当人们的人格特性与所选择的职业相一致时，他们会发现自己有能力来适应工作的要求，并且在这些工作中更有可能获得成功；同时，由于这些成功，他们更有可能从工作中获得较高的满意度。因此，把人格与工作相匹配这个因素纳入工作满意度研究也是非常必要的。

6.3.2.6 企业社会责任

企业社会责任（Corporate Social Responsibility，CSR）指的是企业在创造利润并对股东和员工承担法律责任的同时，还要承担对消费者、社区和环境的责任。组织对此的承诺，对员工的工作满意度有着越来越大的影响，组织可以通过多种方式实现企业社会责任，包括环境可持续性倡议、非营利性工作以及慈善捐赠。企业社会责任可以给地球和人类带来好处。一项针对 59 个大小组织的调研发现，有 86% 表示他们的企业社会责任项目提升了员工的幸福感。对社会责任做出的努力，必须得到良好的管理，为了获得长期的工作满意，其措施必须是可持续的。整体来说，企业社会责任是问责制与服务的一种必要而积极的趋势，如果管理得当，它也能大大提高员工的工作满意度。

6.3.3 工作满意度的测量

目前人们把工作满意度定义为针对工作特点进行评估而产生的对工作的积极感觉，显然这是一个很宽泛的定义，但这种界定是恰当的。一个人的工作，不仅仅包括处理文件、撰写方案、等待客户、驾驶车辆等显而易见的活动，任何工作都需要与同事和上司进行互动、遵守组织的规章制度、达到绩效评价标准、忍受与理想有差距的工作环境等。这意味着，员工对自己的工作是否满意，常常是对大量不同工作元素综合概括后的结果。测量工作满意度的方法主要有单一整体评估法和工作要素综合评价法。

6.3.3.1 单一整体评估法

单一整体评估法只要求个体回答一个问题。例如，“如果把所有要素考虑在内，你对自己的工作满意吗?”要求受访者从1~5所代表的分数等级（从“非常满意”到“非常不满意”共5种）中选出一个符合自己情形的数字。

6.3.3.2 工作要素综合评价法

工作要素综合评价法更复杂一些。它首先需要确定工作中的关键要素，典型的要素包括工作类型、所需技能、监督控制、当前收入、晋升机会和同事关系。受访者将标准化的量表数据累加起来，就得到工作满意度的总分。

两种测量方法哪一种更好呢？从直觉上来看，综合性的考量似乎能够使工作满意度的评估更为精确，然而研究结果并非如此。简单的方式与复杂的方式同样有效。在这里两种方法的有效性相同，即这两种方法都是有效的。单一整体评估法耗时短，而工作要素综合评价法能够帮助管理人员找到问题的根源，有助于管理人员更快、更准确地解决问题。

6.3.4 工作满意度与工作绩效的关系

6.3.4.1 工作满意度与生产率

快乐的工人更有可能是高效率的员工。曾经有研究者认为工作满意度与生产率之间的关系只是管理学中的一则谣言，但一个针对300项研究进行的元分析表明，这两者具有很强的相关性。从组织而不是个体的角度，同样可以发现满意度与绩效之间存在关系的证据，当我们为组织收集满意度与生产率方面的整体数据时，员工满意度高的组织比员工满意度低的组织更为高效。

6.3.4.2 工作满意度与缺勤率

满意度与缺勤率之间存在稳定的负相关。这种相关性为中等程度，尽管不满意的员工更可能旷工（这一点从理论上也是说得通的），但其他因素也影响着两者之间的关系。若组织在病假方面提供慷慨的福利待遇，实际上就是在鼓励所有的员工（包括那些满意度很高的员工）去休假。即使员工觉得对工作很满意，也仍然愿意多休息几天享受连续的周末——只要这些假期是免费的，而且不会受到任何惩罚。当存在大量的工作机会可选择的时候，不满意的员工的缺勤率较高；但当他们别无选择的时候，他们的缺勤率与满意的员工一样低。

6.3.4.3 工作满意度与离职率

工作满意度与离职率的相关性比工作满意度与缺勤率的相关性更高。研究表明，管理者在确定谁可能会离开时，应该关注员工在工作满意度上的变化。因为满意度会随着时间的推移而变化。工作满意度下降也许就意味着有离开的打算。此外，工作满意度也与环境有关，如果员工在工作场所的总体工作满意度较低，就会出现传染效应。这项研究表明，管理者在把新员工安排到某个岗位的时候，应该考虑到同事之间的这种影响模式。

6.3.5 工作不满意员工的行为及影响

员工不喜欢他们的工作的时候会发生什么行为？“退出—建议—忠诚—怠工”这一理论框架有助于我们理解不满意所带来的后果，见表6－1。按照建设性、破坏性和积极性、消极性两个维度，对于这一框架的四个反应进行了区分和说明。

表6－1 员工对工作不满意的反应

	建设性	破坏性
积极性	建议	退出
消极性	忠诚	怠工

这四个反应的界定如下。

6.3.5.1 退出

退出（exist）指直接离开组织，包括寻找新的工作岗位或辞职。研究人员考察了个体离职和集体离职，发现都会带来组织在员工知识技能和其他特征方面的总体损失。

6.3.5.2 建议

建议（voice）指付出建议的努力来改善工作条件，包括提出改进建议，主动与上司以及其他类型的团体一起讨论所面临的问题。

6.3.5.3 忠诚

忠诚（loyalty）指被动而乐观地等待环境有所改善，包括面对外部批评时，站出来为组织说话，相信组织及管理者会做正确的事。

6.3.5.4 怠工

怠工（neglect）指被动地放任事态变得越来越糟，包括长期缺勤、迟到、降低努力和提高失误率。

退出和怠工行为与生产率、缺勤率和流动率等绩效变量相关。但这一模型补充了员工的其他反应方式，如建议和忠诚，这些建设性行为可以帮助个体容忍不愉快的情境，或者重新获得满意的工作条件。这一理论框架不仅很有用，还具有普遍性。

此外，员工工作不满意的时候，也会出现反生产工作行为（Counterproductive

Work Behavior)，例如，滥用办公用品、偷盗、闲聊、旷工和迟到等，这些行为都会损害组织。和我们之前讨论的其他行为一样，反生产工作行为并不是突然发生的。这些行为往往伴随着消极的、有时会长期存在的态度出现。因此，如果我们能识别出反生产工作行为的预测因子，就可以降低它造成影响的概率。一般来说，工作上的不满会带来反生产工作行为，对自己的工作感到不满的人会变得沮丧，进而影响他们的表现，使其更容易表现出反生产工作行为。

6.3.6 态度与工作满意度对管理者的启示

上述这些态度之间的确存有差异，它们重叠的内容很多，引起重叠的原因也很多，包括员工的人格。作为一名管理者，如果知道一个人的工作满意度水平，差不多也就知道这个人对组织的看法了。有研究表明，管理者倾向于将员工分为四种不同的类别，非常愿意留下、不情愿留下、非常想离开（打算离开）、不情愿离开（不打算离开，但应该离开）。

管理者应该关心员工的工作满意度。工作满意度预示着存在潜在的问题，而且会影响到员工的行为。创造令人满意的工作场所并不能成为优秀组织绩效的保障，但有确凿的证据表明，管理者为了改善员工工作满意度作出的所有努力，都可能加强组织的有效性，最终带来更高的客户满意度和利润。对于管理者来说，应该关注员工的工作满意度，并将其看作绩效、离职、缺勤和怠工行为的决定因素，定期客观地衡量员工的工作满意度，以判断员工是如何对他们的工作作出反应的。为了提高员工的工作满意度，将员工的工作兴趣与其工作相匹配，使他们的工作既有趣又有挑战性。

课后作业

1. 态度包括哪些成分？这些主要成分之间有关联吗？

2. 态度始终决定行为吗？为什么？讨论一下在什么情况下态度会影响行为。

3. 工作态度的主要类型是什么？这些态度在哪些方面是相似的？每个类型的独特性是什么？

4. 哪些因素影响工作满意度？

5. 工作满意度对管理有什么意义？

6. 不满意的员工会出现怎样的行为？

案例分析

减肥引起的认知失调

你很想减肥，但当你的好朋友递给你一个巧克力时，你忍不住吃了一个。这时候你减肥的态度和你吃巧克力的行为产生了矛盾，引起了认知失调。

讨论：

1. 用认知失调理论分析，可以采用哪些方法减少由于减肥而引起的认知失调？

2. 根据你的自身经历或者所见所闻，举出一个认知失调的情况。

7　动机与激励

学习目标

- 掌握动机与激励的定义
- 了解主要的激励理论
- 了解知识型员工的激励方法
- 分析我国各类组织常见的激励方法与效果

7.1 动机与激励的基本概念

7.1.1 需要、动机与行为的概念与关系

产生积极性心理的基础在于人对客观事物所具有的生理或社会的物质或精神的需要，这些需要是个体思想行为的根本动力，以愿望、欲望和意向等形式存在，并以一定的方式影响人体的情绪体验，当确定的需要对象出现时，需要就转化为动机。

由于人的一切活动都是为了满足自己的需要，需要成为人们行为的出发点，因此研究需要、动机与行为的关系，是激励理论的基础。

7.1.1.1 行为

行为（behavior）是人类有意识的活动。行为科学认为，行为既是人的有机体对外界刺激作出的反应，又是人通过一连串动作实现其预定目标的过程。

行为产生的原因是心理学家争论的焦点。有人认为行为是个体的生物本能，有人强调行为是由社会环境决定的。德裔美国社会心理学家勒温融合各派理论之长，认为人的行为是环境外力与个体需要相互作用的结果。他提出了著名的人类行为公式。

$$B = f(P,E)$$

其中，B 指行为；P 指个人需要；E 指环境外力；f 指函数关系。

7.1.1.2 需要

需要（need）是指客观的刺激作用于人们的大脑所引起的个体缺乏某种东西的感觉。这里所说的客观的刺激不只是身体外部的，也包括身体内部的。

7.1.1.3 动机

动机（motive）的原因是引起动作。心理学上把引起个人行为、维持该行为并将此行为导向满足某种需要的欲望、愿望、信念等的心理因素叫动机。

动机是在需要基础上产生的，但需要并不必然产生动机。需要转变为动机的条件有二：一是需要发展到一定的程度，才能产生满足需要的愿望；二是需要对象（目标）的确定。需要强度达到某种水平以上，才可能成为动机并引发行为。

当人产生的需要处于萌芽状态时，它以不明显的、模糊的形式反映在人的意识之中，产生不安之感，这时人的需要以意向的形式存在着；需要增强

到一定程度而又未能满足时，心理上就产生一种紧张状态，当人明确地意识到通过什么手段可以解决这种紧张时，意向就转化为愿望（want）。但愿望只反映了内心需要，是人活动的内在驱动力（drive），由于还没有明确的对象（目标），所以这种驱动力没有方向，还不是动机。在遇到能满足需要、解除心理紧张的具体对象（特定目标），并且表现出达到目标的可能性时，这种驱动力就有了方向，以愿望形式出现的需要就变为动机，推动人去进行某项活动，向着目标前进，如图7－1所示。也就是说，有一定强度的需要，还要有诱因条件，才能成为推动实际活动的动机。动机是内在的愿望和外部具体对象（诱因条件）建立心理联系时产生的。

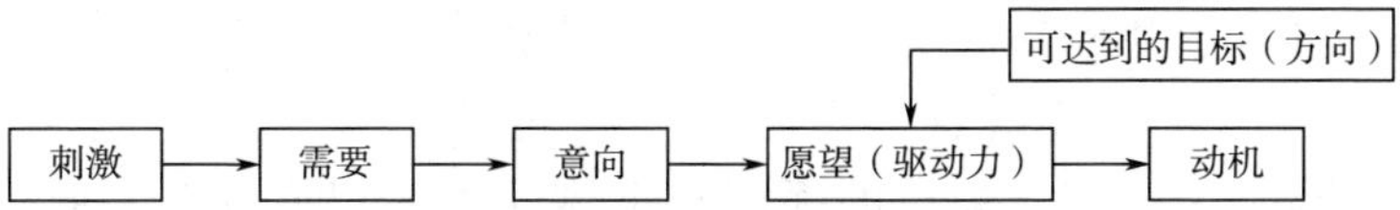

图7－1　需要与动机的转化关系示意图

7.1.2　需要结构与动机结构

行为是由动机决定的，动机来自需要。但产生了某种需要不一定就会产生某种动机，有某种动机不一定就会引发某种行为。因为一个人同时可以有许多种需要和动机，一般而言，人们同时存在着生理、安全、社交、自尊和自我实现等多种需要，但在特定的时间和空间内，其中一种需要是最强的，被称为主导需要。在这种主导需要驱使下，会出现多种动机，但只有一种最强的动机（被称为优势动机）会实际产生行为。这就形成了具体的需要结构，如图7－2所示。

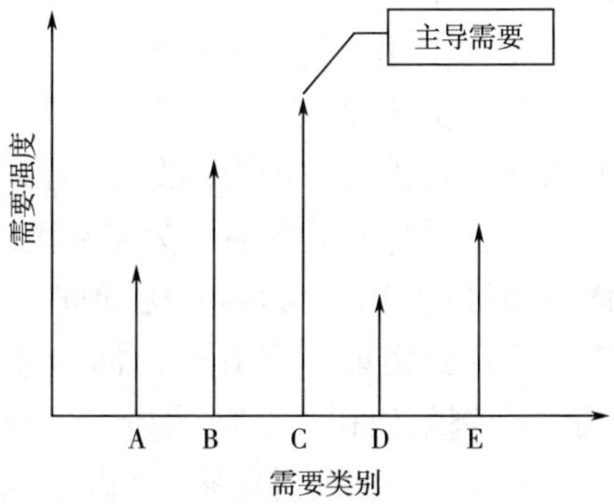

图7－2　需要结构

在同样的需要下，也会产生不同的动机。一个人往往同时存在着各种各样的动机，这些动机之间不仅有强弱之分，而且会有矛盾和斗争，以其一定的相互关系构成动机体系（或叫动机系统）。在动机体系中，各个动机的强度不同，在同一个人身上所占的地位和所起的作用也不同。有的动机比较强烈而稳定，而另一些动机比较微弱且不稳定，那种最强烈而又稳定的动机叫优势动机，其他动机叫辅助动机，与需要的结构相对应。

7.1.3 影响动机强度的因素

强度描述的是个体所付出的努力程度，当我们谈到动机时，大多数人都会关注这个要素。影响动机强度的因素主要有以下几个方面。

7.1.3.1 与个体缺乏的程度及个性有关

在外界条件一定时，动机的强度与个体缺乏的程度及个人的个性直接有关。

7.1.3.2 受外部环境的刺激

在内部条件一定时，某种动机的强度随外部环境的刺激而变化。例如，某人想提高自己工资的动机强度，随组织当年提高工资的计划、比例及其他单位同类人员工资提高的情况而变化。

7.1.3.3 受动机过去强化结果影响

某种动机的强度还取决于这种动机过去是否得到强化。如果过去这种动机引发的行为曾取得良好的结果，这个动机就会得到正强化，该行为就会重复出现。如果这种动机过去曾取得坏的结果，该动机将会削弱或消失，从而使该行为不再出现。

7.1.3.4 与行为进行程度有关

行为科学认为人的行为可分为以下三类：

（1）目标导向行为，指为了达到目标所表现的行为。有了动机就要选择和寻找目标，目标导向行为代表寻求、到达目标的过程。

（2）目标行为，指直接满足需要的行为，即完成目标达到满足的过程。

（3）间接行为，指与当前目标暂无关系，为将来满足需要做准备的行为。

一般情况下，由优势动机引发的行为由目标导向行为与目标行为两部分构成。也就是说，从确立目标到实现（完成）目标的过程，可分为目标导向行为阶段和目标行为阶段。例如演讲，从收集资料、进行构思到准备完毕，属于目标导向行为阶段；上台演讲到演讲完毕，则为目标行为阶段。

根据心理学的研究，在目标导向行为阶段和目标行为阶段，动机（需要）

强度的变化是不同的。对目标导向行为来说，动机强度会随着这种行为的进行而增强，越接近目标，动机强度越大，直到达到目标或者遭到挫折而停止。而目标行为则不一样，当目标行为开始后，需要强度就呈降低的趋势。例如一个饥饿的人，为了充饥迫不及待地觅食，对食物的需要强度不断增加。而当他得到了食物开始吃东西后，随着进食增多，他对食物的需要强度便逐渐降低，直到吃饱离开饭桌，进食动机暂时消失。当优势动机引发的行为后果达到目标时，紧张的心理状态就会消除，需要得到满足。一个需要满足了，又会有新的需要产生。这样周而复始地发展下去，从而推动人去从事各式各样的活动，达到一个又一个的目标。

但是，动机高强度不一定会带来令人满意的工作绩效，除非这种努力指向有利于组织的方向。因此，我们不仅要考虑努力的强度，还要考虑努力的方向，那些指向组织目标并与组织目标始终一致的努力才是我们所追求的。最后，动机还有一个持续性维度，它测量的是个体努力可能维持多长时间。受到激励的个体可以长时间从事某项任务，以实现自己的目标。

7.1.4 激励

一个人可能同时有许多的需要和动机，但是人的行为却是由最强烈的优势动机引发和决定的。因此，要使员工产生组织所期望的行为，可以根据员工的需要设置某些目标，并通过目标导向使员工出现有利于组织目标的优势动机，并按组织所需要的方式行动，这就是激励的实质。

所谓激励（motivation），就是创设满足员工各种需要的条件，激发员工的工作动机，使之产生实现组织目标的特定行为的过程。根据各种理论，激励可能源于将身体疼痛最小化并将快乐最大化的基本需要，也可能源于进食和休息等特定需要，或者渴望的对象、爱好、目标、存在状态、理想，或者可能归因于不太明显的原因，如利他、道德或避免死亡等。

7.1.4.1 为满足激励对设置目标的要求

（1）设置目标不仅是为了满足组织成员的个人需要，最终还是为了有利于完成组织的目标。因此，在设置目标时，必须将组织目标纳入其中或将组织所希望出现的行为列为目标导向行为，使成员只能在完成组织目标后才能达到个人目标。如果没有组织目标，没有目标导向行为，那么即使满足了成员的需要，也不能成为组织激励。那种认为满足了个人目标，就会带来满意和积极性，就自然能完成组织目标的想法是不符合实际的。

（2）目标的设置必须是受激励者所迫切需要的。已经满足了的需要不可能激发动机或激发出来的动机强度不高。

（3）目标的设置要适当。目标既不能过低，又不能高不可攀，应是通过努力就可以达到而不努力则达不到的。

（4）设置目标时最好让大家参与讨论。这样不仅可以使目标设置得更合理，也有助于加深对目标导向行为的理解，同时满足了员工的参与感，使员工工作更努力。

7.1.4.2　激励机制变量间的关系

设计有效的激励机制是打造组织发展动力的核心问题。激励机制是指激励赖以运转的一切办法、手段、环节等制度安排的总称。它具有内在的按组织目标来进行运作、管理、调节、控制的功能。有效的激励机制要处理好刺激变量、机体变量及反应变量之间的关系。

（1）刺激变量，是指对个体反应产生影响的刺激条件，其中包括引起个体动机的自然和社会的环境刺激及作为奖励的物质或精神的激励手段。

（2）机体变量，是指个体所具有的影响个体反应的心理特征（如性格、动机、内驱力强度等）、技术水平与工作能力、自我角色概念（即个人在工作中所处的地位、承担的责任、工作目标及努力方向的综合概念）的认识程度等。

（3）反应变量是指刺激变量和机体变量在行为上引起的变化。

显然，需要和动机都属于机体变量，外界目标属于刺激变量，行为属于反应变量。

7.2　内容型激励理论

7.2.1　马斯洛的需要层次理论

亚伯拉罕·马斯洛（Abraham Maslow，见图 7－3）在 1943 年发表的《人类动机的理论》中提出了需要层次理论，即马斯洛需要层次理论。该理论为管理者了解员工需要进而进行激励提供了一个重要的前提。在不同的组织中，不同时期的员工以及组织中不同员工的需要充满差异性，而且经常变化，因此管理者应该经常用各种方式进行调研，弄清楚员工未满足的需要是什么，然后有针对性地进行激励。

图7－3 亚伯拉罕·马斯洛

7.2.1.1 需要层次理论的基本内容

马斯洛把需要分成生理需要、安全需要、社交需要、尊重需要和自我实现需要五类，依次由较低层次到较高层次排列，见图7－4。

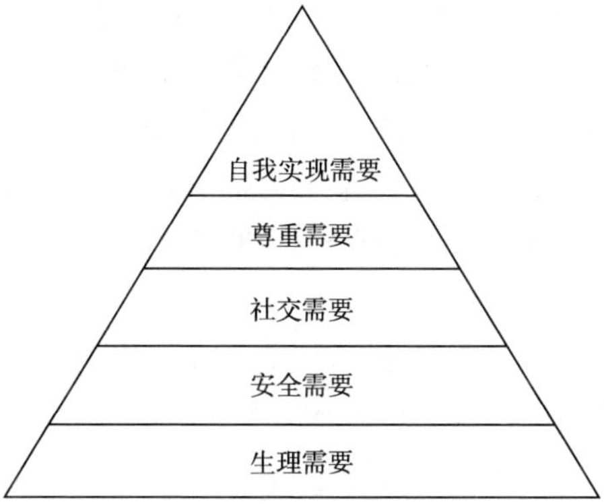

图7－4 马斯洛的需要层次理论

（1）生理需要。这是人类维持自身生存的最基本需要，包括衣、食、住、行等方面的需要。如果这些需要得不到满足，人的生存就成了问题。从这个意义上说，生理需要是推动人们行动的最大动力。马斯洛认为，只有这些最基本的需要满足到维持生命所必需的程度后，其他的需要才能成为新的激励因素，此时这些已相对满足的需要也就不再成为激励因素了。

（2）安全需要。这是人类要求保障自身安全、摆脱事业和丧失财产威胁、避免职业病的侵袭、解除严酷的监督方面的需要。马斯洛认为，整个有机体是一个追求安全的机制，人们的感受器官、效应器官、智能和其他能量主要是寻求安全的工具，甚至可以把科学和人生观都看成是满足安全需要的一部分。当然，这种需要一旦相对满足，也就不再成为激励因素了。

（3）社交需要，也称归属与爱的需要或社会需要。当基本的生理需要和安全需要有了一定的保障之后，人们便产生更高一层的社会心理需求，即要进行社会交往，与朋友保持友谊，与家人享受天伦之乐，并被一些团体所接纳和认可。这一层次上的需要比生理需要更细致，与一个人的生理特性、经历、教育、宗教信仰都有关系。

（4）尊重需要。人人都希望自己有稳定的社会地位，要求个人的能力和成就得到社会的承认。尊重需要，又可分为内部尊重和外部尊重。内部尊重是指一个人希望在各种不同情境中有实力、能胜任、充满信心、能独立自主。总之，内部尊重就是人的自尊。外部尊重是指一个人希望有地位、有威信，并受到别人的尊重、信赖和高度评价。马斯洛认为，尊重需要得到满足，能使人对自己充满信心，对社会满腔热情，体验到自己活着的意义和价值。

（5）自我实现需要。这是最高层次的需要，是指实现个人理想、抱负，最大限度地发挥个人的能力，完成与自己能力相称的一切事情的需要。也就是说，人需要干称职的工作，这样才会使他们感到最大的快乐。马斯洛提出，为满足自我实现需要所采取的途径是因人而异的。自我实现需要是在努力实现自己的潜力，使自己越来越成为自己所期望的人。

7.2.1.2 需要层次理论的主要观点

（1）需要像阶梯一样，从低到高，按层次逐渐递升。但这样的次序并不是完全固定的，可以变化，也有种种例外情况。

（2）一般来说，某一层次的需要相对满足了，就会向高一层次发展。追求更高一层次的需要，就成为驱使行为的动力，相应的获得基本满足的需要就不再是一般激励力量。

（3）五种需要可以分为高低两级，其中生理需要、安全需要和社交需要都属于低一级的需要，这些需要通过外部条件就可以满足；而尊重需要和自我实现需要是高级需要，它们是通过内部因素才能满足的，而且一个人对尊重和自我实现的需要是无止境的。同一时期，一个人可能有几种需要。但每一时期总有一种需要占支配地位，对行为起决定作用。任何一种需要都不会因为更高层次需要的发展而消失。各层次的需要相互依赖和重叠，高层次的需要发展后，低层次的需要仍然存在，只是对行为影响的程度大大减小。

（4）马斯洛和其他行为科学家都认为，一个国家多数人的需要层次结构是同这个国家的经济发展水平、科技发展水平、文化程度和人民受教育的程度直接相关的。在不发达国家，生理需要和安全需要占主导的人数比较大，高级需要占主导的人数比例较小，而在发达国家则刚好相反。在同一国家不同时期，人们的需要层次会随着生产力水平的变化而变化。

7.2.1.3　需要层次理论的价值

关于马斯洛需要层次理论的价值，目前国内外尚有各种不同的说法。绝对肯定或绝对否定都是不恰当的，因为这个理论既有积极因素，也有其不足之处。

（1）马斯洛需要层次理论的积极因素。具体来讲有以下几点：

• 马斯洛提出人的需要有一个从低级向高级发展的过程，这在某种程度上是符合人类需要发展一般规律的。一个人从出生到成年，其发展的过程基本上是按照马斯洛提出的需要层次进行的。当然，关于自我实现是否能作为每个人的最高需要，目前尚有争议。但他提出的需要是从低级到高级发展的趋势是无可置疑的。

• 马斯洛需要层次理论指出了人在每一个时期都有一种需要占主导地位，而其他需要处于从属地位。这一点对管理工作具有启发意义。

• 马斯洛需要层次理论的基础是他的人本主义心理学，他认为人的内在力量不同于动物的本能。人要求内在价值和内在潜能的实现乃是人的本性，人的行为是受意识支配的，人的行为是有目的性和创造性的。

（2）马斯洛需要层次理论的不足之处。具体表现在以下几点：

• 马斯洛过分地强调了遗传在人的发展中的作用，认为人的价值就是一种先天的潜能，而人的自我实现就是这种先天潜能的自然成熟过程，社会的影响反而束缚了一个人的自我实现。这种观点过分强调了遗传的影响，忽视了社会条件对先天潜能的制约作用。

• 马斯洛需要层次理论带有一定的机械主义色彩。一方面，他提出了人类需要发展的一般趋势；另一方面，他又在一定程度上把这种需要层次看成是固定的程序，看成是一种机械的上升运动，忽视了人的主观能动性，忽视了通过思想教育可以改变需要层次的主次关系。

• 马斯洛需要层次理论只注意了一个人各种需要之间存在的纵向联系，忽视了一个人在同一时间内往往存在多种需要，而这些需要又会产生矛盾，进而导致动机的斗争。

7.2.2 奥尔德弗的ERG理论

1969年，美国耶鲁大学组织行为学教授克雷顿·奥尔德弗（Clayton P. Alderfer，见图7－5）经过大量实证研究，在马斯洛需要层次理论的基础上提出了“生存、关系、成长论”（也称ERG理论）。

图7－5 克雷顿·奥尔德弗

7.2.2.1 ERG理论的基本内容

奥尔德弗认为人有三种基本的需要，具体如下：

（1）生存需要（existence），即提供一个基本的物质生活条件，大体上相当于马斯洛认为的生理需要和安全需要。

（2）相互关系需要（relatedness），即维持人与人之关系的需要，大体上相当于马斯洛的人际方面的安全需要和归属与爱的需要。

（3）成长需要（growth），即人们需求发展的内在愿望，大体上相当于马斯洛的尊重需要和自我实现需要。

7.2.2.2 ERG理论的主要观点

（1）除了用3种需要替代了5种需要外，与马斯洛需要层次理论不同的是，奥尔德弗的ERG理论还表明了：人在同一时间可能有不止一种需要起作用；如果较高层次需要的满足受到抑制的话，那么人们对较低层次需要的渴望会变得更加强烈。根据ERG理论，如果在一段时间内仅仅着眼于满足员工的某个单一需要，那么员工的积极性是不可能被有效调动起来的。

（2）马斯洛的需要层次是一种刚性的阶梯式上升结构，即认为较低层次的需要必须在较高层次的需要满足之前得到充分的满足，二者具有不可逆性。

而相反的是，ERG 理论并不认为各类需要层次是刚性结构。比如说，即使一个人的生存需要和相互关系需要尚未得到完全满足，他仍然可以为成长发展的需要工作，而且这 3 种需要可以同时起作用。

(3) “受挫—回归”原则。ERG 理论认为，当满足较高层次需要的企图受挫时，会导致人们向比较容易满足的、较低层次的需要回归。“受挫—回归”原则对研究员工动机有很大影响。例如，如果员工的成长发展需要得不到满足，那么他就会退回到相互关系需要，追求与其他同事建立更为紧密的社会关系。如果管理者能够及早意识到这一点，就可以采取行动帮助下属尽可能满足受挫的需要，从而使他们能够继续向上发展。

7.2.3 赫茨伯格的双因素理论

双因素理论，又称激励保健理论（Motivator – Hygiene Theory），是美国行为科学家弗雷德里克·赫茨伯格（Fredrick Herzberg，见图 7 – 6）于 1959 年提出的。

图 7 – 6 弗雷德里克·赫茨伯格

7.2.3.1 双因素理论的基本内容

与马斯洛需要层次理论从满足优势需要出发去调动人的积极性的观点不同，双因素理论是从外在需要和内在需要的区分及两者在调动人的积极性方面起着不同作用的角度，探讨如何更有效地激发员工的工作积极性。

传统理论认为“满意”的对立面是“不满意”。而根据双因素理论，“满意”的对立面应该是“没有满意”。因此，影响员工工作积极性的因素可以分为两类——保健因素和激励因素，这两种因素是彼此独立的，并且以不同方式影响人们的工作行为，见表7-1。

表7-1　激励因素与保健因素

保健因素（外在因素）	激励因素（内在因素）
公司政策和行政管理 监督 薪酬和福利 人际关系（与上级、同事、下级的关系） 工作环境或条件 个人生活 工作的安全感	工作上的成就感 工作中得到的认可和赞赏 工作本身的兴趣及挑战性 工作职务上的责任感 工作的发展前途 个人成长、晋升的机会

（1）保健因素，是指那些与人们的不满情绪有关的因素，如工资报酬、工作条件、企业政策、行政管理、劳动保护、人际关系等。这个因素处理得不好会引发工作不满情绪的产生，处理得好可预防和消除这种不满，但它不能起激励作用，只能起到保持人的积极性、维持工作现状的作用。

（2）激励因素，是指能够使人们产生工作满意感的因素，例如工作本身的乐趣、工作上的成就感、对未来发展的期望、职务上的责任感等。这类因素的改善（即这类需要的满足）往往能够给员工的行为带来推动力，使其产生工作的满足感，激发其工作热情，从而充分、有效、持久地调动员工的积极性，使他们取得最好的成绩。

双因素理论与马斯洛需要层次理论是相吻合的，马斯洛需要层次理论中低层次的需要相当于保健因素，而高层次的需要则与激励因素相似。

7.2.3.2　双因素理论的应用

双因素理论值得借鉴，但必须结合我国特殊的国情。

（1）在实施激励时应区别保健因素和激励因素。前者的满足可以消除不满，后者的满足可以产生满意。

（2）双因素理论诞生在温饱问题已经解决的美国。当前，我国一些地区的经济仍较为落后，因此工资和奖金并不仅仅是保健因素，如果运用得当也能表现出显著的激励作用。关键在于工资和奖金的发放方法，如果发放方法不当，如搞大锅饭、平均主义，那么工资和奖金顶多是一种保健因素，即可以消除不满，但不能产生满意。

（3）应注意激励深度问题。上级的赏识、荣誉感和成就感的满足，使当事人得到深刻的激励，因为它来自工作本身，被称为内在激励。而工资、奖金、福利、工作条件、人际关系的改善，属于外部条件的改进，即使有一些激励作用，也缺乏深度，持续时间也短暂，这被称为外在激励。

（4）随着温饱问题的解决，内在激励的重要性越来越明显。发达国家的企业经理们挖空心思地寻找内在激励的良方：如何增强工作本身的吸引力、如何使员工在工作中感到乐趣、如何使工作更具挑战性、工作胜任后怎样有更大的成就感，其中最重要的应用是“工作丰富化”。

7.2.3.3 对双因素理论的一些批评

双因素理论并没有获得其他文献的有限支持，而且招致了很多对该理论的批评，包括以下几点：

（1）赫茨伯格采用的研究方法具有局限性，因为他依靠的是自我报告，人们很容易把成就归功于自己，而把失败归因于外部环境因素。

（2）双因素理论调查研究缺乏可重复性。赫茨伯格研究方法的信度存在问题，评估者必须对答复者的回答进行解读。但是，他们可能会用某种方式解读这个回答，却用另一种方式解读另一个人相似的回答，从而导致研究结果失真。

（3）没有对满意度进行整体测量。一个人可能讨厌工作的某个部分，但仍认为这项工作总体上是可以接受的。

（4）赫茨伯格假定满意度和生产率之间存在关系，但他只考察了工作生产满意度。要想使他的研究结论有意义，就必须假定满意度和生产率之间存在着密切的关系。

尽管存在诸多批评，赫茨伯格的这个理论仍然流传甚广，几乎没有哪个管理者不熟悉该理论所提出的建议。

7.2.4 麦克利兰的成就需要理论

成就需要理论是由美国哈佛大学教授戴维·麦克利兰（David McClelland，见图7－7）通过对人的需要和动机进行研究，于20世纪50年代在一系列文章中提出的。

7.2.4.1 成就需要理论的基本内容

麦克利兰经过20多年的研究得出结论认为，人类的许多需要都不是生理性的，而是社会性的，而且人的社会性需要不是先天的，而是后天的，来自环境、经历和培养教育等。很难从单个人的角度归纳出共同的、与生俱来的心理需要。时代不同、社会不同、文化背景不同，人的需要当然就不同，所谓“自我实现”的标准也不同。

图 7-7　戴维·麦克利兰

麦克利兰认为，在生存需要基本得到满足的前提下，人的最主要的需要有成就需要、权力需要、归属需要，这是三种平行的需要。

（1）成就需要（need for achievement，在英国、美国常写作 N-ACH）是指个人对重大成就、掌握技能、控制或高标准的渴望。成就需要与人们选择承担的任务的难度有关。那些具有低成就需要的人可以选择非常容易的任务，以最小化失败的风险，或者选择非常困难的任务，即使失败也不会令人尴尬。那些具有高成就需要的人倾向于选择中等（适度的）难度的任务，感觉这些任务具有挑战性，但在力所能及的范围内。成就需要高的人的特点是倾向于寻求挑战和高度独立，他们最满意的回报是对他们成就的认可。

（2）权力需要（need for power）是指影响或控制他人且不受他人控制的需要。这种对影响力的渴求程度因人而异。

（3）归属需要（need for affiliation）是指建立友好亲密的人际关系的需要，即渴望被他人喜爱和接受。

这三种需要在人们需要结构中有主次之分，人们的主需要在满足了以后，往往会要更多更大的满足，也就是说拥有权力者更追求权力，拥有亲情者更追求亲情，而拥有成就者更追求成就。由于麦克利兰认为其中成就需要对人的成长和发展起到特别重要的作用，所以将其称为成就需要理论。

7.2.4.2　成就需要理论的应用

成就感虽然是后天培养的，但童年经历对其影响特别大，父母在儿童早期的训练和教育方式，对成就感的形成具有决定性作用。

（1）组织中那些成就需要强的员工是最有积极主动性去达成目标的人。一家公司如果有很多具有成就需要的人，那么会发展得很快。成就需要强的人并不一定适合当领导人。领导人的责任是鼓励众人去取得成就而不是只专注个人的成就。激发他人产生成就需求，同自己具有成就需求相比是两种完全不同的动机，要采用不同的方法。

（2）在大规模的企业中必须有专人负责分工、协调、监督、控制等工作，而成就需要强烈的人并不一定能够胜任这样的工作。成就需要强的人，首先会考虑自己如何做好；权力需要强的人，首先会考虑让谁去做更好。

（3）注重归属需要的管理者，容易因为讲究交情和义气而违背或不重视管理工作原则，从而导致组织效率的下降。

在早期的动机理论中，麦克利兰的成就需要理论获得了最有力的研究支持，遗憾的是它对管理实践的影响却不如其他理论，而且测量很困难。

7.3 过程型激励理论

7.3.1 弗鲁姆的期望理论

期望理论是由耶鲁大学管理学院著名心理学家和行为科学家维克托·弗鲁姆（Victor H. Vroom，见图7－8）于1964年在《工作与激励》中提出来的激励理论。

图7－8 维克托·弗鲁姆

7.3.1.1 期望理论的基本内容

期望理论（Expectancy theory）认为，人们采取某项行动的动力或激励取决于其对行动结果的价值评价和预期达成该结果可能性的估计。换言之，激励的大小取决于该行动所能达成目标并能导致某种结果的全部预期价值乘以他认为达成该目标并得到某种结果的期望概率。用公式可以表示为：

激励力量（M）=目标价值（V）×期望值（E）

激励力量M（Motivation）是指调动一个人的积极性，激发人内部潜力的强度。只有激励力量达到一定程度，才能让个体把愿望转化成动机，从而产生行为。

目标价值V（Valance）也称效价，是指个体对某种结果的效用价值的判断及某种目标、结果对个体所具有的价值和重要程度的评价。效价越大，吸引力越强，个体的积极性也就越高。

期望值E（Expectancy）是指个体对通过自己努力达成某种结果的可能性大小的一种预期和判断。期望值是个体主观上估计实现目标的可能性。一般来说，实现目标的可能性越大，越能调动人们的积极性。

在领导与管理工作中，可以运用期望理论来调动下属的积极性。期望理论是以三个因素反映需要与目标之间的关系的，要激励员工，就必须让员工明确以下三点：

（1）工作能提供给他们真正需要的东西，如工资和福利。

（2）他们欲求的东西是和绩效联系在一起的。

（3）只要努力工作就能提高他们的绩效。

7.3.1.2 期望模式

为了使激励力量达到最好值，弗鲁姆提出了人的期望模式：

个人努力→个人成绩（绩效）→组织奖励（报酬）→个人需要

其中，“个人努力”指“始发行为”的强度。“个人成绩”指个人预期达到的成绩或外界确定的成绩标准，它作为一级目标，是个体获取组织奖励的工具。组织奖励包括赋予重任、提供发展机会等内在奖励，以及提薪、晋级等外在奖励。组织奖励作为二级目标，是个体满足个人需要的工具。“个人需要”指个体尚未得到满足的优势需要，它是外在目标发挥激励作用的内在基础。

该模式说明，运用目标进行激励时，个体经历了两个层次的期望和效价的评估。

（1）期望层次Ⅰ，指个体根据目标难度与自我力量分析，判断行为成功的概率。假如这个概率恰当，个体就有信心和动力去实现一级目标。

（2）期望层次Ⅱ，指个体根据以往经验及情境条件分析，判断个人成绩导致组织奖励的概率。假如这个概率恰当，个体就会进一步评价组织奖励对满足个人需要的价值。因为人与人之间存在着个体差异，所以同一个目标对不同的人会产生不同的效价和期望。

7.3.1.3 激励要兼顾三方面的关系

弗鲁姆在期望理论中辩证地提出，在进行激励时要处理好三方面的关系，这也是调动人们工作积极性的三个条件。

（1）努力与绩效的关系（努力—绩效的期望）。人们总是希望通过一定的努力达到预期的目标，如果个人主观认为达到目标的概率很高，就会有信心，并激发出很强的工作力量；反之，如果他认为目标太高，通过努力也不会有很好的绩效时，就失去了内在的动力，导致工作消极。

（2）绩效与奖励的关系（绩效—奖励的期望）。绩效—奖励期望即指个体经过努力取得良好工作绩效所带来的对绩效的奖赏性回报的期望。人总是希望取得成绩后能够得到奖励，当然这个奖励也是综合的，既包括物质上的，也包括精神上的。如果他认为取得绩效后能得到合理的奖励，就可能产生工作热情，否则就可能没有积极性。

（3）奖励与需要的关系（奖励的效价）。任何结果对个体的激励影响的程度，都取决于个体对结果的评价，即奖励与满足个人需要的关系。人总是希望自己所获得的奖励能满足自己某方面的需要。然而由于人们在年龄、性别、资历、社会地位和经济条件等方面都存在着差异，他们对各种需要要求得到满足的程度就不同。因此，对于不同的人，采用同一种奖励办法能满足的需要程度不同，能激发出的工作动力也就不同。

7.3.1.4 期望理论的贡献

（1）期望理论提出了目标设置与个人需求相统一的理论。期望理论假定个体是有思想、理性的人。对于他们生活和事业的发展，他们有既定的信仰和基本的预测。因此，在分析激励雇员的因素时，必须考察人们希望从组织中获得什么以及他们如何能够实现自己的愿望。

（2）期望理论也是激励理论中为数极少的量化分析理论。这一理论并不满足于对问题的定性说明，还非常重视定量分析。它通过对各种权变因素的分析，正确说明了人们在多种可能性中所作出的选择。也就是说，人们的行为选择通常是效用最大的，或者说人们的现实行为是其激励力量最大的行为选择。这不仅是激励理论的重要发展，同时在实践中也更具操作性。

7.3.2 公平理论

公平理论又称社会比较理论，是美国行为心理学家斯塔西·亚当斯（见图7－9）于1965年提出的一种激励理论。

图7－9 斯塔西·亚当斯

7.3.2.1 公平理论的基本内容

公平理论（Equity Theory）认为，员工对收入的满意程度能够影响员工工作的积极性，而员工对收入的满意程度取决于一个社会比较过程，一个人不仅关心自己绝对收入的多少，而且关心自己相对收入的多少。每个人不仅会把自己付出的劳动和所得的报酬与他人付出的劳动和所得的报酬进行社会比较，也会把自己现在付出的劳动和所得的报酬与自己过去所付出的劳动和所得的报酬进行历史比较。

员工个人需要保持一种分配上的公平感，如果他发现自己的收支比例与他人的收支比例相等，或现在的收支比例与过去的收支比例相等，他就会认为公平、合理，从而心情舒畅，努力工作；如果他发现自己的收支比例与他人的收支比例不相等，或现在的收支比例与过去的收支比例不相等，他就会产生不公平感、内心不满，工作积极性随之降低。

在国外，企业依据公平理论的基本观点，采取种种措施，如单独、秘密发放奖金等，努力使员工产生一种主观上的公平感，从而调动员工积极性。公平感会直接影响员工的工作动机和行为。因此，从某种意义来讲，动机的激发过程实际上是人与人进行比较后做出公平与否的判断，并据以指导行为的过程。

7.3.2.2 感到报酬不公平时员工的四种做法

（1）如果根据时间计酬，感到报酬过高的员工，会比感到报酬公平的员工有更高的生产率。

（2）如果根据产量计酬，感到报酬过高的员工，会比感到报酬公平的员工产量低，但质量高。

（3）如果根据时间计酬，感到报酬过低的员工的产量更低，质量也更差。

（4）如果根据产量计酬，感到报酬过低的员工，会比感到报酬公平的员工产量高，但质量低。

7.3.2.3 产生不公平感的因素

调查和试验的结果表明，不公平感绝大多数是由于经过比较认为自己报酬过低而产生的；但在少数情况下，也会由于经过比较认为自己的报酬过高而产生不公平感。主要与以下几个因素有关。

（1）个人的主观判断。

（2）个人所持的公平标准。

（3）绩效的评定。

（4）评定人。

7.3.2.4 员工感到不公平时的选择

（1）改变自己的投入。

（2）改变自己的产出。

（3）歪曲对自我的认知。

（4）歪曲对他人的认知。

（5）选择其他参照对象。

（6）离开该领域。

7.3.2.5 公平理论对管理的启示

（1）管理者要引导员工形成正确的公平感。员工的社会比较或历史比较客观存在，并且这种比较往往是凭个人的主观感觉。因此，管理者要多作正确的引导，使员工形成正确的公平感。在人们的心理活动中，往往会产生过高估计自己的贡献和作用，压低他人的绩效和付出，总认为自己报酬偏低，从而产生不公平心理的现象。随着信息技术的发展，人们的社会交往越来越广，比较范围越来越大，以及收入差距增大的社会现实，都增加了员工产生不公平感的可能性。组织管理者要引导员工正确进行比较，多看到他人的长处，认识自己的短处，客观公正地选择比较基准，多在自己所属地区、行业内比较，尽可能看到自己报酬的发展和提高，避免盲目攀比而造成不公平感。

（2）员工的公平感将影响整个组织的积极性。事实表明，员工的公平感不仅对员工个体行为有直接影响，而且还将通过个体行为影响整个组织的积极性。在组织管理中，管理者要着力营造一种公平的氛围，如正确引导员工言论，减少因不正常的舆论传播而产生的消极情绪；经常深入群众中，了解员工工作、生活中的实际困难，及时帮助解决；关心照顾弱势群体，必要时可根据实际情况，秘密地单独发奖或给予补助等。

（3）领导者的管理行为必须遵循公正原则。领导行为是否公正将直接影响员工对比较对象的正确选择，如领导处事不公，员工必将选择受领导“照顾者”作比较基准，以致增大比较结果的反差而产生不公平心理。因此，组织管理者要平等地对待每一位员工，公正地处理每一件事情，依法行政，避免因情感因素导致管理行为不公正。同时，也应注意，公平是相对的，是相对于比较对象的一种平衡，而不是平均主义。在分配问题上，必须坚持“效率优先，兼顾公平”的原则，允许一部分人通过诚实劳动和合法经营先富起来，带动后富者不断改变现状，逐步实现共同富裕，否则就会产生“大锅饭”现象，使组织运行机制失去活力。

（4）报酬的分配要有利于建立科学的激励机制。对员工报酬的分配要体现“多劳多得，质优多得，责重多得”的原则，坚持精神激励与物质激励相结合的办法。在物质报酬的分配上，应正确运用竞争机制的激励作用，通过合理拉开分配差距体现公平。在精神上，要采用关心、鼓励、表扬等方式，使员工体会自己受到的重视，品尝到成功的欣慰与自我实现的快乐，自觉地将个人目标与组织目标整合一致，形成无私奉献的职业责任感。

7.3.3 自我决定理论

自我决定理论（self - determination theory）是由美国心理学家爱德华·德西（Edward L. Deci）和理查德·瑞恩（Richard M. Ryan）等人在20世纪80年代提出的一种关于人类自我决定行为的动机过程理论。该理论假设人是积极的有机体，具有与生俱来的心理成长和发展动力，并提出人们喜欢感到自己对事物具有控制力，因此当人们感到以前有兴趣的工作变成一种义务，而不是自主选择的活动时，激励程度就降低了。这一理论在心理学、管理学、教育学和医学研究中得到了广泛的应用。

在组织行为学中，许多根据自我决定理论的研究都聚焦于认知评价理论（Cognitive evaluation theory）。认知评价理论是一种当代理论，它假设外部奖励会降低人们对工作的内在兴趣。当人们从事有偿工作时，该工作更像是他们不得不做的事，而不是他们想做的事。自我决定理论提出，除了受到自主性需求的驱动，人们还会设法实现自身的能力，以及与他人的积极关系。然而，在这三种需求中，自主性需求对态度和情感结果最为重要，而能力需求似乎是预测绩效的最重要需求。

自我决定理论对提供奖励提出了建议。它认为，明智的做法是谨慎使用外部奖励来进行激励。出于内在动机（如对工作本身的强烈兴趣）而追求目标，相比于外部奖励更能维持人的动机。同样，认知评价理论认为，提供外部激励可能会削弱内在动机。例如，一名计算机程序员因为喜欢解决问题而热爱写代码。如果规定每天写一定行数的代码能带来额外的奖励，那么他可能会有种被强迫的感觉，其内在动机也会被削弱。作为对外部激励的回应，他每天写的代码行数可能增加也可能不增加。最近的一项元分析研究支持了这一观点，它证实内在动机有助于提高工作质量，而激励措施有助于提高工作数量。尽管内在动机对绩效的预测不受激励因素的影响，但当激励与绩效直接挂钩（例如以金钱奖励的形式）而非间接相关时，内在动机的预测能力会变弱。

自我决定理论的最新成果是自我一致性（self - concordance），它探讨的是人们追求目标时的理由与他们的兴趣及核心价值观在多大程度上是一致的。组织行为学的研究表明，由于内在原因而追求工作目标的人对自己的工作更为满意，认为自己与组织能更好地匹配，而且可能表现得更好。在不同的文化中，如果人们追求目标的理由是自己的内在兴趣，那么他们实现目标的可能性更大，也更快乐，即使没有实现目标，他们也会很高兴。因为无论是否达成目标，努力的过程本身就充满乐趣。最近的研究还表明，那些由于内在原因而不喜欢自己的工作，但感觉自己有义务把工作做好的人依然表现不错，尽管他们会因此感受到更大的压力。对澳大利亚、英国和美国员工的研究表明，通过将员工和他们的重要目标联系起来，组织可以令员工对特定行为（例如节约能源或通勤等方面的环境可持续行为）更感兴趣。

这些结论意味着，对个人而言，除了外部奖励，还要有其他的理由去从事某项工作。对组织来说，除了提供外部奖励，管理者还要为员工提供内部奖励。管理者应当让工作充满乐趣，对员工给予认可，在组织和员工的目标之间建立联系，并支持员工的成长与发展。如果员工觉得能控制自己的工作，可以根据自己的选择行动，他就可能在工作中获得更多的激励，对雇主也就更加忠诚。

7.3.4 目标设定理论

目标设定理论是美国心理学家埃德温·洛克（Edwin Locke，见图7－10）于1960年最先提出的。

图7－10 埃德温·洛克

7.3.4.1 目标设定理论的内容

目标设定理论（Goal－setting theory）认为挑战性的目标是激励的来源，因此特定的目标会增进绩效；困难的目标被接受时，会比容易的目标获得更佳的绩效。

目标本身就具有激励作用，目标能把人的需要转变为动机，使人们的行为朝着一定的方向努力，并将自己的行为结果与既定的目标相对照，及时进行调整和修正，从而能实现目标。目标设定理论提出，目标是一个人试图完成的行动的目的。目标是引起行为的最直接的动机，设置合适的目标会使人产生想达到该目标的成就需要，因而对人具有强烈的激励作用。重视并尽可能设置合适的目标是激发动机的重要过程。目标设定理论预测，当目标困难增加时，一个人的工作业绩会提高，直到到达业绩的顶峰，而对困难目标缺乏认同感的个体，企业业绩会降低或者变差。

7.3.4.2 目标和绩效关系的因素

在目标设定与绩效之间有一些重要的因素会产生影响。这些因素包括对目标的承诺、反馈、自我效能感、任务策略、满意感等。

（1）承诺。承诺是指个体被目标所吸引，认为目标重要，持之以恒地为达到目标而努力的程度。个体在最强烈地想解决一个问题的时候，最能产生对目标的承诺，并随后真正解决问题。近来的研究发现，激励物对承诺产生的作用是很复杂的。一般来说，对于无法达到的目标提供奖金只能降低承诺。对于中等难度的任务给予奖金最能提高承诺。

（2）反馈。目标与反馈结合在一起更能提高绩效。目标给人们指出应达到什么样的目的或结果，同时它也是个体评价自己绩效的标准。反馈则告诉人们这些标准满足得怎么样，哪些地方做得好，哪些地方尚有待改进。反馈是组织里常用的激励策略和行为矫正手段。

许多年来，研究者们已经研究了多种类型的反馈。其中研究得最多的是能力反馈（Competence Feedback），它是由上司或同事提供的关于个体在某项活动上的绩效是否达到了特定标准的信息。能力反馈可以分为正反馈和负反馈。正反馈是指个体达到了某项标准而得到的反馈，而负反馈是个体没有达到某项标准而得到的反馈。

另外，反馈的表达有两种方式：信息方式和控制方式。信息方式的反馈不强调外界的要求和限制，仅告诉被试任务完成得如何，这表明被试可以控制自己的行为和活动。因此，这种方式能加强接受者的内控感。控制方式的反馈则强调外界的要求和期望，如告诉被试他必须达到什么样的标准和水平。它使被试产生了外控的感觉，即他的行为或活动是由外人控制的。用信息方式表达正反馈可以加强被试的内部动机，对需要发挥创造性的任务给予被试信息方式的正反馈，可以使被试最好地完成任务。

（3）自我效能感。自我效能感的概念是由班杜拉（Bandura）提出的，目标激励的效果与个体自我效能感的关系也是目标设定理论中研究得比较多的内容。自我效能感就是个体在处理某种问题时能做得多好的一种自我判断，它以对个体全部资源的评估为基础，包括能力、经验、训练、过去的绩效、关于任务的信息等。

当对某个任务的自我效能感强的时候，对这个目标的承诺就会提高。这是因为高的自我效能感有助于个体长期坚持在某一个活动上，尤其是当这种活动需要克服困难、战胜阻碍时。高自我效能感的人比低自我效能感的人坚持努力的时间要长。目标影响自我效能感的另一个方面是目标设定的难度。当目标太难时，个体很难达到目标，这时他的自我评价可能就比较低。而一再失败就会削弱一个人的自我效能感。

（4）任务策略。目标本身就有助于个体直接实现目标。首先，目标引导活动指向与目标有关的行为，而不是与目标无关的行为。其次，目标会引导人们根据难度的大小来调整努力的程度。最后，目标会影响行为的持久性，使人们在遇到挫折时也不放弃，直到实现目标。

当这些直接的方式还不能够实现目标时，个体就需要寻找一种有效的任务策略。尤其是当面临困难任务时，仅有努力、注意力和持久性是不够的，还需要有适当的任务策略。任务策略是指个体在面对复杂问题时使用的有效的解决方法。

（5）满意感。当个体经过种种努力终于达到目标后，如果能得到他所需要的报酬和奖赏，就会感到满意；如果没有得到预料中的奖赏，个体就会感到不满意。同时，满意感还受到另一个因素的影响，就是个体对他所得报酬是否公平的理解。如果说，通过与同事相比、与朋友相比、与自己的过去相比、与自己的投入相比，他感到所得的报酬是公平的，就会感到满意；反之，则会不满意。

目标的难度也会影响满意感。当任务越容易时，越易取得成功，个体就会经常体验到伴随成功而来的满意感。当目标困难时，取得成功的可能性就要小，从而个体就很少体验到满意感。这就意味着容易的目标比困难的目标能产生更多满意感。然而，达到困难的目标会产生更高的绩效，对个体、对组织有更大的价值。

7.4 调整型激励理论

内容型激励理论和过程型激励理论研究的都是如何激发人的动机，调动人的积极性的问题。调整型激励理论则说明怎样引导人们改正错误的行为、强化正确的行为。

7.4.1 强化理论

强化理论是由美国著名心理学家斯金纳（B. F. Skinner，见图 7 - 11）经过对人和动物的学习进行的长期实验研究而提出的。他所倡导的强化理论是以学习的强化原则为基础的关于理解和修正人的行为的一种学说。

7.4.1.1 强化理论的内容

目标设定理论是一种认知观点，认为个体的目标引导着他们的行动。强化理论（reinforcement theory）则是行为主义的观点，认为强化塑造行为。很明显，这两种理论持有针锋相对的哲学观念。强化理论认为行为是由环境导致的。该理论声称不必考虑内在的认知活动；控制行为的因素是强化物——行为之后紧接着给予了一个积极的强化物，则该行为重复的可能性会提高。当这种行为的后果对他有利时，这种行为就会在以后重复出现；不利时，这

图 7－11 斯金纳

种行为就减弱或消失。人们可以用这种正强化或负强化的办法来影响行为的后果，从而修正其行为。

根据强化物的性质，可以分为积极强化（positive reinforcement）和消极强化（negative reinforcement）。积极强化是指由于刺激物在个体作出某种反应后出现从而提高了该行为发生的概率，该刺激物称为积极强化物。消极强化是指由于刺激物在个体作出某种反应后而予以排除从而提高了该行为发生的概率，该刺激物称为消极强化物。无论积极强化还是消极强化，其结果都是一样的，都可以提高该行为再次出现的可能性，使该行为得到增强。

斯金纳是最著名的操作性条件反射的倡导者之一，他证明，如果人们的行为可以得到积极强化，那么他们最有可能重复这种行为。如果奖励紧跟在行为之后，则最为有效。如果行为不被奖励或受到惩罚，则不大可能被继续重复或被避免。“操作性条件反射”是斯金纳更为宽泛的行为主义（behaviorism）概念的一部分。行为主义认为，相对来说，紧随刺激物之后所发生的行为并没有经过大脑的思考。斯金纳的激进行为主义学说，把感觉、思考以及其他各种心理状态排除在行为发生的原因之外。简言之，人们会把刺激与反应联系起来，但人们对这种联系的清醒认识无关紧要。

7.4.1.2 强化理论在管理中的应用

在企业安全管理中，应用强化理论来指导安全工作，对保障安全生产的正常进行可起到积极作用。在实际应用中，关键在于如何使强化机制协调运转并产生整体效应，应注意以下五个方面：

（1）应以积极强化方式为主。在企业中设置鼓舞人心的安全生产目标，是一种正强化方法，但要注意将企业的整体目标和职工个人目标、最终目标和阶段目标等相结合，并对在完成个人目标或阶段目标中做出明显绩效或贡献者给予及时的物质和精神奖励（强化物），以求充分发挥强化作用。

（2）采用消极强化（尤其是惩罚）手段要慎重。消极强化应用得当会促进安全生产，应用不当则会带来一些消极影响，可能使人由于不愉快的感受而出现悲观、恐惧等心理反应，甚至发生对抗性消极行为。因此，在运用消极强化时，应尊重事实，讲究方式方法，处罚依据准确公正，这样可尽量消除其副作用。将消极强化与积极强化结合应用一般能取得更好的效果。

（3）注意强化的时效性。采用强化的时间对于强化的效果有较大的影响。一般来说，强化应及时，及时强化可提高安全行为的强化反应程度，但须注意及时强化并不意味着随时都要进行强化。不定期的非预料的间断性强化，往往可取得更好的效果。

（4）因人制宜，采用不同的强化方式。由于人的个性特征及其需要层次不尽相同，不同的强化机制和强化物所产生的效应会因人而异。因此，在运用强化手段时，应采用有效的强化方式，并随对象和环境的变化而相应调整。

（5）利用信息反馈增强强化的效果。信息反馈是强化人的行为的一种重要手段，尤其是在应用安全目标进行强化时，定期反馈可使职工了解自己参加安全生产活动的绩效及其结果，既可使职工得到鼓励、增强信心，又有利于及时发现问题，分析原因，修正所为。

7.4.2 自我效能理论

社会学习理论的创始人班杜拉（Albert Bandura，见图 7－12）从社会学习的观点出发，在 1977 年提出了自我效能理论。

图 7－12 班杜拉

7.4.2.1 自我效能理论的内容

自我效能理论（Self - Efficacy Theory）用以解释在特殊情景下动机产生的原因。在社会学习理论中，既可以看出行为主义的影子，又可以看到认知心理学的影响。班杜拉坚持行为主义心理学的一些基本观点，如强调研究人类的行为、强调客观化的研究原则、强调学习中强化的作用；但另一方面，他也探索了内部的心理过程、强调自我因素对行为的中介调节作用。他主张行为和认知的结合，主张必须以环境、行为、人三者之间的交互作用来解释人的行为。

自我效能感是个人对自己完成某方面工作能力的主观评估。评估的结果如何，将直接影响到一个人的行为动机。自我效能理论一经提出，就引起了动机心理学家们的极大兴趣。自我效能理论认为，活动的成就水平取决于多种因素，其中除主体能力外，还包括任务的难度、个体的努力程度、外援的多寡、作为活动背景的环境条件等非能力因素。

认知加工过程不仅帮助个体对影响到活动成就水平的各种因素及其相对影响力大小的分辨，而且也有助于个体知觉到活动的成就水平受这些因素的影响而发生的时空模式的变化，从而形成更加真实的自我效能判断。但在这些分辨和知觉的过程中，另有一个主体因素却不利于保证自我效能判断的真实性，即个体对活动的自我监控偏好。有些人倾向于注意并记忆自己在活动表现中的消极方面，从而降低效能自我判断的水平；有些人倾向于注意自己活动的成功方面而忽视其失败方面，从而使效能自我判断朝夸大的方向发展。

关于自我效能感的发展，班杜拉以个体社会化过程为线索作了全面的考察（Bandura，1986）。他指出，处于不同发展阶段的个体所面临的基本生活任务及其活动的形式和对象的差异性，决定了个体在不同的发展阶段，其自我效能感在信息来源、性质、结构、领域等维度上的不同。总体而言，个体在每一发展阶段所具有的自我效能感，一方面是此前各发展阶段的社会化的结果，另一方面又影响到他在当前各项活动中的功能发展，并接受其生活实践的影响，从而表现出在不同年龄阶段上的发展特征。

7.4.2.2 自我效能理论与传统行为主义理论的区别

传统的行为主义者认为学习是以直接经验为基础的；与传统的行为主义对学习的认识不同，班杜拉认为人除了直接学习外，更重要的还在于他可以通过观察去进行间接学习。人的社会行为大部分是通过观察学习获得的。“观察学习”是班杜拉社会学习理论的一个重要概念，亦称之为“替代学习”。用班杜拉的话来说，“一个替代学习事件可以这样来定义，即经由对他人的行为及其强化性结果的观察，一个人获得某些新的反应，或现存的行为反应特点得到矫正。同时在这一过程中，观察者并没有外显性的操作示范反应”。

从这一定义中我们可看出观察学习的以下特点：

（1）观察学习并不必然具有外显的反应。

（2）观察学习并不依赖直接强化。

（3）认知过程在观察学习中起着重要作用。

由此，班杜拉认为强化除了对直接行为后果的外部强化外，还有替代强化和自我强化。替代强化指观察到别人的行为受到奖惩强化时，对自己的行为也有一个间接的强化作用。自我强化是指在行动的过程中，人们根据自己设立的一些内在的行为标准，以自我奖惩的方式对自己的行为进行调节。自我效能理论正是从这两种强化的作用发展而来的。班杜拉认为，强化并不像传统的行为主义者所认为的是学习的必要条件，而是一种促进条件。譬如小孩子喜欢玩“过家家”的游戏，在没有外部强化的情况下，他们仍会玩得很开心。

7.4.3 挫折理论

挫折理论（setbacks theory）或许可以追溯到20世纪极负盛名的奥地利心理学家——弗洛伊德（S. Freud）创立的精神分析说。该理论着重研究人们因挫折感而产生的心理自卫。

7.4.3.1 挫折和挫折感

人在趋于目标的过程中，由于主客观原因使行为受阻，未能达到目标及遭受挫折是常有的事。挫折理论所注重的不是挫折而是挫折感，后者是行为主体对挫折的心理感受（或称知觉）。

挫折一方面令人失望、痛苦，使人消极、颓废乃至一蹶不振；但另一方面，挫折又可以给人教益，使人们变得更聪明，并能使人发奋努力，在逆境中奋起。挫折的上述两重性对立统一，共存于统一体中，又能在一定条件下相互转化。其转化机制，即心理自卫。因挫折和挫折感而导致心理紧张，为消除或缓解心理紧张，则会出现防卫性的心理反应，称为心理自卫。心理学家本尼斯认为：“对于一个管理者来说，在心理概念中或许没有比心理自卫更重要的了。”

7.4.3.2 心理自卫及其机制

因为受挫折的人各有特点，所以其受挫折后因心理自卫而导致的行为表现也总有差异。一般有以下两类：

（1）建设性心理自卫，采取积极进取的态度，如增强努力、重新解释、补偿、升华等。

（2）破坏性心理自卫，采取消极的态度，甚至是对抗的态度，如推诿、逃避、忧虑、攻击、冷漠等。

7.4.3.3　挫折理论的应用

在企业安全生产活动中，员工受到挫折后所产生的不良情绪状态及相伴随的消极行为，不仅对员工的身心健康不利，而且也会影响企业的安全生产，甚至会导致事故的发生。因此，应该重视管理中员工的挫折问题，采取措施防止挫折心理给员工本人和企业安全生产带来的不利影响。对此，可以采取的措施包括以下几点：

（1）帮助职工用积极的行为适应挫折，如合理调整无法实现的行动目标。

（2）改变受挫折职工对挫折情境的认识和估价，以减轻挫折感。

（3）通过培训提高职工工作能力和技术水平，提高个人目标实现的可能性，减少挫折的主观因素。

（4）改变或消除易于引起职工挫折的工作环境，如改进工作中的人际关系、实行民主管理、合理安排工作和岗位、改善劳动条件等，以减少挫折的客观因素。

（5）开展心理保健和咨询，消除或减弱挫折心理压力。

7.5　综合激励模式

7.5.1　波特和劳勒的综合激励模式

综合激励模型是美国行为科学家爱德华·劳勒（Edward E. Lawle）和莱曼·波特（Lyman Porter）提出的一种激励理论。

劳勒提出的期望理论模型认为，激励的第一个因素是个人觉得自己的努力可能导致绩效的概率有多大；第二个因素是他觉得他的绩效产生正面或反面结果的概率；第三个因素是他对结果所赋予的价值。

1968 年，在期望理论的基础上，劳勒和莱曼·波特在《管理态度与工作绩效》一书中提出著名的劳勒—波特激励模式。他们指出：一个人努力的程度是由工作所获得报偿的价值和个人感到努力后可能获得报偿的概率决定的，而一个人的工作绩效主要依赖于努力程度，同时还依赖于个人能力、个人的

“角色认识”（即对自己工作方向、规范的认识）以及所处环境的限制。一个人的满意感取决于所获得 报偿同个人自认为应获报偿的一致性，如前者大于或等于后者，会提高个人满意感，反之则会降低个人满意感。同时，一个人最后得到的满意程度又将影响以后的价值判断。此外，一个人做出的成绩与绩效不仅直接影响他自认为应得的报偿，也影响到他今后对该项工作的期望值。

该模型包括以下几个特点：

（1）激励导致一个人是否努力及其努力的程度。

（2）工作的实际绩效取决于能力的大小、努力程度以及对所需完成任务理解的深度，具体地讲，“角色概念”就是一个人对自己扮演的角色认识是否明确，是否将自己的努力指向正确的方向，抓住了自己的主要职责或任务。

（3）奖励要以绩效为前提，不是先有奖励后有绩效，而是必须先完成组织任务才能获得精神的、物质的奖励。当职工看到他们的奖励与成绩关联性很差时，奖励将不能成为提高绩效的刺激物。

（4）奖惩措施是否会产生满意感，取决于被激励者认为获得的报偿是否公正。如果他认为符合公平原则，当然会感到满意，否则就会感到不满。

7.5.2 迪尔的综合激励模式

美国的迪尔教授于 1981 年提出了以数学公式表述的综合激励模式：

工作激励水平（激励力量的大与小）＝任务内在激励（工作任务本身的内在效价）＋
任务完成激励（工作任务完成后的成就感）＋
任务结果激励（工作任务完成后的奖与酬）

7.5.2.1 迪尔综合激励模式中激励的影响因素

（1）工作任务对员工的吸引和调动，与是否完成任务及奖酬无关（内在效价）。

（2）从工作任务完成中获得的成就感、自信心与奖酬无关（内在效价）。

（3）工作任务完成后得到领导的奖赏、同事的尊重、下级的钦佩及晋级、升迁、奖酬等内酬和外酬（内在和外在效价）。

（4）上述任何一项因素均可相对独立，任何一项趋近于 1，则激励水平趋近于 1。

7.5.2.2 迪尔综合激励模式的应用

（1）提高工作的内在效价。主要方法包括：让工作内容丰富化，通过参与激励、自我激励、目标激励、情感激励改善工作环境；建立一个良好的团体，采用竞争激励、荣誉激励、信息激励等。

（2）提高工作的直接效价。使员工努力工作是组织首要解决的基本问题，设计工作的直接效价包括基本工资、浮动工资、福利、津贴、入股等。

（3）提高完成工作的期望值。分配工作时结合企业和员工的实际情况，工作目标要具有可实现性；在聘请员工时，选择有能力完成工作的人；员工工作前，向他们提供适当的训练；员工工作时，向他们提供足够的支持；给予员工鼓励和信心。

（4）提高员工的间接效价及期望。给员工一个通过努力可以实现个人梦想的机会；告诉员工企业发展方向和良好前景；给员工信心；多为员工考虑，尽量满足员工发展的各种需要；建立公平合理的晋升机制；言出必行。

7.6 动机——从概念、理论到应用

7.6.1 动机理论在当代实践中的应用

7.6.1.1 通过工作设计进行激励

工作结构的形式对个人动机的影响可能比最初看起来大得多。工作设计（job design）认为工作要素的组合方式会影响员工的努力程度。工作特征模型（job characteristics model，JCM）可以作为一个框架，用来识别改变这些要素的机会。一般用以下五个核心工作维度来描述工作：

（1）技能多样性。这是指一份工作要求使用专门的技能和才干来完成不同活动的程度。

（2）任务完整性。这是指一份工作要求完成一项完整的、可辨识的任务的程度。

（3）任务重要性。这是指一份工作对他人的生活或工作的实际影响程度。

（4）工作自主性。这是指一份工作为任职者在安排工作内容、确定工作程序方面提供的自由度、独立性及自主性。

（5）反馈。这是指员工在完成任务的过程中，在多大程度上可以直接明确地获得关于自己工作绩效的信息。

工作特征的存在与更高水平的工作满意度及组织承诺之间的关系得到了许多证据的支持。研究还考察了领导如何影响员工对工作特征的看法。例如，一些研究得出的结论是支持性的领导改善了研发人员的工作特征。

7.6.1.2 工作再设计

工作再设计具有重要的实际意义，能够降低离职率，并提高工作满意度。

（1）工作轮换和工作丰富化。如果员工不喜欢自己的过于固定化或例行化的工作，那么可以选择工作轮换，即定期从一项工作转移到另一项工作，这些工作通常处于组织的同一级别，技能要求也十分相近。工作轮换有时候也称为交叉培训。工作轮换已经被证明可以提高工作满意度和组织承诺水平。但是，工作轮换并非没有缺点。首先，每次工作轮换都需要一轮培训，因此培训费会增加；其次，把员工轮换到一个新岗位上，就会使该角色总体生产率下降；再次，工作轮换使工作群体中的成员总要适应新成员，会给群体带来干扰；最后，针对新轮换来的员工，主管人员要花更多时间来解答他们的问题并督促他们工作。

我们在前面动机概念中提到，自我决定理论的主要焦点，如开发和培养内在动机等都可以通过工作丰富化的过程来实施。工作丰富化会把更高层次的责任添加到工作中，以增强员工的使命感、方向感、意义感和内在动机。通过这种方式将工作丰富化，不同于扩展工作或是增加更多的任务和要求，还涉及增加新层次的责任和意义。有时候丰富化并不是由管理层严格控制的。众所周知，员工能够丰富自己的工作，并因此感到满意，特别是那些在高速发展行业中工作的员工。早期研究的综述表明，工作丰富化可以有效降低离职率。一项调查表明，工作丰富化可以提高工作满意度，进而影响组织的财务业绩、劳动生产率、缺勤率和产出质量。

（2）关系性工作设计。以工作特征模型为基础来重新设计工作，可能会使工作更具有激励作用。然而，越来越多的现代研究开始关注如何使工作更加激励人。换句话说就是，管理者如何设计工作，员工才有动机去为组织的受益者（如顾客、客户、患者以及员工）谋取福利，这种观点将关系性工作设计的焦点，从员工转移到那些生活会受员工工作表现影响的人身上。它还能够激励个人提高工作绩效。

7.6.1.3 替代性工作方案安排

还有一些激励方法是利用弹性时间制、工作分担或远程办公等方法来改变工作设计。这对很多员工来说尤为重要。

（1）弹性时间制。弹性时间制是“灵活的、弹性的工作时间”或“灵活的、弹性的工作安排方案”的简称。采用弹性时间制的员工每周工作的小时数是固定的，但在一定条件下他们可以改变工作时间。每天的工作时间，包括一个公共核心时间段，通常为 6 小时，核心时间段的两端是弹性时间段，核心时间段可以从上午9点到下午3点，办公室的开门时间是早上6点至下午6点，员工必须在核心时间段内到岗，除此之外的2小时员工可以自由安排。一些弹性时间制还允许员工积累额外的工作时间，而且将其兑换成休息日。

弹性时间制已成为最受欢迎的一种时间方案。弹性时间制往往会降低缺勤率。原因是员工可以根据个人需求来调整时间，从而减少迟到和缺勤的现象。而且，员工可以把工作安排在自己效率较高的时间段内完成，弹性工作时间能够帮助员工实现工作与家庭的平衡。

弹性时间制的主要缺陷在于，它并不适合于所有的工作或所有的员工。管理者和主管们在工作中已有高度的自主权，因此弹性时间制对他们来说并不像对普通员工那么有效。此外，那些强烈渴望把工作和家庭区分开的人似乎不太愿意利用弹性工作时间。那些要求采用弹性时间制的人往往会受到指责。

因此，我们仍然需要进行额外的研究，以确定弹性时间制在各个方面的个体差异。

（2）工作分担。工作分担指让两个或多个员工共同分担一项传统的全职工作。一个员工可以从上午8点工作到中午，另一个人从下午1点工作到5点，或者两个人每隔一天交替从事同一项工作。长期以来，人们对进行工作分担的员工持有负面的看法，认为他们并不完全忠于自己的工作和雇主。然而，由于这些原因而取消工作分担可能是短视的。工作分担使组织能够在特定的工作岗位上吸引到更多的人才。在理想情况下，雇主应该分别考虑员工和工作的情况，寻求将员工的技能、人格和需求与工作需要完成的任务匹配起来，并考虑个人的激励因素。

（3）远程办公。远程办公指的是让员工每周至少两天在家或者其选择的工作场所以外的地点办公，通过与办公室联网的虚拟设备来处理公务。

远程办公似乎与知识工作增加的趋势相适应。正如组织行为民意调查显示的那样，受教育水平越高的人越倾向于在家工作。

远程办公会带来一些好处。一方面，它与目标评价绩效、上级评价绩效以及员工工作满意度正相关；另一方面，它还能降低角色压力和减弱离职倾向等。

远程办公也有一些弊端。在当今的工作场所中，工作团队受到特别关注，而远程办公可能会导致社会惰化，即员工在团队环境中推卸责任。当员工有家庭责任重担而其队友没有时，容易出现这种情况。远程工作的管理者可能会对员工的绩效产生负面影响。管理人员也面临办公室工作人员工作积极性下降这一问题的挑战，因为员工会认为远程办公时自己的自由被剥夺了。从员工角度看，远程办公增加了隔离感，降低了工作满意度和同事关系质量。研究表明，如果员工被强制在家工作，他可能遇到更多的工作与家庭间的冲突。这可能是因为远程办公经常会使每周的工作时间增加到超过合同规定的水平。

远程办公的成功取决于通信质量，以及建立良好的远程工作关系。考虑到技术变化、工作性质和年轻员工的偏好，远程办公显然是有意义的。

7.6.1.4　员工参与

员工参与是一种利用员工对工作的投入来增加他们对组织成功承诺的过程。如果让员工参与那些能够增加其工作生活的自主权和控制程度的决策，他们会变得更有积极性，对组织的承诺及生产率更高，对自己的工作更满意。这些好处不仅限于个人，如果团队对他们的工作有更多的掌控，整个团队的士气和绩效也会更高。员工参与主要包括两种形式：参与管理和代表参与。

7.6.1.5　利用报酬激励员工

工资并不是导致工作满意的唯一因素。然而它确实能够对员工产生激励作用，而且企业经常低估它的重要性。美国心理协会的一项调查显示，虽然薪酬和福利不如快乐工作及工作与生活的其他方面相协调那么重要，但是约60%的受访者认为薪酬和福利是他们留在现有雇主那里的原因。

在薪酬方面，组织是处于市场领先水平、平均水平，还是低于平均水平？如何识别和确认员工个人的贡献？这里主要考虑两个问题：第一，向员工支付什么，即通过建立薪资结构来确定；第二，如何支付，通过浮动工资方案来确定，例如计件工资方案、绩效工资方案、奖金利润分享方案、员工持股计划等。

7.6.1.6　利用福利激励员工

和薪酬一样，福利既是一种供给也是一种激励。过去，组织会向每一名员工发布同样的标准福利方案。但如今领导者明白，每个员工衡量福利的方式不同，灵活的计划能把福利组合转化为激励工具。尽管灵活福利计划带来的激励很明显，但并没有在全球范围内被广泛采用，在中国只有很少企业提供灵活福利计划。

7.6.1.7　利用内部奖励激励员工

研究表明，内部奖励中的财务激励在短期内具有激励作用，但从长远来看，非财务激励的效果更好。例如，使用“员工认可方案”作为内部奖励方式来激励员工，这是通过正式表彰员工贡献来鼓励其特定行为的计划。员工认可方案应用范围广泛，既可以是自发的、私人的感谢，也可以是被广泛宣传的正式方案，这些方案明确规定了员工获得认可的程序。

令人惊讶的是，关于员工认可方案的激励效果或全球应用的研究并不多。然而，最近有研究表明员工认可方案与自尊、自我效能感和工作满意度有关。

在正式使用员工认可方案时，必须注意确保公平。如果做不到这一点，那么通过不断地认可员工的表现和努力来激励他们就很重要。

7.6.2 知识员工的激励与管理

鉴于知识员工不同于体力员工，对他们的激励和管理也有很大的不同。

7.6.2.1 创新管理

创新是未来人力资源管理的主旋律。研究证明，提升生产率的真正动力，不是信息技术，而是人力资源的竞争和创新。随着技术水平的不断提高，知识员工在企业中的地位越来越重要，满足知识员工工作和生活质量的要求将成为21世纪人力资源开发管理的核心内容之一。知识员工不仅要得到公平合理的报酬，得到发展自我的机会和条件，而且要得到职业安全保障。企业终将意识到员工需要的不是工作，而是职业。要改变传统的企业人力资源管理工作中作业性的内容，如考勤、绩效考评、薪资福利等行政性和总务性的工作。要更加重视战略性项目，包括人力资源政策的制定、完善，员工的教育、培训，组织发展规划和为业务发展开发提供人才支持等。企业应该营造一个宽松自由的创新环境，树立崇尚创新、鼓励创新的风尚，让企业的每一个成员都成为创新的源泉。

7.6.2.2 目标管理

伴随着互联网在企业管理中的应用，目标的确定、实施和评价将成为企业与知识员工之间建立战略伙伴关系的关键。面对知识员工，没有高度信任，你不可能发掘他们最大的头脑潜力。在当代，财富的创造不是靠手，而靠头脑。公司的成功将不是依靠管理生产的能力，而在于激发员工运用他们的创意、判断和努力。管理过程和管理目标是明确的、具有强制性的，但管理又是柔性的和弹性的。员工要了解企业的目标，企业也要了解员工的目标。企业明确的战略目标既是对员工的吸引，也是企业成功的行为导向。企业是一个利益共同体，员工首先形成对自己在企业中利益的认同，进而才有对企业目标的认同。

7.6.2.3 员工关系管理

和谐的员工关系也是生产力。和谐的员工关系有利于增强员工士气，提高员工工作的积极性和主动性，最终提升企业服务质量；和谐的员工关系有利于鼓励员工参与，充分发挥企业人力资源的潜力，提高企业科学决策及民主管理水平；和谐的员工关系有利于避免劳动纠纷。员工关系管理对知识员工来说更为重要。

7.6.2.4　人本管理

在知识经济信息时代，经济已经由以生产为基础，转变为以消费为基础。这就意味着在当今世界上，了解人、满足人、发展人以人为本才是成功的关键所在。但是，还有很多企业仍然将“人本管理”仅仅挂在嘴上、放在文档里，其原因主要有以下四个：

（1）企业经营者没有明白企业存在的价值。尽管企业是经济组织，以追求利益为主，但是并不意味着就可以不关心人，不把企业当成员工价值实现的地方。世界知名长青企业的案例是最有说服力的佐证。

（2）企业经营者没有认识到劳动者对自己的劳动力具有所有权。人不是商品，但劳动力是商品。只有个人有对自己劳动力的所有权和使用权。劳动力是人的体力和脑力的综合。劳动力不是用人单位所有，用人单位只有合同所规定的对劳动力的使用权，而没有所有权。劳动者具有自由选择工作地点、工作类型、工作单位的权利。人对自由的需要是不可抗拒的。员工流动、人才跳槽，这是很自然的现象。

（3）一些企业经营者将“趋利避害”等同于人人都是自私的，认为人既然是自私的，当然要严加管制。趋利避害是人的本性，但并不意味着人人都是自私的。

（4）一些企业经营者将人力资源管理仅仅当作人力资源管理部门的事。这样就不可能在全公司实现人本管理。知识经济不是以知识为本，而是以人为本。尊重知识、尊重人才不等于尊重人。仅仅尊重人才，不利于人的聪明才智的发挥。只有将人当作自由的、自立的个体加以尊重，人才能发挥出自己的聪明才智。最适合人性的管理才最有利于激发人的创造力。

7.6.2.5　组织人管理

“从组织的人，到人的组织”，有着截然不同的意义。前者将员工看成是组织的工具，后者则为员工搭建发展的通道。企业需要的不是普通的个人，企业需要的是组织人。所谓组织人，按照人力资源管理的观点，首先人才与企业要有一个正式合同，然后需要与企业有个心理契约，最后对所在企业的文化有高度的认同感。只有这样，企业招来的人才能真正成为企业的核心竞争力。管理大师弗朗西斯（C. Francis）曾说：“企业主可以买到一个人的时间，可以雇一个人到固定的岗位工作，可以买到按时或按日计算的技术操作，但你无法买到热情，买不到创造性，买不到全身心的投入。”一个人只有把自己当成组织的人，才能成为企业有用的人才。

7.6.2.6 团队管理

在复杂多变的社会环境中，团队比传统的部门结构或其他形式的稳定性群体更灵活，反应更快。团队的优点有：可以快速地组合、重组、解散；团队适合承担需要多种技能、经验或者创新性强、紧迫的工作任务；团队是真正的独立自主组织，它不仅注意问题的解决，而且执行解决问题的方案。显然，团队很适应网络时代的组织结构的要求。因此，实行团队管理是需要认真研究的问题。

7.6.2.7 权变管理

管理者面对的被管理人员是千差万别的，所处的环境也是千变万化的，所以管理的风格也要有变化，这就是权变管理之意。管理者对员工实施管理的方法，要考虑两方面的因素：一是当事人的个性特点；二是环境因素。当工作任务模糊不清、员工无所适从时，工作型管理方式更有效；如果是日常性工作，目标和达到目标的途径都很明确，关系型管理可能更适合。所以，管理是一种情境艺术，管理者虽然不应试图改变知识员工的个性特征，但可以帮助他提高素质。最强有力的经理就是那些能适应特定环境和特定情况的经理。灵活和适应性是管理的灵魂，是网络时代知识员工管理最有效的管理模式。

7.6.2.8 参与管理

要想让知识员工对工作充满热情、有高昂的积极性，可以用多种激励方式，比如高薪、优厚的福利、晋升、表扬等，但是知识员工参与管理可能是最经济、成本最低的方式。知识员工都有参与管理的要求和愿望，企业要创造和提供一切机会让知识员工参与管理。通过参与，可以形成员工对企业的归属感、认同感，进一步满足自尊和自我实现的需要。

（1）企业应该为他们安排恰当的工作，并尽可能丰富工作内容，增加工作的挑战性，同时要授予他们与其职责相适宜的决策权和行动权，并及时对他们的工作效果进行反馈，让他们感觉到自己的工作是重要的、有发展前途的。这样，他们在工作时会乐在其中，热爱自己的工作，千方百计地把工作做得完美出色。

（2）知识员工对高层次的需要比较迫切，在工作中对自我成长的要求很强，企业可以通过培训满足他们自身成长的需要。培训可以提高知识员工的知识和技能，激发他们的工作热情和积极性。在培训时，应充分考虑知识员工的特点，提高其知识技能和创新能力，并注意把知识员工强烈的成就感和自豪感与企业或组织的目标联系在一起，使员工在自我发展的同时不至于偏离企业的发展方向，通过全方位的培训，知识员工的知识技能得到更新、创造能力显著提高。

（3）职业发展作为内在激励因素，对知识员工具有很大的激励作用，因为很少有哪种需要会像实现自己的梦想、实现自身价值这种需要那样强烈。知识员工十分关注自身的发展，有发挥自己的专长、成就事业的追求。企业要对知识员工实施科学的职业生涯管理，重视知识员工的个体成长和职业生涯设计。企业如不能为知识员工提供个人发展的机会，就难以激发其工作热情，甚至有可能导致优秀人才外流。

（4）企业文化是无形的，但其激励作用是巨大的。企业要有凝聚力和精神动力，要在众多企业竞争中取胜，就必须创立自己独立的企业文化。知识员工要成长、发展和自我实现，就需要一个健康和谐的工作环境和积极向上的企业文化氛围。所以，为了企业的持续发展，为了确保企业目标的顺利实现，为了更好地激励知识员工，企业要努力建立公正公平、自由和谐、肯定个人价值、鼓励创新、信息通畅、知识分享的企业文化氛围，形成强大的企业文化。

7.6.2.9　开发管理

人力资源开发是指资方为了提高员工的敬业精神、工作热情、业务能力和组织绩效而在政策、使用和培养方面进行的一种有计划、连续性的工作。它是组织发展的要求，也是组织发展的基础和动力。但在现实中，人们对人力资源开发的理解有个误区，认为人力资源开发就是培训。培训性开发很重要，培训性开发不仅可以使员工获得目前工作所需的知识和能力，而且可以使员工获得未来所需的知识和能力。政策性开发和使用性开发也是开发的重要内容，它更适合知识员工。所以，培训性开发、政策性开发和使用性开发对知识员工的职业生涯都非常重要。因此，对知识员工必须实行开发管理。

7.6.2.10　自我管理

在新经济时代，以个体为主的行为性点将会愈加突出。市场经济为人的自由发展营造了空间，互联网为人际自由交往提供了便利。在这样的时代，个体既是自己的领导者，同时又是自己的被领导者。无论是在团队活动中，还是在个体的自主行为中，自己要靠自我来管理。因此，自我管理是知识员工管理中必须关注的问题。与其他管理相比，自我管理的特点、内容、方法，以及不同的人自我管理存在的差别等，都需要进一步探讨。管理发展的趋势将是人对自身的管理①

7.6.3 中国文化背景下的激励实践

7.6.3.1 中国古代管理中的激励

（1）中国古代对人的需要动机的研究。中国具有以儒家学说为中心的儒法道释兵等学派各展所长的优秀文化传统。仅在人的需要层次方面，就有着深入而广泛的研究。春秋时期，管子把人的行为动机归结为“非名之，则利之也”（《韩非子·内储说上》），实际上提出了人的两种需要“名和利”。战国时期，杨朱认为世人之所以奔忙不休，是出于对寿（健康长寿）、名（名誉）、位（地位）、货（财富）四种事物的追求。明末清初思想家王夫之则指出：声色、货利、权势、事功为人的四种需要。这些与马斯洛需要层次理论中的生理需要、安全需要、社交需要、尊重需要、自我实现需要已经有异曲同工之处了。

（2）在激励方面，我们的先哲前贤也有许多精彩的论述。自古以来，刚柔相济、恩威并用、宽猛互济都是公认的管理原则。孔子主张道德感化和制度约束两手并用。道德感化、感情激励，是“柔”的一手；严格礼仪、严肃制度，是“刚”的一手。在这方面，诸葛亮可谓高手。他主张爱兵如子、爱民如子、以心换心、以情感人。但是只有柔的一手是不够的，诸葛亮还主张靠法令、刑罚维护纪律，规范下级行为，维护上级权威。“挥泪斩马谡”就是实行这一原则的光辉范例。刚柔并济、带好队伍总会碰到一个问题——奖和罚的实施。古代众多思想家、政治家达成了共识：必须赏罚严明、公平公正。唐太宗李世民用最精练的语言阐述了赏罚严明的原则：“赏当其劳，无功者自退；罚当其罪，为恶者戒惧。”

（3）上述“赏与罚”问题皆属于“术”的范畴，在“道”的层次，在大局观上，儒家一直强调和谐。我们的祖先将组织的环境概括为天时、地利、人和。在天时、地利、人和三要素中，始终把“人和”放在关键地位。自古认为：天时不如地利，地利不如人和。荀子将“人和”划分为两个层次，一个是“爱民”，另一个是“好事”，即尊重人才、重用人才、爱惜人才。

---

① 关培兰．组织行为学［M］．4版．北京：中国人民大学出版社，2015.

（4）中国古代的重要管理理念是“民本思想”，也是“人和”的理论基础。《贞观政要》中指出：“君，舟也；人，水也。水能载舟，亦能覆舟。”它准确而形象地说明了领导者与群众之间的关系，为历代政治家所遵从。

7.6.3.2 中国社会主义的激励特点

（1）在社会主义计划经济阶段，普遍实行低工资、广就业政策，采取以精神激励为主、物质激励为辅的激励模式。具有典型意义的是：坚持政治挂帅，加强党的领导，大搞群众运动，干部参加劳动，工人参加管理，改革不合理的规章制度，实行干部、工人和技术人员三结合。这是用地位、荣誉、参与感、满意感、成就感来激励员工，通过有效的思想政治工作，塑造爱国、爱企、具有主人翁精神的员工队伍。这种以和谐为导向、以精神激励为主线的激励模式，取得了巨大的成功。

（2）改革开放以后，我国迎来了社会主义市场经济阶段，借鉴了发达国家高效率的管理经验，引入竞争机制，建立了以效率为导向的现代企业管理制度，包括以现代薪酬管理、绩效管理为中心的激励制度，同时又继承了思想政治工作的优良传统，形成了中国独特的和谐与效率相结合的激励模式。

在中国的具体国情下，我们实行了一系列行之有效的物质激励和精神激励方法。

7.6.3.3 物质激励方法

（1）在薪酬分配方面，工资、奖金、股权相结合。其中，工资满足员工的基本生活需要，奖金可以满足员工的尊重和自我实现需要，而股权则可以满足员工的归属需要、权利和地位需要，以及激发其主人翁自豪感。随着国有企业深化改革的推进，将普遍实行各种形式的股权激励，特别是期权激励，这必将给国有企业的发展注入新的动力。

（2）薪酬分配分类实施。一般而言，生产人员实行工资与奖金相结合，或者实行计件工资制，有利于提高生产效率；营销人员普遍实行基薪与提成相结合，前者是保健因素，后者则是激励因素；研发人员实行工资与项目奖金相结合，有的还赋予技术职称补贴；企业的主要领导人实行年薪制，由基本年薪与奖金年薪相结合，更重要的是股权安排，前者是短期激励，后者属长期激励。薪酬的分配实施，防止了分配上的一刀切，进一步实现实事求是、各得其所。

（3）薪酬分配与目标管理、绩效管理相结合。国有大中型企业普遍实行目标管理，根据目标完成的考核结果，确定各部门、各团队的工资总额，再根据对个人的考核结果，确定个人的具体薪酬。有相当多的企业实行现代绩效管理制度，把绩效考核、绩效面谈、改进培训、职业生涯管理与薪酬分配相结合，收到了很好的激励效果。

（4）夯实职位设置、人员评价、职位评价等基础工作。一个科学、合理、公平的薪酬制度，不仅与绩效考核有关，与职位设置、职位评价和人员评价同样有关。合理的职位设置才能够取得高绩效；科学的人员评价才能实现“人岗匹配”，确定人才的价值；科学的职位评价才能恰如其分地确认职位的价值，进而确定薪酬的合理等级。在中国优秀的大中企业里，这些基础工作是过硬的。

（5）以奖为主，以罚为辅。在中国，企业普遍实行奖罚严明、以奖为主的激励策略。以奖为主，就是以正激励为主，便于实现和谐的劳动关系；以罚为辅，表明同时也不能轻视“罚”的功能，不能放弃“负激励”。特别是在石油、化工、采煤、冶金等高危行业，严格的管理制度是维持正常生产秩序的保障。因此，“罚”仍然是基本的管理手段。

（6）重视福利。福利是物质激励的重要组成部分，必须重视。它包括法定福利（社保）和自选福利两部分。中国社保体系主要由“五险一金”组成，即养老保险、医疗保险、失业保险、工伤保险、生育保险和住房公积金。通过“五险一金”，员工的安全、医疗、养老、住房等需要得到基本解决。除此之外，各个企业和事业单位还有一些自选福利。最常见的有住房补贴、乘车补贴、子女教育补贴，以及免费午餐、免费通勤班车等待遇，这进一步满足了员工生活需要，也体现了组织对员工无微不至的关怀，激励作用不可小看。

（7）职业生涯管理，多种通道并行。员工不仅需要生存和安全，还需要晋升和发展，因此需要组织进行完善的职业生涯管理。中国企业为员工铺设多条企业晋升通道，一般分为技术通道、管理通道、业务通道等。多条通道并行，使各类员工都有了现实的、具体的晋升目标和渠道，激发了员工学习和进取的动机。

（8）提供市场上具有竞争力的薪酬水平。物质激励不可能由一个基层组织（企业或事业单位）闭门造车，必须在市场竞争中实现。改革开放40多年来，中国的劳动力市场、人才市场逐渐走向成熟。什么样的薪酬能够为人才所接受，不仅有组织内部的相互比较，还需要在市场竞争中与对手相比较，因此必须制定自己的薪酬策略。随着越来越多的中国企业走向世界，要想在世界人才市场上获取人才，就需要提供在国际人才市场上也具有竞争力的薪酬。

7.6.3.4 精神激励方法

精神激励是十分重要的激励手段，它通过满足员工的社交、尊重和自我实现的需要，在较高的层次上调动员工的工作积极性，其激励程度大、维持时间长。国内外的先进企业在这方面积累了丰富的经验，中国企业具有长期的思想工作传统，在精神激励方面有许多创造。

（1）目标激励。企业目标是企业凝聚力的核心，体现了员工工作的意义，预示着企业光辉的未来，能够在理想和信念的层次上激励全体员工。员工的理想和信念应该通过企业目标来激发并使二者融为一体。中国企业通常应该将自己的长远目标、近期目标大张旗鼓地进行宣传，做到家喻户晓，让全体员工看到自己工作的巨大社会意义和光明的前途，从而激发大家强烈的事业心和使命感。在进行目标激励时，还应注意把组织目标与个人目标结合起来，宣传企业目标与个人目标的一致性，企业目标中包含着员工的个人目标，员工只有在完成企业目标的过程中才能实现其个人目标。

（2）内在激励。内在激励是重要的，尤其在解决了温饱问题之后，员工更关注工作本身是否有吸引力、在工作中是否有乐趣、在工作中是否会感受到意义，工作是否具有创造性、挑战性，工作内容是否丰富多彩、引人入胜，在工作中能否取得成就、获得自尊、实现自我价值等。为了搞好内在激励，就需要花费许多时间和精力进行"工作设计"，将工作内容丰富化和扩大化，从而提高员工的工作积极性。

（3）形象激励。一个人通过视觉感受到的信息占全部信息量的80%，因此充分利用视觉形象的作用，激发员工的荣誉感、成就感、自豪感，也是一种行之有效的激励方法。例如，企业最常用的方法是照片上光荣榜，借以表彰本企业的标兵、模范。还有些企业通过举办厂史展览、摄影大赛、网站报道等形式，收到了形象激励的显著效果。

（4）荣誉激励。荣誉是众人或组织对个体或群体的崇高评价，是满足人们的自尊需要、激发奋力进取的重要手段。特别是在中国，自古以来就重视名节、珍视荣誉，这个环节尤为重要。给予先进生产者、生产能手、五好标兵、青年突击队、优秀共产党员、红旗车间、三八红旗手、五一劳动奖章等荣誉称号，激励了成千上万的先进个人、先进集体。

（5）兴趣激励。兴趣对人们的工作态度、钻研程度、创造精神的影响很大，往往与求知、求美和自我实现密切相连。国内有一些企业允许甚至鼓励员工在企业内部“双向选择，合理流动”，使员工找到自己最感兴趣的工作。兴趣可以导致专注，甚至入迷，而这正是获得突出成就的重要动力。

（6）参与激励。激发员工的主人翁精神，办法只有一个，就是企业切实地把员工摆在主人的位置上，尊重他们，信任他们，把企业的发展交给他们，让他们在不同层次和不同深度上参与决策。吸收他们的正确意见，全心全意地依靠他们办好企业。这在管理学中叫“参与激励”。通过参与形成员工对企业的归属感、认同感，进一步满足员工自尊和自我实现的需要。全面质量管理（TQC）小组，员工参与班组民主管理，员工通过“厂务公开”“职代会”“企业管理委员会”中的代表参与企业重大决策，是目前我国职工参与企业决策和企业管理的主要渠道。

（7）感情激励。感情因素对人的工作积极性有重大影响。感情激励就是加强与员工的感情沟通，尊重员工，关心员工，与员工建立平等亲切的关系，让员工体会到领导的关心、企业的温暖，从而激发出员工的主人翁责任感。感情激励的技巧在于“真诚”二字。某制药公司的领导说得好，你若要求工人以厂为家，就应该把工厂办得像家一样温暖。

（8）榜样激励。模仿和学习也是一种普遍存在的需要，其实质是追求自我完善的需要，这种需要对青年尤为强烈，最典型的表现是“明星效应”。榜样激励是通过满足员工模仿和学习的要求，引导员工的行为朝向组织期望的方向。榜样激励的方法是树立企业内的英雄模范人物的形象，号召和引导广大员工模仿学习。像王进喜、张秉贵、焦裕禄等英雄模范人物，曾在全中国发挥了很好的榜样作用。榜样激励的一个重要方面是领导者本人的身先士卒，率先垂范。

以上只是我国精神激励的常见做法。在实际工作中，应该针对不同情况，从实际出发，综合地运用一种或多种激励手段，以求收到事半功倍的效果。这种权变的、综合运用不同手段的思想是精神激励的基本技巧。

课后作业

1. 早期的激励理论有哪些？是否还适用于当代的环境？

2. 根据公平理论，员工感到不公平时会出现哪些行为？

3. 选择一种你要研究的激励理论，深度访谈一个有 3 年以上工作经验的人，并设计针对他的激励方案。

4. 期望理论的基本原则是什么？

5. 当代激励理论主要有哪些？简述3个理论。
6. 简述知识型管理的主要内容。

自我测试

正确认识他人的行为

现代组织行为学家相信的是事实而不是感觉。组织行为学家发现和收集的数据是认识的基础。然而我们对现实世界的许多认识并不是以这些数据资料为基础的。我们在做决策和评价别人时，往往有自己的看法，有时存在偏见，有时凭预感，有时得到错误的结果。

下列50题旨在测试你对人的行为的了解程度，请仔细阅读每一个句子，并填上T（正确）或F（错误）。答案附在题后。

1. 喝一杯酒实际上能改善一个人的驾驶能力。(　　)
2. 大学毕业成绩位于前三名的学生参加工作后，挣的钱一定比普通学生高。(　　)
3. 天才和愚蠢紧密相连。(　　)
4. 因为人天性好斗，故战争不可避免。(　　)
5. 足智者，体弱身虚。(　　)
6. 四肢发达则头脑简单。(　　)
7. 寡言者多智。(　　)
8. 一般来说，男性司机比女性司机技术高超。(　　)
9. 讲友谊就可化干戈为玉帛。(　　)
10. 所有人生来都具有相同的取得成功的能力。(　　)
11. 高收入家庭成功者比例高，低收入家庭成功者比例低。(　　)
12. 读书越多，视力越差。(　　)
13. 一般来说，女性比男性智力水平略高。(　　)
14. 人的性格不是内向就是外向。(　　)
15. 从小就教孩子弹钢琴，可以使他在这个领域内保持永久优势。(　　)
16. 学习之后最初几小时忘记的东西比未来几天忘记的东西多。(　　)
17. 少量饮酒有助于学习。(　　)
18. 夜间开车好的司机一般白天开车都差。(　　)
19. 左撇子比一般人更容易成为优秀运动员。(　　)

20. 女性的直觉比男性强。(　　)
21. 抽烟者比不抽烟者发病率高。(　　)
22. 50 岁的人比 20 岁的人更聪明。(　　)
23. 在美国总统选举中，大都是高个子战胜矮个子。(　　)
24. 若是谴责某人的过失，最好的办法就是事发之后即进行。(　　)
25. 音乐爱好者具有遗传性。(　　)
26. 人的智商受到测验方法的影响。(　　)
27. 吸烟者善决策。(　　)
28. 矮个子女性更愿意和比自己高的男性结婚。(　　)
29. 学术能力差的人操作能力强。(　　)
30. 冒的风险越大，取得的成绩越大。(　　)
31. 天才具有别人没有的特殊智慧。(　　)
32. 如果身体状况很好，智商可以改善 2% ~5%。(　　)
33. 盲人强闻。(　　)
34. 高内聚力群体有高劳动生产率。(　　)
35. 一般员工都会承认，挣钱是他们工作的基本原因。(　　)
36. 贫穷者最虔诚。(　　)
37. 人受到挫折时容易产生攻击性。(　　)
38. 幼年的经历一般会影响以后的行为。(　　)
39. 神童成年后也具有优势。(　　)
40. 训练有素的心理学家能探知你的内心世界。(　　)
41. 成名者一般出生于虽然贫穷但父母努力工作的家庭。(　　)
42. 政治家有说服、影响其他人的强烈欲望。(　　)
43. 已取得成功的高层管理者，对钱的欲望比对权的欲望大。(　　)
44. 每天锻炼身体有助于缓解工作紧张感，降低心脏病的发病率。(　　)
45. 大学教授比其他任何职业的人具有更强的自尊心。(　　)
46. 大多数生产线工人认为他们更喜欢在小群体中工作，产生这种思想的原因是生产线工作单调枯燥。(　　)
47. 医生的自杀率比其他人高。(　　)
48. 大多数为政府工作的职员所冒的风险都很小。(　　)
49. 大多数有效的管理者都是以高度民主的办法管理员工。(　　)
50. 大多数大学教授并非智力超群，只不过受过良好的教育。(　　)

答案如表 7－2 所示：

表 7-2

1. F	11. T	21. T	31. F	41. F
2. T	12. F	22. F	32. T	42. T
3. T	13. F	23. T	33. F	43. F
4. F	14. F	24. T	34. F	44. T
5. F	15. F	25. F	35. F	45. T
6. F	16. T	26. T	36. F	46. F
7. F	17. F	27. T	37. T	47. F
8. F	18. F	28. F	38. T	48. F
9. F	19. F	29. F	39. T	49. F
10. F	20. F	30. F	40. F	50. F

根据上述答案检查你自己的答案，看看你对了多少，多数人能正确回答30~40道题。对错多少不重要，重要的是知道你对人的行为认识并不都是正确的。记住这些答错的题，你就会发现这些问题远远超出了人的常识。我们研究组织行为就是因为我们需要行为资料，而不是感觉和常识。和数学、物理等学科相比，组织行为学是软科学，但软科学也是科学。（资料来源：http：//www. baidu. com）

案例分析

奖励机制的正反面

激励之下，人们会更努力地工作，这似乎是一个常识，但也有许多学者对此表示质疑。阿尔法克恩在很早以前就已经表明员工会被奖励所累，并呼吁组织不要将业绩与奖励挂钩，因为这种做法往往会带来许多负面影响。为了替代奖励制度，一些专家建议管理者要营造出一种积极向上的工作环境，将热情化作动力。

尽管奖励措施可以调动积极性，但会减少员工对工作本身的兴趣。加州理工学院神经影像学的研究人员发现当激励因素达到一定阈值时，大脑中的奖赏中枢开始关闭，人们会因此变得心烦意乱。这一项目的首席研究员维克拉姆说，当奖励过高的时候，人们开始患得患失，这就容易导致失败。使用签字笔而受到奖励的儿童，在取消这种奖励制度之后就不愿意再使用这种笔了。

奖励机制也可能导致员工行为不当，心理学家爱德华指出，当你开始根据结果而不是行为来给人奖励时，人们显然会为了得到结果而投机取巧。想象一下，如果工厂工人的薪酬完全按照生产多少件产品来计算，员工就会忽略产品的质量；如果高管薪酬是严格按照每季度的股票价格制定的，他们往往就会忽略公司的长期盈利能力和存亡，为了增加报酬，他们甚至可能参与到非法或不道德的行为中去。

某些奖励可能还存在着法律上的意义，越来越多的公司开始奖励那些健康行为达标或参与身心健康方案的员工，但是有些人因此担心，对那些本身就无法达到健康标准的人来说，这种做法是一种歧视。不管哪种情况，奖励机制本身可能无法真正地提高员工在健康管理方面的积极性。驱使斯德维尔（Stay Well）健康管理公司的副总裁说奖励机制本身并不能让人全身心地投入，只能让人在利益的驱使下服从。

然而对个人行为进行奖励的做法确实有助于提高人们参与的积极性，许多研究都论证了这一点。如果从事无聊且重复的工作可以得到奖励，那么员工不大可能会因此失去内在的动机，因为对于这种无趣的工作，他们本来就没有任何内在动机。管理者面临的真正问题是如何才能找到合理的奖励方式，把好的行为发扬光大，并减少不尽如人意的行为。

讨论：

1. 作为一名管理者，你应该使用奖励机制吗？为什么？

2. 在你的人生经历中，有没有出现过因为奖励机制积极性反而降低了的情况？

3. 你认为奖励机制对哪种员工行为最有效？

群体篇

第三篇

8 群体与社群

学习目标

- 掌握群体的概念与特征
- 掌握群体的分类
- 解释人们加入群体的原因
- 对比群体决策与个体决策的适用条件
- 比较群体决策的方法
- 了解社群的种类与内涵

8.1 群体行为的基础

8.1.1 群体的定义与特征

8.1.1.1 群体的定义

群体是指两个或两个以上的人，为了达到共同的目标，以一定的方式联系在一起进行活动的人。

8.1.1.2 群体的特征

群体是个体有条件的特殊组合，主要包括如下特征和条件：

（1）有明确的成员关系。群体成员被认为具有成员资格。

（2）有持续的互动关系。群体成员彼此之间有经常的相互接触和联系。

（3）有共同规范。群体在建立和发展过程中会逐步形成一定的行为规范，这一系列的行为规范约束着群体中每一位成员的行为，是每一位成员所必须遵循的。通过行为规范的约束和引导，群体中每个成员的行为都能符合群体的共同愿景，从而能够确保群体目标的实现。

（4）有共同目标、导向。每一个群体都有其特定的目标，在特定目标的引导下，群体成员就具有了共同的行动方向，全体成员的一切努力都应该紧紧围绕群体目标展开。在目标实现的过程当中，每个群体成员都承担一定的工作任务，扮演一定的工作角色，并通过彼此的合作使群体的行为不断朝着群体目标前进。

8.1.2 人们加入群体的原因

8.1.2.1 基于社会认定理论的分析

社会认定理论（social identity theory）认为，人们会对自己所属群体的成功或失败产生情绪，因为他们的自尊同群体的表现是紧密相连的。如果你的群体表现很好，你在其中会感到很荣耀，你的自尊感会得到提升，因为你属于成功群体的一分子。如果你的群体表现很糟糕，你也许会对自己感到失望，你甚至可能拒绝承认自己是这个群体的一分子。社会身份甚至导致人们在看到另一个群体痛苦的时候会感到快乐。

社会认定能帮助我们理解我们自己是谁以及我们和他人有哪些共同之处，但它同样有缺陷。除了幸灾乐祸的感觉，当我们认为群体内的人要优于群体之外的人，而群体外的所有人都是一样的时，就会出现群体内偏爱（ingroup favoritism)，这显然会导致刻板印象。相似性、独特性、地位降低的不确定性等几个特征，会使得个人的社会认定变得非常重要。

8.1.2.2 基于需求理论的分析

人们加入群体的原因很多，因为群体能够满足一些个体独自无法满足的需要。主要包括以下一些原因，见表8-1。

表8-1 人们加入群体的原因

原因	在群体中获得的满足
安全感	通过加入一个群体，个人可以减少“独自一人”的不安全感。人们感觉更强壮，自我怀疑更少。当他们是群体的一部分时，对威胁的抵抗力更强
地位	在群体中，被其他人视为重要，为成员提供了认可和地位
自尊与权力	群体可以为人们提供自尊与权力。也就是说，除了向群体外的人输送地位外，成员资格还可以增加群体成员本身的价值感和自尊感
人际关系	群体可以满足人际关系实现需要，即成员在群体内人际间的相互作用、相互依存、相互交流得到满足
成就感	个人无法实现的目标往往可通过集体行动成为可能，共同完成任务会满足成员成就感。这就是所谓的“人多力量大”。有些时候，完成一项特定的任务需要不止一个人。为了完成一项工作，需要汇集才能、知识或力量。在这种情况下，管理层将依赖于使用正式小组

8.1.3 群体的分类

群体的种类表现出多样性，根据不同的分类标准，可以把群体划分为不同的类型。

8.1.3.1 假设群体和实际群体

从群体是否存在的角度，可以把群体分为假设群体和实际群体。所谓假设群体又可以称为名义群体，或者是统计群体。它是指那些名义上存在，只是为了研究和分析的需要，而人为划分出来的群体。比如，按职业划分可以分为工人群体、农民群体、教师群体等，按年龄划分可以分为儿童群体、青少年群体、老年群体等。根据群体的定义，这些人群并不能被称为严格意义上的群体，只是为了进行调查或统计上的方便而人为归类的。实际群体则是指在现实生活中实际存在的群体，这类群体的成员之间有着面对面直接的或间接的相互作用、相互影响以及实际联系。

8.1.3.2 大群体和小群体

按照群体规模的大小，可以把群体划分为大群体和小群体。大群体中成员较多，组织结构复杂，成员与成员之间缺乏直接的联系和依赖关系，而是以共同的活动任务间接发生联系，所以相对来说，大群体中的社会因素比心理因素的影响作用要大。小群体中成员彼此之间存在着直接的联系，从而建立起情感和情绪上的相互作用关系，因此，在小群体中心理因素的影响要大一些。

8.1.3.3 共同作用群体、协作群体和协调群体

根据群体成员彼此的依靠程度，可以把群体分为共同作用群体、协作群体和协调群体三类。共同作用群体是指群体中每个成员工作任务的完成依赖于群体的共同努力。协作群体是指群体中每个成员的工作任务由成员个人独立完成，群体成员的关系是建立在分工基础上的协作关系，群体的工作目标通过分工来完成。协调群体是指为了调节群体成员在观念、思想上存在的冲突或为了提供某种解决。问题的机会和条件而形成的群体。

8.1.3.4 正式群体和非正式群体

群体有正式群体和非正式群体之分。正式群体（formal group）是由组织结构界定的，根据工作岗位来确定工作任务的群体。在正式群体中，个体成员的行为由组织目标来规定并且致力于实现组织目标。相反，非正式群体（informal group）是那些既没有正式结构也不是由组织指定的群体，他们是员工为了满足社交需要而在工作环境中自然形成的组合。例如，一些来自不同部门的员工定期打羽毛球，就是非正式群体。

在非正式群体中，成员之间的互动虽然是非正式的，却能够显著影响他们的行为和绩效。对真实群体而言，非正式群体较为松散，没有正式的组织形式，对群体成员的责任、权利和义务也没有明确的规定。非正式群体具有以下的特征：自发性情感、密切的信息沟通、迅速加强的凝聚力、自然形成的领袖人物、不稳定成员的交叉性。非正式群体不仅会对个人的行为产生影响，也会对群体和组织行为产生影响。非正式群体的积极作用主要体现在满足群体成员多方面的需要，使员工的感情更融洽，促使群体的信息沟通，协调正式群体实现组织目标等方面；其消极作用则主要体现在容易产生抵触情绪、容易滋生自由主义、容易传播谣言和小道消息等方面。

8.1.3.5 友谊群体和任务群体

友谊群体是为了满足其成员的个人安全感、自尊和归属需要而形成的非

正式群体。任务群体则是为了实现一定的组织目标而通过组织方式形成的群体。任务群体根据群体和团队成员之间的关系，可以分为抵制性群体（counteracting group）、共同行动群体（coaction group）和交汇群体（interacting group）三类。当群体成员相互作用以解决某些类型的冲突时，就产生了抵制性群体。当群体成员暂时性相对独立地完成他们的工作时，就形成了共同群体。共同行动群体在不需要太多的合作和协调时可能更有效。一个群体的总目标只有在每个分目标完成各自的相关工作后才能实现时，这样的群体就叫交互群体。

8.1.4 群体发展五阶段模型

总体来说，群体按照一种可预测的顺序进行演变。虽然研究表明，并不是所有的群体都遵循这种五阶段模型，但它对于理解群体发展是很有用的框架。群体发展五阶段模型（five – stage group – development model）包括：形成阶段（forming stage）、震荡阶段（storming stage）、规范化阶段（norming stage）、执行阶段（performing stage）、解体阶段（adjourning stage）。如图 8 – 1 所示。

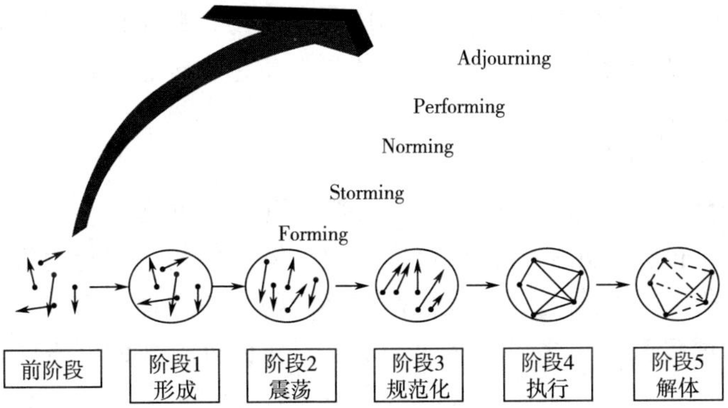

图 8 – 1 群体发展五阶段模型

8.1.4.1 形成阶段

在形成阶段（forming stage），群体在目的、结构、领导方面存在着大量的不确定性，这是该阶段的特点。当群体成员把自己视为群体的一分子思考问题时，这一阶段就结束了。

8.1.4.2 震荡阶段

在震荡阶段（storming stage），群体成员虽然接受了群体的存在，但却抵制群体对个体所施加的控制，进一步在由谁控制群体的问题上发生冲突。这一阶段结束时，群体内部出现了比较明朗的领导层级，群体成员在发展方向上也达成了共识。

8.1.4.3　规范化阶段

在规范化阶段（norming stage），群体进一步发展了密切的群内关系，同时也表现出了内聚力。当群体结构比较稳定，群体成员也对那些正确的成员行为达成共识时，这一阶段就结束了。

8.1.4.4　执行阶段

在执行阶段（performing stage），此时群体的结构发挥着最大作用，并得到广泛认同，群体的主要精力从互相了解认识进入到完成当前的工作任务上。

8.1.4.5　解体阶段

解体阶段（adjourning stage）存在于临时群体或解散阶段，人们不再关心工作业绩而是善后事宜。

8.1.5　群体属性

工作群体并不是一群无组织的乌合之众。工作群体是有群体属性（group attribute）的，这些属性能够塑造群体成员的行为，并帮助解释和预测群体内的个体行为以及群体绩效。群体的属性包括角色、规范、地位、规模、凝聚力和多样性。

8.1.5.1　角色

所有的群体成员都是演员，每个人都扮演一种角色（role）。角色是指人们对于在某个社会单元中占据特定位置的个体期望的一套行为模式。如果我们每个人只扮演一个角色，并且自始至终、稳定一致地扮演该角色，那么对角色行为的理解就简单多了。然而，不管工作内外，我们都需要扮演多种不同的角色。

（1）角色类型。具体有以下几种：

• 自我中心角色，是指个体成员处处为自己着想，只关心自己的角色。这类人包括阻碍者、寻求认可者、支配者、逃避者。

• 任务角色，是指个体成员关心群体任务的完成及问题解决的角色，包括建议者、信息加工者、总结者、评价者。

• 维护角色，是指个体成员旨在维护和加强群体团结和忠诚的角色。维护角色包括鼓励者、协调者、折中者、监督者。

其中，任务角色和维护角色都起积极作用。

（2）角色知觉。个体对于自己在特定情境中应该如何表现的认知和了解就是角色知觉（role perception）。我们从周围的环境如朋友、书籍、电影和电视等中获取知觉。学徒制存在的主要目的就是让初学者观察“专家”的行为，从而学会按照人们期望的方式行动。

（3）角色期望。角色期望（role expectation）是指别人认为你在某个特定情境中应该如何行事。例如，美国联邦法官的角色被视为地位尊贵，举止得体；橄榄球队的教练则被视为富有侵略性、灵活应变以及善于激励手下的球员。

在工作场所中，我们从心理契约（psychological contract）的视角来考察角色期望。心理契约是存在于雇主和员工之间的一种不成文的协议。这种协议确定了双方之间的期望。一般来说，员工会期望管理层公平公正地对待自己，给员工提供可接受的工作条件，明确传达合理的日工作量，提供绩效反馈，以使他们了解自己的工作表现。雇主会期望员工有良好的工作态度、听从指挥，并对组织忠诚。当心理契约也关注雇主（或主管）与员工之间的关系时，员工更有可能参加组织公民行为。管理层没能履行义务的话，就可以预计会对员工绩效和满意度产生消极影响。心理契约的违背与离职意愿有很强的正相关关系，同时还与较低的生产率、较高的盗窃率，以及更严重的工作退缩行为有关。

有证据表明，心理契约的观念因文化而异。例如：在法国，人们信奉个人主义并且权力不对称，契约被视为自私自利的产物，并偏袒更有权力的一方；在加拿大，人们信奉个人主义但权力对称，虽然契约还是被视为自私自利的产物，但关注的是平等互惠；在挪威，人们信奉集体主义但权力对称，契约被视为一种基于信任的社会关系。

（4）角色冲突。如果遵守某种角色要求会使另一种角色要求难以实现，就会产生角色冲突（role conflict）。在极端情况下，主体所面临的两种或多种角色期望是相互矛盾的。例如，如果你作为经理要对你辅导的人进行绩效评估，那么你作为评价者和指导者的角色可能会产生冲突。同样，当我们身处的不同群体的期望处于对立状态时，我们也会经历角色之间的冲突（internal conflict）。大量的研究表明，工作与家庭冲突是大多数员工的主要压力来源之一。

在组织中，大多数员工同时处于职业群体、工作群体、部门群体和地区群体中，当一种身份的角色期望与另一种身份的角色期望冲突时，这两种身份就会发生碰撞。在兼并和收购中，员工可能会由于原公司成员的身份和新公司成员的身份而感到苦恼。跨国经营的组织也会导致双重身份冲突：员工会将当地的分公司和整体的组织分开来。

（5）角色扮演和同化。即使我们最初不认同这些直觉和期望，我们遵守角色知觉和角色期望的程度仍然可能会令人惊讶。

许多年前，美国斯坦福大学的心理学家菲利普·津巴多（Philip George Zimbardo）和他的同事完成了一项相当有说服力的角色实验——“监狱实验”。他们在斯坦福大学心理系办公楼的地下室建立起一座“监狱”，雇了大学生参加实验。这些学生情绪稳定、身体健康、遵纪守法，在各项人格测验中的得分均正常。实验者给这些学生随机分配了角色，一部分人为“看守”，另一部分人为“犯人”，并制定了一些基本规则。犯人顷刻之间就接受了看守的权威地位，而看守同样很快适应了自己新的权威性角色。与社会认定理论一致，看守开始将犯人视为消极的外部群体，他们已经对典型的犯人人格类型形成了刻板印象。实验的第二天，看守“粉碎”了犯人们的一次反抗后，犯人们变得越来越消极。不管看守吩咐什么，犯人们都唯命是从。犯人真的开始相信他们低人一等、无力改变现状。而且在模拟实验期间，每一名看守都做过虐待犯人的事情，例如一位看守说：“我对自己感到吃惊，我让他们相互谩骂，还让他们刷洗厕所，我真的把犯人当成畜生，而且我一直在想：‘我必须看住他们，以防他们做坏事。’”令人诧异的是在整个实验过程中，甚至是在遭受虐待的时候，没有一个犯人站起来说：“不许这样，我和你一样是学生，这不过是一次实验而已。”由于参加实验的学生表现出病态反应，研究人员不得不在 6 天后终止了该实验。

从监狱模拟实验中得出一些结论，就像我们中的大多数人一样，参加这次实验的学生通过自己的个人经历，例如在家庭（父母与孩子）、学校（老师和学生）以及其他情境中体会到有权者与无权者的关系，并通过大众传媒的介绍了解到关于犯人和看守角色的刻板印象。在此基础上，学生们很容易而且迅速进入与他们内在人格特点迥异的假设角色当中。人格正常且未经过新角色训练的人，会表现出与自己扮演的角色一致的极端行为。

（6）群体成员行为去个性化。群体成员的行为常受到群体压力的影响，当一个人在群体中与多数人不一样时，他会感受到群体的压力，这种压力会去个性化（deindividuation）。在斯坦福监狱实验中也发现了去个性化产生的环境具有以下两个特点：

• 匿名性。这是指个体意识到自己的所作所为是匿名的。因为没有人认识自己，所以个体会毫无顾忌地违反社会规范与道德习俗，甚至违反法律做出一些平时自己一个人绝不会去做的行为。

• 责任模糊。当一个人成为某个集体的成员时，他就会发现自己对于集体行动的责任是模糊的或分散的。参加者人人有份，任何一个个体都不必为集体行为而承担罪责，由于感受到压力较小，觉得没有受惩罚的可能，则会导致个体没有内疚感，因而使其行为更加粗野、放肆。有的成员甚至觉得他们的行动是被允许的，或者在道德上是正确的，因此作为集体或作为一个统一体参加了这一行动。

值得注意的是，去个性化既可能导致反常或消极的行为，也可能导致建设性或创造性的行为，如促进自我提升、增强群体凝聚力、推动网络助人等行为，不能仅把去个性化当成消极的现象对待；另外，除了个人对道德责任的回避外，还有大量因素影响去个性化，如群体规模情绪的激发水平、情境不明确时的新奇感、群体中的独特刺激、参与群体活动的程度等因素。

后来，英国广播公司（BBC）组织了一档模仿斯坦福监狱实验的真人秀节目，该节目的结果同上述实验的结果有显著不同，部分原因可能是真人秀节目没有那么精确地模仿监狱环境。在节目中，看守对于自己的行为更加谨慎，对待囚犯也很少使用攻击性的行为，他们通常表示自己非常“关注别人如何看待自己的行为”。简言之，他们并没有百分百地扮演自己的角色，这也许是因为他们知道自己的行为正被数以万计的观众观看。这些结果表明，强度较低的情景唤起行为不会那么极端，如果使人们能够清醒地意识到自己的行为，那么他们对角色的滥用则会受到限制。

8.1.5.2 规范

所有群体都有自己的规范（norms）。所谓规范，就是群体成员共同接受的一些行为标准。群体规范让群体成员知道自己在一定的环境下应该做什么、不应该做什么。所以，从个体的角度看，群体规范意味着在某种情境下群体对个人方式的期望。根据群体规范的具体内容，可以把它们分成绩效规范、形象规范、社交规范、分配规范。一旦群体规范被群体成员认可并接受，它们就能够影响群体成员的行为，这时只需要最低限度的外部控制。不同的群体、社区和社会具有不同的规范。但不管怎样，所有的群体都有自己的规范。以下讨论规范可以在多大程度上对我们施加影响。

（1）规范与情绪。高度规范的群体，特别是群体中成员强烈的情绪，会影响到其他成员的情绪。一个成员每天都在一起工作的任务组，也可以是一个高度规范的群体，因为频繁的沟通会增加规范的强度。最近的一项研究发现，在一个任务中个体的情绪会影响群体的情绪，反之亦然。这可能并不令人惊讶，但研究人员还发现，规范决定了个人和群体的情绪体验。换句话说，人们越来越倾向于以同样的方式解释他们共同的情绪。由于我们的情绪和心境可以塑造我们的视角，因此群体的规范效应可以对群体态度和结果产生强烈的影响。

（2）规范与从众。由于受到群体规范尤其是群体中其他成员的影响，群体往往会表现出不同于个体单独情境下的行为特征，这种反应是群体压力下的产物，也是个体借以适应环境的方式。在社会心理学中，把在群体情形下个人受到群体压力，而在知觉、判断与行为上和群体中多数人趋于一致的倾向性，称为群体从众性（conformity）。有时群体压力非常大，会迫使群体的成员违背自己的意愿，产生完全相反的行为。群体压力与权威命令的作用不同。群体压力不是由上而下的明文规定强制改变个体的行为反应。群体压力没有强制的性质，但个体在心理上往往都难以违抗，因此它改变个人的行为效果有时反而强于权威命令。

美国心理学家所罗门·阿希（Solomon Asch）用实验方式对此加以证实。阿希多次的实验表明，75%的被试者给出了至少一个从众答案，也就是说他们明知自己的答案是错误的，但还是说了，因为这个错误答案与群体其他成员的答案是一致的。平均37%的从众者给出了错误的答案。这些实验结果表明，群体规范能够对成员施加从众压力。另外，人们往往并不喜欢让自己从众的压力。

各地成员是否会接受所有群体施加给自己的从众压力？很明显答案是否定的，因为人们通常从属于多个群体，而这些群体的规范各不相同，有时还相互矛盾。个体会遵从参照群体（reference group）。在参照群体中，个体了解群体中的其他人，把自己视为该群体的一员或渴望成为该群体的一员，而且觉得其他群体成员比自己具有重要意义。可见，并非所有的群体都能对其成员施加相同程度的从众压力。

心理学家对于从众现象的真相也进行了分析，指出从众现象的表现行为和内心反应不一定是一致的，大致有以下四种情况：

- 内心顺从，表面也顺从，即“心服口服”。
- 内心顺从，表面不服从，即“心服口不服”。
- 表面顺从，内心不顺从，即“口服心不服”。
- 内心不服从，表面不服从，即“心口皆不服”。

（3）规范与行为。规范几乎涵盖了群体行为的各个方面，正如我们所提到的工作场所的规范会显著影响员工的行为一样。这似乎很直观，但直到

1924—1932 年，在西方电气公司位于芝加哥的霍桑工厂，进行了一项名为“霍桑实验”的研究，人们才开始全面认识规范对员工行为的重要影响。

霍桑实验的研究人员最初是想考察物理环境与生产率之间的关系，他们增加了实验组工人作业时的照明度，结果实验组和控制组的产出都增高了。令研究人员意外的是，当实验组的照明水平下降时，两组的生产率仍然提高。事实上，只有当照明度下降到很昏暗的程度时，实验组的生产水平才会下降，这让研究人员相信是群体动态而不是环境影响了行为。之后研究人员又进行了女工装配实验。发现实验中的工人对他们所受到的更多关注做出了积极回应。

在接线观察室中进行的第三个实验，是为了弄清一项精心设计的工资激励计划所能产生的影响，这个实验最重要的发现是：员工不会只使自己的个人产出最大化，相反，他们的产出受群体规范控制。群体成员担心，如果他们的产出水平显著提高，单位产出的工资率就会被消减，而管理层对日产出量的预期就会提高，这样就可能导致裁员了，或者是低产出的工人受到斥责。因此，该群体形成了自己的公平产出水平——既不太高也不太低。他们互相帮助，以确保他们的记录基本在同一水平。该群体形成的规范包括许多“不要”。例如：不要争先进，以免完成太多工作；不要磨洋工，以免工作做得太少；不要告发自己的同伴。该群体强化这些规范的方法主要有骂人、嘲笑奚落或者殴打那些破坏群体规范的人。通过这样严格确立和大力执行的规范，该群体在低于自己产出能力的情况下运转良好。

（4）正面规范与群体结果。具有企业社会责任计划的组织的一个重要目的，是让组织的价值观（或者首席执行官和高管的价值观）对员工形成规范的影响力。毕竟，如果员工使他们的思想与组织的积极规范保持一致，这些规范就会变得更加强大，产生积极影响的概率也会成倍增长。我们可能期望政治正确的规范也能获得同样的结果，但强有力的积极规范对群体结果的影响是怎样的呢？一个流行的看法是，为了提高群体的创造力应该放松规范。然而，对性别多样化群体的研究表明，强大的政治正确性规范可以提高群体的创造力。原因在于，对男女互动的明确期望，降低了群体期望的不确定性，让成员摆脱了刻板印象的影响，这使得他们能够更容易地表达自己的创造性想法。

积极的群体规范很可能会产生积极的结果，但前提是其他因素也存在。例如，在最近的一项研究中，当有积极的合作规范时，高水平的群体外向性对助人行为的预测作用会更强。尽管规范的作用很强，但并非每个人都同样容易受到积极的群体规范的影响。个体的个性以及一个人对群体的社会认定程度也是应该考虑的因素。另外，最近在德国进行的一项研究表明，人们对他们的群体越满意，就会越严格遵循群体规范。

（5）负面规范与群体结果。反生产工作行为（CWB），或工作场所偏差行为（deviant workplace behavior），也称为反社会行为或职场不文明行为，是指违反重要的组织规则从而威胁组织或者其他成员利益的自发行为。

没有组织愿意承认自己创造或者容忍了那些鼓励或维持偏差行为的工作条件。然而，偏差行为确实存在。首先，正如我们之前所讨论的，一个工作群体的特征可以受到正面或负面属性的影响。当这些属性为负面时，例如当一个工作群体的攻击性很高时，其具有欺骗、不道德和意图伤害他人的特征是显而易见的。其次，根据上司和同事的报告，员工对待他人的方式在近年来变得更加粗鲁和缺乏尊重。职场不文明行为像许多其他的偏差行为一样，对受害者有许多负面的影响。

在遭受不文明行为的员工中，几乎一半人报告说正是这个原因让他们想过换工作，12%的人由于这个原因辞职了。在工作中遇到的不文明行为，不仅会增强员工的离职意愿，还会导致员工的心理压力和身体疾病。一再遭受不文明行为的员工会感到不公正，并可能通过参与偏差行为来报复组织。最近的研究表明，由于工作需求增加，引起的睡眠缺乏通常会削弱人们调节自身情绪和行为的能力，进而导致偏差行为。组织都会试图以较少的资源做更多的事，促使员工加班，这也间接地诱发了偏差行为。

总体上，像群体规范那样，员工个体的不当活动会受他们所处的群体环境的影响。换句话说，当工作场所偏差行为受到群体规范支持时，它们更可能泛滥成灾。例如，那些在工作场所内外与经常缺勤的人打成一片的员工，他们自身缺勤的可能性也更大。因此，当工作场所中出现不正常的规范时，员工的合作、承诺和动机会受到消极影响。

一些研究表明，严重的不当行为会在群体中造成一系列的连锁反应。这个过程始于某些消极行为，如逃避工作、陷害同事或者不配合别人的工作。由于这些行为，团体在整体上会产生负面情绪，这些负面情绪又会破坏团体协作，降低群体绩效。

（6）规范与文化。集体主义文化中的人与个人主义文化中的人有着不同的规范。但是，即使在一个社会生活了多年，我们的取向也可能改变。最近的一项实验对一组中立的被试者进行了组织角色扮演练习；这项练习强调了集体主义和个人主义的规范。然后，被试者被赋予一项个人选择的任务，或由一个群体内或群体外的人分配一项任务。当在练习中受到个人主义规范影响的被试者被允许个人选择任务，或者受到集体主义规范影响的被试者被一个群体内的人分配任务时，他们变得更有动力。

8.1.5.3 地位

地位（status）指的是他人对群体或群体成员的位置或层级进行的一种社会界定。它渗透到社会的各个角落。即使是最小的群体，也会形成一系列角色、权利和仪式来区分其成员。当个体感到自己对地位的看法与他人对自己地位的看法存在差异时，地位就会成为一个重要的激励因素，而且会产生明显的行为后果。

（1）地位特质理论中地位的来源有以下三方面：

• 驾驭他人的权利。能够控制群体结果的人经常会被认为具有更高的地位，因为他们更有可能控制该群体的资源。

• 对群体目标做出贡献的能力。那些对群体的成功具有重要贡献的人，通常有更高的地位。

• 个人特征。那些具有群体所看重的个人特征，如相貌出众、聪明、有钱或者个性友善的人，其地位通常高于那些拥有较少此类特征的人。

（2）地位与规范，研究表明，地位对群体规范的作用以及从众压力有一些影响。当地位较高的群体成员对该群体的认同（社会认定）较低时，他们更可能偏离群体规范。他们还避免了来自其他群体的低级别成员的压力。例如，医生会拒绝接受级别较低的保险公司员工所做的行政决定。地位高的成员比地位低的成员更能抵制从众压力。如果一名成员很受群体器重，而他又不需要或者不在乎群体给他提供的社会性奖励，他就很有可能漠视从众规范。一般来说，将地位高的成员引入群体可能会提高群体的绩效，但作用有限，或许因为他们可能会带来一些反生产的规范。

（3）地位和群体互动。当人们寻求在某一群体中获得更高的地位时，他们往往会变得更加果断。他们经常发言、经常批评别人、要求也更多，还会经常打断别人。地位较低的成员参与集体讨论的积极性较低。当成员拥有能够帮助群体的专业技术和见解时，未能充分利用这些成员则会降低群体的整体绩效。但这并不意味着一个群体中只有地位高的个人会更有利。在一组地位中等的个体中添加一些地位高的个体可能是有利的，因为在一个群体中有太多地位高的人会使得群体的绩效受到负面影响。

（4）地位的不平等。让群体成员认为本群体的地位层级是平等的这一点至关重要。如果成员觉得群体中存在地位的不平等，就会引起群体内的失衡，并导致他们采取各种各样的措施来纠正这种失衡。群体内的层级可能会在那些处于权力底层的人中引起不满。群体内部巨大的地位差异与较低的个人绩效、较差的健康状况，以及低地位成员更强的离职意愿相关。

群体内通常有获得一致认可的地位标准，因此，对群体成员的地位层级常常会达成高度共识。例如：公司管理者可能把个人收入或公司发展速度作为衡量个人地位的决定因素；政府官员的标准则可能是自己手里掌握的预算规模；蓝领工人的标准可能是资历；占据社会网络中心职位的管理者，通常会被下属视为地位较高的人，而该职位对组织的运行有更大的影响力。

组织通常会根据排名以及谁有权获取所需资源来形成一个非正式的地位顺序。当人们从一个群体转入另一个群体时，由于群体的地位标准不同或者群体成员具有不同类型的背景，他们可能就会遇到冲突。不同的文化在赋予个人地位时也有不同的标准。如果群体由不同类型的个体组成，那么当群体试图协调不同的地位层级时，地位差异就可能会引发冲突。

（5）地位和污名化。很明显，你的地位会影响别人对你的认知方式。而与你相关的人所处的地位，也会影响他人对你的看法。研究表明，受到污名化的人会把自己的污点“传染”给其他人。这种“污名连带”效应，会导致人们对那些与被污名化者相关的人产生消极的看法和评价，即使这种关联是短暂的或者纯属巧合。

（6）群体地位。在生命的早期，我们获得了一种“我们和他们”的心态，你可能已经会正确地推测，如果你在一个外群体中，你的群体在相关内群体成员眼中的地位较低。在文化上，有时内群体成员是一个社会的主导力量，并被赋予很高的地位，这可能造成对其外群体的歧视。为了应对这种歧视，低地位群体很可能利用内群体偏爱来竞争更高的地位，当高地位群体随后感受到来自低地位群体的歧视时，他们可能会增加对外群体的偏见，周而复始，这些群体会变得更加两极分化。

8.1.5.4　群体规模

群体规模（size）会影响到群体的整体行为，其效果取决于关注的因变量。成员达到 12 个或以上的群体，擅长获取多种多样的投入；如果目标实事求是，则规模较大的群体更有效。7 人左右的较小群体，更善于利用这些投入来实现一定的目标。

与群体规模有关的一项重要发现是社会惰化现象（social loafing）。社会惰化现象指的是个体在群体中工作时不如单独工作时那么努力的倾向，社会惰化直接质疑了无论群体规模的大小，群体的整体生产率至少等于个体的生产率文和这一假设。对于不同文化的研究发现，来自东方文化的群体的社会惰化概率明显低于西方个人主义文化的国家。

研究表明，人的职业道德感越强，越不可能产生社会惰化。此外，一个群体的责任心和随和性越高，无论是否存在社会惰化，都越有可能保持高水平的绩效。

防止社会惰化的方法主要有以下几种：

（1）设立群体目标，使群体为之共同努力。

（2）增加群体间的竞争，使各群体更关注自己的绩效。

（3）开展同事评估。

（4）挑选愿意在群体中工作、有较高积极性的员工。

（5）按照每个成员的独特贡献来制定全体奖励。

（6）通过公开发布群体成员的个人绩效评级来抵消社会惰化。

尽管上述任何一种方法都不是避免社会惰化的灵丹妙药，但它们可以使社会惰化的影响最小。

8.1.5.5 凝聚力

不同的群体具有不同的凝聚力（cohesiveness）。凝聚力指的是成员之间相互吸引以及愿意留在该群体中的程度，凝聚力影响群体的生产率。研究一致表明，凝聚力与生产率的关系取决于群体中与绩效有关的规范。

为了增强群体凝聚力，往往可以采用以下方法：

（1）缩小群体规模。

（2）鼓励对群体目标的认同。

（3）增加群体成员在一起的时间。

（4）提高群体的地位，让人们觉得成为该群体的成员并不容易。

（5）鼓励与其他群体的竞争。

（6）奖励群体而不是成员个体。

（7）使该群体拥有单独的物理空间。

8.1.5.6 多样性

多样性（diversity）是指群体成员在多大程度上相似或彼此不同。关于多样性如何影响群体绩效的研究很多，其中一些关注文化多样性，另一些关注种族、性别和其他差异，总体研究发现群体多样性既会造成损失也能带来好处。

有研究表明，若团队成员在价值观或意见上存在差异，团队就会经历更多的冲突；但如果团队领导能够使成员的注意力集中在当前的任务上，并鼓励团队学习，就可以减少此类冲突，增加对团队问题的讨论。性别多样性也可能对一个群体构成挑战，但如果强调包容性，群体冲突和不满情绪就会减少。多样性的差异虽然会导致冲突，但也给团队提供了以独特的方式解决问题的机会。

8.1.6 群体决策

8.1.6.1 群体决策的定义

群体决策（group decision）是由群体中多数人共同进行的决策，它一般是由集体中的个人先提出方案，然后从若干方案中进行优选。参与群体决策的成员，可能包括群体的领导者、有关专家和员工代表。不同国家习惯于不同的决策模式，如美国很少谈群体决策，而重视个人决策；日本是比较喜欢采用群体决策的国度；中国则介于两者之间。产生这种现象的原因在于每个国家的文化传统不同。

8.1.6.2 群体决策和个体决策

群体决策在组织中的应用范围很广，但这并不意味着群体做出的决策必定优于个体决策。这个问题的答案取决于很多因素，我们接下来对个体决策与群体决策的优缺点进行比较，见表 8－2。

表 8－2 个体决策与群体决策的比较

区别	个体决策	群体决策
速度	快	慢
正确性	低	高
创造性	高	低
接受性	低	高

（1）个体决策的主要优势如下：

• 速度快。个体决策不必召开会议，并花时间讨论各种备选方案。因此，当需要迅速做出决定时，个体决策具有优势。

• 有明确的责任。对于个体决策，谁做了决定，谁对结果负责；而集体决策的责任则更加模糊。

• 价值观一致。个体决策往往传达一致的价值观。

（2）群体决策的主要特点如下：

• 群体决策可能会受到群体内部的影响，如群体内权力斗争。

• 群体决策的优势在于产生更完整的信息和知识。通过聚集几个人的资源，群体在决策过程中会带来更多的信息输入。

• 群体还会给决策过程带来异质性，增加了观点的多样性，因此可以考虑更多的方法和替代方案。

• 群体决策会产生更高质量的决策。

• 群体决策会提高解决方案的接受度。许多决策在做出最终选择后失败，是因为人们不接受解决方案。参与决策的群体成员更有可能热情地支持决策，并鼓励他人接受决策。

总的来说，选择个体决策还是群体决策，可以归结为权衡有效性与效率的问题。就有效性而言，群体决策是优越的。与个体决策相比，群体决策会产生更多的选择、更具创造性、更准确，并能做出更高质量的决策。但是，个体决策比群体决策更有效率，群体决策效率会受到影响，因为他们需要花费更多的时间和资源来实现他们的解决方案。

8.1.6.3 群体决策方法

常见的群体决策方法有头脑风暴法、名义群体法、德尔菲法和电子会议法等。

（1）头脑风暴法。头脑风暴法又称智力激励法、自由思考法。是由美国创造学家 A. F. 奥斯本提出的一种激发性的思维方法。头脑风暴法又可分为直接头脑风暴法（通常简称为头脑风暴法）和质疑头脑风暴法（也称反头脑风暴法）。前者是在专家群体决策时尽可能激发创造性，产生尽可能多的设想的方法；后者则是对前者提出的设想、方案逐一质疑，分析其现实可行性的方法。

采用头脑风暴法组织群体决策时，要集中有关专家召开专题会议，主持者以明确的方式向所有参与者阐明问题、说明会议的规则、尽量创造融洽轻松的会议气氛。主持者一般不发表意见，以免影响会议的自由气氛，由专家们“自由”提出尽可能多的方案。

（2）名义群体法。名义群体法是指在决策过程中对群体成员的讨论或人际沟通加以限制，但群体成员是独立思考的。与召开传统会议一样，群体成员都出席会议，但群体成员首先进行个体决策。名义群体法的主要优点在于，使群体成员正式开会但不限制每个人的独立思考，但是又不像互动群体那样限制个体的思维，而传统的会议方式往往做不到这一点。

（3）德尔菲法。德尔菲法又称专家意见法，是依据系统的程序，采用匿名发表意见的方式，即专家之间不得互相讨论，不发生横向联系，只能与调查人员联系。通过多轮次调查专家对问卷所提问题的看法，经过反复征询、归纳、修改，最后汇总成专家基本一致的看法。作为预测的结果，这种方法具有广泛的代表性，较为可靠。

（4）电子会议法。电子会议法是群体预测与计算机技术相结合的预测方法。在使用这种方法时，先将群体成员集中起来，每人面前有一个与中心计算机相连接的终端。群体成员将自己关于解决政策问题的方案输入计算机终端，然后将它投影在大型屏幕上。专家们认为，电子会议法比传统的面对面会议速度快55%。

表8－3对各种群体决策方法进行了对比，这样可以帮助我们在解决问题时选择适当的决策技术。

表8－3　群体决策方法的差异

效果标准	头脑风暴法	名义群体法	德尔菲法	电子会议法
观点的数量	中等	高	高	高
观点的质量	中等	高	高	高
社会压力	低	中等	低	低
财务成本	低	低	低	高
决策速度	中等	中等	低	高
任务导向	高	高	高	高
潜在的人际冲突	低	中等	低	低
成就感	高	高	中等	高
对决策结果的承诺	不适用	中等	低	中等
群体凝聚力	高	中等	低	低

8.2　社群

8.2.1　社群的概念及特征

一般社会学家与地理学家所指的社群，广义而言是指在某些边界线地域或区域内发生作用的一切社会关系。它可以指在实际的地理区域或是某区域内发生的社会关系，或只存在于抽象的、思想上的关系。通俗而言，社会群体是有共同要求的社会个体与其他个体，按照一定的组织形式进行社会互动的集体。社会群体的共同要求不同，如在共同接受教育以及人格发展的基础上形成学校的学生群体；为了共同适应环境及相互之间展开良性竞争的需要，某个行业的业主建立行业协会等。在数字化时代，社群被定义为一种具有共同价值观的精神联合体和利益共同体。还有学者提出了社群思维的概念，认为社群思维是一种重视人的精神需要、关注人的价值观、打造精神联合体和利益共同体的思维方式及能力。

社群的特征主要体现在三个方面：有稳定的群体结构和比较一致的群体意识；成员有一致的行为规范、持续的互动关系；成员间分工协作，具有一致行动的能力。

8.2.2 社群的分类

有学者对互联网时代的社群进行了分类，将社群划分成七种类型。

8.2.2.1 产品型社群

产品型社群是一般企业建立社群经常采用的方式。企业在产品上市之前可以建立一个社群，与社群成员分享上市产品的信息，培养产品的忠实用户。企业可以把这部分群体发展成企业的粉丝，形成用户黏性和忠诚度，其本质是为企业和消费者之间的沟通互动提供一个平台。

8.2.2.2 兴趣型社群

兴趣型社群的成员有着共同的兴趣爱好，主要有体育型社群、艺术型社群、读书型社群、专业型社群等。加入社群的成员对于同一件事情有着强烈的好奇心，在行动力上也容易保持一致性，社群活跃度较高。

8.2.2.3 目的性社群

社群的目的可以让所有人在加入社群之前就对社群有一个大致的了解，以帮助人们正确地选择社群。目的性社群种类繁多，可以出于个体的目的，也可以出于集体的目的。而建立有着明确目的的社群，可以提高成员的办事效率，实现成员的共同目标。

8.2.2.4 内部型社群

内部型社群即企业内部员工组成的社群组织。内部型社群可以对员工进行人性化管理，增强员工对企业文化的认同感和归属感。同时，员工可以参与企业发展运作，从而增强主人翁意识，提高工作效率。例如，“逻辑思维”（北京思维造物信息科技股份有限公司）就是采用了这种方式发挥内部员工的最大价值，创造了一个个相互连接的小圈子，实现了企业的发展。

8.2.2.5　平台型社群

各个行业相互交流或一些自媒体平台通常会组建平台型社群。通过建立平台型社群，企业可以迅速增加粉丝量，获得发展。平台社群是一种共享信息的社群，在社群中成员可以获得知识，同时将自己的经验与他人分享、实现共赢。其中能为社群带来价值的成员最受社群的欢迎。

8.2.2.6　综合类社群

综合类社群是包含一种或多种社群形式的社群。例如，天涯就是集兴趣、产品、目的等社群类型于一体的社群。

8.2.2.7　网络虚拟社群

网络虚拟社群是随着互联网和移动通信工具的快速普及，传统社群与线上联合发展出来的新的社群形式。有学者认为，虚拟社群就是一个提供人们围绕某种兴趣或需要集中进行交流的地方。它通过网络以在线方式来创造社会价值和商业价值。它是由具有共同兴趣及需要的人们利用网络传播的特征，通过网上社会互动满足自身需要，而构筑的新型生存与生活空间。网络虚拟社群一般以网络传播方式为媒介，为网民提供一个对话交流及交往服务的网上环境。

课后作业

1. 对比分析你所属不同群体之间凝聚力的高低差异，并做出解释。分析群体凝聚力对群体行为的影响及作用方式。
2. 分析个体决策与群体决策在不同条件下的优势。
3. 对比不同群体决策的差异。
4. 分析社群的种类与内涵 。
5. 群体中人多一定力量大吗？分析三个和尚为什么会没水吃？

案例分析

二桃杀三士

公孙接、田开疆、古冶子事景公，以勇力搏虎闻。晏子过而趋，三子者不起。

晏子入见公曰："臣闻明君之蓄勇力之士也，上有君臣之义，下有长率之伦，内可以禁暴，外可以威敌，上利其功，下服其勇，故尊其位，重其禄。今君之蓄勇力之士也，上无君臣之义，下无长率之伦，内不以禁暴，外不可威敌，此危国之器也，不若去之。”

公曰：“三子者，搏之恐不得，刺之恐不中也。”

晏子曰：“此皆力攻勍（qíng，强大）敌之人也，无长幼之礼。”因请公使人少馈之二桃，曰：“三子何不计功而食桃？”

公孙接仰天而叹曰：“晏子，智人也！夫使公之计吾功者，不受桃，是无勇也，士众而桃寡，何不计功而食桃矣。接一搏猏而再搏乳虎，若接之功，可以食桃而无与人同矣。”援桃而起。

田开疆曰：“吾仗兵而却三军者再，若开疆之功，亦可以食桃，而无与人同矣。”援桃而起。

古冶子曰：“吾尝从君济于河，鼋衔左骖以入砥柱之流。当是时也，冶少不能游，潜行逆流百步，顺流九里，得鼋而杀之，左操骖尾，右挈鼋头，鹤跃而出。津人皆曰：‘河伯也！’若冶视之，则大鼋之首。若冶之功，亦可以食桃而无与人同矣。二子何不反桃！”抽剑而起。

公孙接、田开疆曰：“吾勇不子若，功不子逮，取桃不让，是贪也；然而不死，无勇也。”皆反其桃，挈领而死。

古冶子曰：“二子死之，冶独生之，不仁；耻人以言，而夸其声，不义；恨乎所行，不死，无勇。虽然，二子同桃而节，冶专其桃而宜。”亦反其桃，挈领而死。

出自《晏子春秋·内篇·谏下第二》

分析：

1. 把古文用现代文进行解释后，分析春秋时期齐景公手下这三位勇士的小群体存在着什么问题。

2. 分析出现“二桃杀三士”结果的理由。

3. 根据现代企业管理实践举例，群体中在什么时候会出现三位勇士的问题？组织中的领导者应该如何处理？

9 团队建设

学习目标

- 掌握团队的定义
- 比较群体与团队的差异
- 了解团队的类型
- 懂得如何打造高绩效的团队

组织内的很多工作兼具复杂性与分工协调性的特点，仅仅依靠个人的力量根本无法完成，只有依赖员工组成团队，集合团队中每个人的能力与特色，团队成员同心协力才能完成。因此，让组织中的员工组成团队，在团队中互相合作，不但能发挥个人专长及工作潜能，也能与其他员工愉快合作、相互学习。充分发挥团队的精神力量，已经成为组织成功的关键。因此，如何进行团队建设也越来越受到管理者的关注。

9.1 团队的定义与构成要素

9.1.1 团队的定义

很多学者从不同的角度对团队（team）下过定义。

刘易斯（Lewis）认为，团队是由一群认同并致力于达成共同结果而努力的人组成的组织。他在定义中强调了两个重点：共同目标、工作相处愉快和高品质的结果。

沙勒斯（Salas）等人认为，一个团队是由两个以上具有不同背景及特色的人所组成的，他们被赋予特定的角色与功能，并表现出不同的功能，在有限的时间内紧密地在一起互动，相互依存，机动式地完成共同的目标或具有特别价值的任务。沙勒斯等人的定义除了再度提到共同目标外，更提到了团队成员的相互依存性。

陈春花教授给出的团队定义是，团队是一群为数不多的、具有相互补充技能的人组成的群体，他们相互承诺，具有明确的团队目标，且共同承担团队责任。

关培兰教授认为，团队是由一群不同背景、不同技能、不同知识的人所组成的一种特殊类型的群体，它以成员高度的互补性、知识技能的跨职能性和信息的差异性为特征。

本教材采用著名的斯蒂芬·罗宾斯教授对团队给出的定义：团队是一种为了实现某一目标而由相互协作的个体所组成的正式群体。

9.1.2 团队的构成要素

团队有几个重要的构成要素，总结为以下“5P”。

9.1.2.1 目标

团队应该有一个既定的目标（purpose），为团队成员导航，知道要向何处去。没有目标，这个团队就没有存在的价值。只有当设定了适当的目标以及实现目标的方式后，才可能建立高效的团队。

9.1.2.2 人

人（people）是构成团队最核心的力量，2个（包含2个）以上的人就可以构成团队。目标是通过人员具体实现的，所以人员的选择是团队中非常重要的一个部分。

9.1.2.3 定位

定位（place）包含两层意思：团队的定位是指确定团队在企业中处于什么位置，由谁选择和决定团队的成员，团队最终应对谁负责，团队采取什么方式激励下属；个体的定位是指确定成员在团队中扮演什么角色，是制订计划还是具体实施或评估。

9.1.2.4 权限

团队当中领导人的权力（power）大小跟团队的发展阶段相关。一般来说，团队越成熟，领导者所拥有的权力相应越小，在团队发展的初期阶段，领导权相对比较集中。团队权限关系到以下两个方面：

（1）整个团队在组织中拥有什么样的决定权。比方说财务决定权、人事决定权、信息决定权。

（2）组织的基本特征。比方说组织的规模有多大，团队的数量是否足够多，组织对于团队的授权有多大，它的业务是什么类型。

9.1.2.5 计划

计划（plan）有以下两层含义：

（1）目标最终的实现，需要一系列具体的行动方案，可以把计划理解成目标的具体工作程序。

（2）提前按计划进行可以保证团队进度顺利。只有在计划的操作下团队才会一步一步贴近目标，从而最终实现目标。

9.2 群体与团队的差异

群体（group）与团队（team）不同。我们把群体定义成为了实现特定目标而组合到一起并形成互动和相互依赖关系的两个或更多个体。在工作群体中，成员进行互动主要是为了共享信息和制定决策，帮助每个成员更好地完成自己的职责。工作团队（work team）是通过成员的共同努力，能够产生积极的协同效应。团队成员的努力会导致团队绩效远远大于个体绩效之和。虽然有时工作群体和工作团队会交替使用，都对成员行为有一定的期待和要求，但是工作群体和工作团队之间存在着一定的差异，如表9－1所示。

表9－1　工作群体与工作团队的主要区别

区别	工作团队	工作群体
性质	积极向上的协同效应	中性特征
目标与成果	成员共同努力的成果 团队绩效＞个人绩效之和	成员之间信息共享 群体绩效≤个人绩效之和
责任	个体、团队共同承担责任	突出个体化
技能	相互补充，显示团体优势	个体技能与差异化

这些界定有助于我们了解为什么组织围绕工作团队来构建工作流程。管理者之所以这样做，是希望通过工作团队的积极协同作用来提高组织绩效。团队的广泛使用为组织创造了一种潜在的可能性，使组织在不增加员工人数的前提下提高产出水平。但这里说的仅仅是潜在的可能性，组织团队并不保证一定会产生积极的协同作用，仅仅把工作群体换种称呼改叫工作团队，并不能自动提高组织绩效。成功的或高效的工作团队具有一些特定的共同特征，如果管理者希望利用团队来提高组织绩效，首先需要保证工作团队具有这些特征。

9.3　团队的类型

根据团队存在的目的和拥有自主权的大小可将团队分成以下类型。

9.3.1　问题解决型团队

问题解决型团队（problem－solving teams）是指组织成员就如何改进工作程序、方法等问题交换看法，对如何提高生产效率和产品质量等问题提出建议。这种类型团队的工作核心是提高生产产量、提高生产效率、改善企业工作环境等。在这样的团队中，成员就如何改变工作程序和工作方法相互交流，提出一些建议。成员几乎没有什么实际权力来根据建议采取行动。

9.3.2 自我管理型团队

自我管理型团队（self - managed teams）通常由 10 ~ 16 人组成，他们承担着以前自己的上司所承担的一些责任。一般来说，他们的责任范围包括控制工作节奏、决定工作任务的分配、安排工间休息。彻底的自我管理型团队甚至可以挑选自己的成员，并让成员相互进行绩效评估。世界上许多知名的大公司都是推行自我管理型团队的典范。但对自我管理型工作团队效果的总体研究表明，实行这种团队形式并不一定能带来积极效果。

对自我管理型团队效果的研究并没有一致表明这种团队会带来积极效果。还有一部分研究关注冲突对自我管理型团队有效性的影响。这些研究表明，当存在冲突时，自我管理型团队是无效的。当争议出现时，成员们会停止合作，权力斗争会随之而来，从而导致团队绩效和学习水平降低。尽管这可能取决于团队内的角色结构，然而其他研究表明，如果团队成员确信他们可以自由发表意见，不会觉得尴尬、被拒绝或者被其他队友惩罚，换句话说，当他们在心理上感到安全的时候，冲突其实是有益的，可以提高绩效。

还有研究探索了自我管理型团队对成员行为的影响，这些研究发现的结果喜忧参半。尽管这种团队中成员的工作满意度要高于其他团队员工，但是他们的缺勤率和离职率有时更高。要想让自我管理型团队发挥优势，还需要一些促进因素。

9.3.3 跨职能团队

跨职能团队（cross - functional teams）由来自同一等级、不同工作领域的员工组成，他们走到一起的目的就是完成某项任务。跨职能团队是一种有效的团队管理方式，它能使组织内甚至组织之间不同领域的员工之间交换信息、激发产生新的观点、解决面临的问题、协调复杂的项目。跨职能团队的管理并不简单。

首先，当需要不同的专业知识时，权力转移是有意义的，因为成员在组织中处于大致相同的级别，这就造成了领导的模糊性，因此在权力转移发生之前，需要建立一种信任的氛围，从而保证在权力转移时不会发生不适当的冲突。

其次，跨职能团队在发展初期往往耗费许多时间，因为团队成员需要学会应对复杂性和多样性。

最后，成员之间，尤其是那些背景、经历和观点不同的成员之间，需要一定时间才能建立起信任并真正合作共事。

总而言之，传统的跨职能团队的优势是来自不同学科、掌握不同技能的人的共同努力。当这些成员的独特观点被采纳时，跨职能团队可能会非常高效。

9.3.4 虚拟团队

虚拟团队（virtual teams）是人员分散于远距离的不同地点但通过远距离通信技术一起工作的团队。虚拟团队的人员分散在相隔很远的地点，可以是在不同城市，甚至可以跨国、跨洲。人员可以跨不同的组织，工作时间可以交错，联系依靠现代通信技术。他们共同完成组织的目标和任务。

虚拟团队的管理方式应不同于办公室中面对面的团队，部分原因是虚拟团队成员可能不会按照传统的层级模式进行互动。研究表明，由于互动的复杂性，虚拟团队的共享领导可以显著提高团队绩效，尽管共享领导这一概念仍在发展中。为了使虚拟团队评价有效，管理者需要确保以下几点。

9.3.4.1 建立信任

在成员之间建立信任。电子邮件中一段过激的言论，可能会严重破坏团队信任。

9.3.4.2 监控团队工作进展

密切监控团队的工作进展。这样团队就不会迷失方向，团队成员也不会“消失”。

9.3.4.3 宣传团队成果

在整个组织内宣传该团队的努力和成果。这样该团队就不会在组织内变得隐形。

9.3.4.4 仔细挑选虚拟团队的成员

管理者还应仔细挑选虚拟团队的成员。因为，虚拟团队中的工作可能需要不同的能力。

如果认为虚拟团队可以轻松替代面对面的团队，那就错了。尽管在线交流的地域覆盖范围和即时性使虚拟团队得到了快速发展，但管理者必须确保这种类型的团队是实现所需结果的最佳选择，然后在整个协作过程中发挥监督作用。

9.3.5 多团队系统

到目前为止，我们所描述的团队类型通常是比较小的独立团队，不过他们的活动与组织整体目标相关。当工作任务越来越复杂时，团队规模就会变大。团队规模增加后，随之而来的是更高的协作要求。由此产生了一个临界点，一旦超过这个点，新成员的加入就会导致弊大于利。为了解决这个问题，组织开始采用多团队系统（multiteam system），结合两个或两个以上的独立团队来共同完成一个更高级别的目标。换句话说多团队系统就是一个“团队组成的团队”。

能使传统的小型团队有效的因素不一定适用于多团队系统，甚至会对多团队的表现产生不利影响。一项研究表明，如果多团队存在“跨边界者”，并能够协调子团队中的各个成员，多团队系统就能实现更好的绩效。这就减少了团队成员沟通的需要。限制沟通是很有用的，因为它可以减少对协作工作的要求。多团队系统的领导也与独立团队有很大的不同。虽然所有团队的领导都会影响团队绩效，但多团队系统的领导者必须促进团队之间的协调，并领导每个团队。研究表明，从组织领导人那里获得更多关注和参与机会的团队感觉到更多的赋权，这使他们在寻求解决自己的问题时更加有效。在分散计划的情况下，多团队系统可能会有更高的绩效，但它们也可能在协调方面遇到更多问题。

通常当团队规模变得太大而不能发挥作用时，或者需要高度协调具有不同职能的团队时，多团队系统是最佳的选择。

9.4 打造高绩效团队

9.4.1 影响团队绩效的关键因素

团队建设在任何环境中都是一个重要内容，其重点是专注于发挥团队的最佳能力，以确保自我发展、积极沟通、领导技能和团队密切合作解决问题的能力。影响团队绩效的关键因素分为三大类：外界条件、团队构成、团队过程。

9.4.1.1 外界条件

有四种外界条件与团队绩效有显著的联系：充足的资源、领导和结构、信任的氛围、绩效评估与奖励体系。

（1）充足的资源。团队是更大的组织系统的一部分；每个工作团队都需要依靠本团队之外的资源来维持。资源的缺乏直接削弱了团队有效开展工作和实现目标的能力。有效工作群体最重要的特征之一，或许就是群体从组织那里得到的支持。这种支持包括及时的信息、合适的设备、足够的人员、必要的鼓励，以及行政事务上的协助。

（2）领导和结构。如果团队无法就分工达成一致意见，并且不能确保所有成员分担工作，它就无法正常运转。确定各成员的具体任务，并使其与成员个体的技能相匹配，需要该团队的领导和结构发挥作用。这些事情可以由组织的管理层来做，也可由团队成员自己来做。在自我管理型团队中，团队成员承担了很多通常由管理者行使的职责。领导者的人格、敬业度和领导风格，都会影响团队的有效性。有效的领导，在多团队系统中特别重要。领导者需要向团队授权，把职责下放给他们，自己则扮演“协调人”的角色，确保不同的团队能够齐心协力、众志成城，而不是相互拆台。

（3）信任的氛围。信任是领导的基础，它使团队能够接受并致力于实现领导者的目标和执行其决定。在有效的团队中，成员之间彼此信任，而且表现出对领导者的信任。团队成员的相互信任促进了合作，减少了监督彼此行为的必要性，大家都相信其他成员不会占自己的便宜。当团队成员认为自己可以相信其他成员时，他们更有可能承担风险和坦白自己的弱点。需要指出的是，重要的不仅仅是团队中的总体信任水平，团队成员彼此之间的信任状况同样重要。如果团队成员之间的信任是不对称和不平衡的，哪怕总体信任水平很高，对团队绩效的积极作用也会大打折扣。在这种情况下，联盟的形成常常会破坏整个团队。

（4）绩效评估与奖励体系。基于个体的绩效评估和奖励，可能会与高绩效团队的发展产生冲突。因此，除了评估和奖励员工的个人贡献，管理者还应该对传统的、以员工个人为导向的评估和奖励体系进行修正，以反映团队绩效，并采用混合型的体系，既认可个别成员的突出贡献，也对整个群体的积极成果进行奖励。基于群体的绩效评估、利润分享、收益分享、小组激励，以及体系方面的其他调整能够强化团队努力和团队承诺。

9.4.1.2 团队构成

团队构成包括与团队人员构成相关的变量：团队成员的能力和人格、角色的分配、成员多样化、文化差异、团队规模以及团队成员对团队工作的偏好。

（1）成员的能力。团队绩效在一定程度上取决于团队成员的知识技能和能力。这些能力是我们判断成员在团队中能做什么和表现如何的重要参数。

当任务需要大量的思考，解决一个非常复杂的问题时，高能力的团队（团队主要由高能力的人组成）会表现得更好，尤其是当工作量被平均分配时。若采取这种方法，团队绩效就不取决于最薄弱的环节。高能力的团队更容易适应不断变化的情境，能够更有效地运用现有的知识来解决新问题。

团队领导者的能力也很重要。研究表明，当能力不足的团队成员在苦苦挣扎着完成任务时，高能力的团队领导者可以为他们提供帮助，而能力不足的团队领导者则会削弱高能力团队的效果。

（2）成员的人格。在大五人格模型中，很多维度都与团队的绩效紧密相关。

- 责任心对团队尤其重要。责任心强的成员善于支持其他成员，而且善于察觉什么时候需要提供支持。研究发现，组织成就导向和耐力等行为倾向都与更高的团队绩效相关。团队构成可以根据个人个性来取得良好的效果。在责任心水平不一致的团队中，责任心强的成员难以有最佳绩效；相反，群体内部因为追求一致而带来的压力（或其他成员的不满），会使成员间的互动变得复杂，迫使责任心强的成员降低自己的预期，从而降低群体的绩效。
- 在经验开放性这个维度上，平均得分更高的团队表现得更好，具有高度经验开放性的团队往往表现更好。研究表明，建设性的任务冲突可以强化这一正向作用。思维开放的团队成员能更好地相互沟通并激发出更多的创意，这使得由这种类型的成员组成的团队更具创造性和创新性。
- 任务冲突还能提高情绪稳定性。水平较高的团队需要注意的是冲突本身并不能提高这些团队的绩效，在随和性方面团队成员的最低水平非常重要。
- 如果一个或多个成员的随和性非常差，则整个团队会受到负面影响。如果团队成员在随和性上的得分很分散，那么团队绩效会下降。
- 关于外倾性对团队绩效的影响尚不清楚，最近的一项研究表明，在外倾性这个维度上平均得分更高的团队，助人行为的水平更高。这一关系在合作氛围得分高的团队中会更为明显。因此，对于团队而言，个人的个性特征与团队的整体个性特征一样重要。

（3）角色的分配。不同的团队有着不同的需求。团队在挑选成员时，应当确保所有必要的角色都得到任务分配。换句话说，应该让最有能力、最有经验且最有责任心的员工扮演团队最核心的角色。

团队有9种潜在的角色："组织者"提供结构；"生产者"提供指令并完

成任务；“控制者”考察细节并实施规则；“维护者”在外部战场上作战；“建议者”鼓励寻找更多信息；“联络者”负责协调和整合工作；“创造者”感受有创新的想法；“推动者”拥护和支持新思想；“评估者”对各种方案进行见解深刻的剖析。

成功的工作团队会根据成员的技能和特长来安排他们扮演这些角色。为了使团队成员实现良好的配合，管理者需要了解每名员工的优势，即该员工可以为团队带来什么，并挑选合适的团队成员，为其安排匹配的工作任务。

（4）团队多样性。工作单元、群体团队或部门中不同成员所共有的人口统计学特征，比如年龄、性别、民族、受教育水平，以及在组织中的工作年限等因素，共同构成组织人口统计学的研究主题。组织人口统计学研究表明，成员的特征，如年龄和加入组织的时间，可以帮助我们预测员工离职率。其中存在这样一种逻辑：有不同经历的人离职率更高，因为对他们来说沟通更加困难，更有可能发生冲突。同样，在冲突中失败的人，更可能主动辞职或被迫离开。以上研究的结论是多样性会对团队绩效产生负面影响。

但是，也有很多人对多样性持乐观态度，认为多样性是一件好事。因为，多元化的团队能够受益于不同的观点和视角，进而表现得更出色。但在成员之间的信任度已经很低的情况下，多样性也可能产生负面影响。

恰当的领导方式能够提高多元化团队的绩效。例如，一项针对 68 个中国团队的研究表明，在知识技能处理问题的方式上具有多样性的团队更有创造力，前提是团队的领导是变革型领导，并且能够鼓舞人心。

（5）文化差异。证据表明，文化多样性会干扰团队的进程，至少会在短期内造成一定的影响。研究人员发现，文化地位差异会影响团队绩效。在文化地位高的成员比文化地位低的成员更多的团队中，每个成员的绩效都能提高。这并不意味着不同的团队应该由在他们国家具有较高文化地位的人组成，而是我们应该意识到人们如何认同他们的文化地位，即使是在不同的群体环境中。

文化上存在根本差异的团队在学习相互合作、解决问题时面临的困难更多。好消息是这些困难似乎会随着时间的推移而消散。

（6）团队规模。大多数专家认为提高群体有效性的关键在于维持团队较小的规模。对于理想的团队规模，心理学家乔治·米勒（George Miller）声称：“神奇的数字是 7 加上或减去 2。”《福布斯》出版商里奇·卡尔加德写道：“更大的团队几乎永远不会与更大的成功机会相关联。”因为随着团队规模的扩大，人与人之间的潜在联系会成倍增长，从而使沟通变得复杂。

通常来说，最有效的团队一般拥有5~9个成员。专家建议在能够完成任务的前提下，应该使用最少的人数。遗憾的是，对管理者来说，一种普遍的错误倾向是群体规模过大。尽管为了形成观点和技能的多样性，4~5人是必须的，但管理者似乎严重低估了这样一个问题：随着团队成员的增加，成员合作方面的问题呈几何级数增长。当人数过多时，团队凝聚力和相互信任度就会下降，社会惰化现象会增加，成员交流的时间会越来越少。因此，管理者应该尽量使团队人数不超过9人。如果一个自然形成的工作单元中人数过多，无法有效协作，而又希望采取团队方式，那么应该考虑把群体拆分成几个小团体。

（7）成员的偏好。并非每个员工都是团队选手。如果让他们自己选择，不少员工会选择不加入团队。那些更喜欢独自工作的员工如果被要求加入团队，会对团队的士气和成员满意度产生直接的威胁。在选择团队成员时，除了考虑能力、人格特征和技能外，也应考虑员工的个人偏好。高绩效团队可能是由那些喜欢成为团队一分子的成员组成的。

9.4.1.3 团队过程

与团队有效性有关的最后一类因素是过程变量。包括成员对共同目标的承诺、设置本团队的具体目标、团队效能、团队认同、团队凝聚力、心智模型、可控的冲突水平以及最低水平的社会惰化。对规模较大的团队以及成员之间依存度很高的团队来说，这些过程变量尤为重要。

（1）共同的计划和目标。有效的团队，首先会分析本团队的使命，设置目标来实现该使命，以及制定战略来实现这些目标。如果团队能够清楚地认识到自己需要做什么以及如何去做，就能表现得更好。这似乎显而易见，但是许多团队忽略了这一基本过程。

在成功的团队中，成员通常会花大量的时间和精力来讨论塑造和完善一个团队层面和个体层面都得到认可的目标。团队应该在目标上达成一致，明确团队的目标是学习和掌握一项任务，还是执行一项任务。有证据表明，如果成员对目标的看法存在差异，就会在整体上导致较低的绩效。强调学习的团队更有可能就共同的目标达成共识，并且当团队成员高度认同团队时，对团队目标的认同也更容易。

有效团队还表现出反思性。也就是说，他们在必要时能够反思和调整自己的计划。一个团队需要有一个好的计划，愿意并且能够根据具体状况的要求来调整自己的计划。反思性对于过去绩效不佳的团队尤为重要。有证据表明，反思性强的团队更善于应对团队成员在计划和目标上产生的冲突。

（2）具体目标。成功的团队会把自己的共同目标分解成具体的、可测的、切实可行的绩效目标。具体的目标会促进明确的沟通，有助于团体保持全神贯注的状态以实现这些目标。

另外，与对个人目标的研究结果相一致，团队目标也应该具有挑战性，困难但可实现。给出特定指标的目标，会提高团队在特定方面的绩效。例如，关于产量的目标往往会提高产量，关于精确性的目标可提高精确性。

（3）团队效能。有效的团队很自信，他们相信自己能够成功。我们把这种特征称为团队效能。如果一个团队过去曾取得成功，那么该团队对未来获得成功的信念就会变强。这种信念反过来又激励团队成员更努力工作。此外，在那些成员之间相互了解各自能力的团队中，团队成员的自我效能与创造力之间的相关性更强，可以更有效地向队友征求意见和建议。

管理层提高团队效能，有两种选择方案：帮助团队取得较小的成功来树立高效团队的信心；通过一些培训来提高团队成员的技术技能和人际技能。团队成员的能力越强，团队就越有可能树立信心，并将其运用于实践。

（4）团队认同。社会认定在人们生活中有重要作用，团队也是一样。当团队认同感很强时，受绩效目标高度激励的团队成员，更有可能将自己的努力导向团队目标，而不是个人目标。因此，通过认识个人的特定技能和能力，并营造一种尊重和包容的氛围，领导者和成员就可以建立正向的团队认同并改善团队结果。管理者应该特别注意在虚拟团队中建立正向的团队认同。虚拟团队中的团队认同可能较低，这会导致虚拟团队成员的努力程度较低。

组织认同很重要。团队更多的是与其他团队互动，需要团队间的协调。具有正向的团队认同但没有正向的组织认同的个人，可能会固守自己的团队，并且不愿意与组织内的其他团队合作。

（5）团队凝聚力。团队凝聚力描述的是成员在情感上彼此依恋，并因依恋而更贴近团队。例如，在中国进行的一项大型研究表明，如果团队凝聚力强，任务复杂，而且在晋升、奖励、培训等方面进行大量的投入，则会产生更多能够带来盈利的团队创造力。另外，凝聚力弱、任务简单的团队，不太可能对激励措施作出更大的创造性反应。

团队凝聚力是团队绩效的一个强有力的预测指标，当凝聚力受到损害时，绩效也可能受到影响。消极关系是凝聚力降低的一个驱动因素。为了减弱这种影响，团队可以培养高水平的相互依赖和高质量的人际互动。当团队规模更大、功能更多样化时，拥有女性领导者的团队凝聚力更高。在共享领导的团队中以及当领导者公平时，团队凝聚力也更高。

（6）心智模型。有效的团队中的成员能够共享准确的心智模型。心智模型是成员对团队内部环境的关键因素有着同样的心理描述。团队的使命和目标与团队需要做什么才能提高有效性有关，心智模型则与团队需要怎么做有关。在巨大压力下容易出现团队成员的心智模型是错误的情况，那么他们的绩效就会受到严重影响。一项针对 65 项研究的元分析发现，在心智模型相同的团队中成员会更频繁地互动、更有动力、工作态度更积极，并且客观的绩效水平更高。如果团队成员对于做事方式有不一样的看法，则团队会争论应该采取哪种方法，而不是把注意力放在需要完成的事情上。

（7）冲突水平。冲突与团队绩效之间存在复杂的关系，团队中的冲突未必就是坏事。关系冲突是由于个人关系失调、关系紧张或敌视他人而产生的冲突，更可能是功能失调的和破坏性的。但是，对于从事非常规活动的团队而言，任务冲突（成员之间在任务内容方面的意见不一致）可以激发成员之间的讨论，促进对问题和备选方案的批判性评估，带来更好的团队决策，尽管它可能不会带来更多创新的产品。

冲突对绩效的正面和负面影响可能更大或更小，这取决于许多因素，例如任务类型、设置和绩效评估。当全队成员拥有高经验开放性且情绪稳定时，任务冲突是有益的。当一些团队成员感知到高任务冲突，而其他团队成员感知到低任务冲突时，任务冲突也可能是有益的。在中国进行的一项研究发现，在实现团队绩效的最初阶段出现适度的任务冲突会提高团队的创造力，但是很低或者很高的任务冲突都与团队绩效呈负相关。换句话说，在团队完成创造性任务的初级阶段，太多或太少的分歧都对绩效不利。

（8）社会惰化。当无法准确衡量每个成员的具体贡献时，个体成员就会表现出社会惰化，算是搭上群体努力的便车，滥竽充数。有效的团队会让成员在团队和个体这两个层面对团队的目的、目标和行动方式承担责任，从而削弱社会惰化倾向。因此，在有效的团队中，成员能区分个人责任与共同责任。

9.4.2 打造高绩效团队的方法

打造有效团队的方法很多，根据之前所论述的团队中常常面临的问题，在打造高绩效团队时，主要需要关注以下方面。

9.4.2.1 明确战略和目标

高绩效的团队对所要达到的目标有清晰的了解，并坚信这一目标有重大意义和价值。而且这种目标的重要性还激励团队成员把个人目标升华到群体目标中去。在高绩效的团队中，成员清楚地知道他们被希望做什么，以及他们怎样共同工作以完成任务。团队成员朝着共同的方向而努力，最终实现目标。

9.4.2.2 确立坚定的信念

确立团队坚定的信念，并坚持下去。当团队成员盲目时，领导人一定不能盲目。只要方向正确，就不怕路途艰难。

9.4.2.3 限定团队规模

限制人员规模的目的是确保所有成员之间能够充分了解，并互相发生影响，同时也保证了团队结构的简单化和组织目标的纯正。团队人员规模大，就会不可避免地出现分化、出现等级，最后出现“目标替代”，使得团队的目标被上层精英的个人目标所替代。

9.4.2.4 成员技能互补

团队成员需要具有不同的技能知识或经验，每个成员应为团队做出不同的贡献。

9.4.2.5 进行合理分工

在一个团队中，可能需要有人出主意、有人制订计划、有人实施、有人协调不同的人一起去工作，还有人去监督团队工作的进展、评价团队最终的贡献。不同的人通过分工来共同完成团队的目标，因此在人员选择方面要考虑人员的能力如何、技能是否互补、人员的经验如何。

9.4.2.6 将个体转变成团队选手

许多人并非生来就适合充当团队选手，许多组织一向重视培养个人成就者。组织可以采取一些措施来提高团队的效果，尤其是将强调个人贡献的员工塑造成团队选手。

（1）雇佣团队型选手。在招募团队成员时，除了确保候选人具备必要的技能外，还要确保他们能够完成自己在团队中将要扮演的角色。

（2）通过培训打造团队型选手。培训专家可以通过各种练习，让员工体验到团队工作带来的满意感，帮助培训的员工提高解决问题、沟通、谈判处理、冲突和指导他人的技能。良好的团队培训会对绩效产生积极的有形影响。

（3）激励员工成为优秀的团队型选手。组织的奖励机制应有所调整，从而鼓励团队中的员工共同合作，而不是增加员工之间的竞争。组织在很大程度上，把基于个人绩效的奖励体系转变为基于团队绩效的奖励体系，团队就会认真挑选新成员，力求使新员工有助于提高团队的绩效，从而获得更多的团队奖金。组织中的晋升、加薪和其他形式的认可，也倾向给予那些善于在团队中与他人合作且表现出色的个体。

（4）顶替团队并非总是问题的答案，团队工作比个体独自工作需要更多的时间和资源。首先，需要了解由多名员工从事该任务效果是否更好：其次，该任务是否可以为群体创造一个共同目标或一套目标，而且该目标超越了个体目标的简单加总；最后，需要评估一下群体成员是否相互依赖，如果群体成员的任务是相互依赖的，即整体的成功取决于每个成员的成功，每个成员的成功还取决于其他成员的成功，那么采取团队方式是必要的。

9.5 知识团队

9.5.1 知识团队的定义与特征

9.5.1.1 知识团队的定义

进入知识经济时代以来，人类社会经济形态发生了巨大的变化，知识已经成为生产力发展的决定性因素。个人拥有的知识已经远远不能满足完成复杂工作的需要。知识团队由此应运而生，对知识团队的管理已成为当前关注的一个焦点问题。

对于知识团队，从国内外研究来看，目前尚无标准定义。人们将知识团队定义为：由来自不同知识领域的知识员工组成的以一定的任务为导向，创造性维持信任、支持、尊重和合作的团队氛围，共同完成团队任务的团体。

9.5.1.2 知识团队管理的重要性

知识团队是一个动态的集体，因其成员多样性而显示与众不同。作为知识团队主要成员的知识员工是一个特殊群体，他们主要从事脑力劳动，流动性大；对自己的领域十分了解，往往比上司更懂得自己的工作，他们的工作潜力能否充分发挥、工作负责程度有多高等都带有一定的不可预知性，很难从工作中体现出来，这就为知识团队的管理带来一定的困难。因此，管理好知识团队就成为当前团队管理的一个重要课题。

9.5.1.3 知识团队的特征

（1）知识团队目标具有高模糊性和变动性。团队是为了满足人们的需求而产生的，明确的需求是团队工作的基础。然而，知识团队定义需求时面临的最大问题在于需求是粗略和模糊的。与一般团队相比，知识团队的目标具有更大的变动性。

首先是团队的领导者的变化。每次出现的新人对团队任务都会有自己的理解，他们或许要求彻底变化，或许对需求有不同的解释。其次是技术变化。每一种新技术进入市场都会促使人们重新考虑对需求的设想。最后是商业环境变化，其中包括市场环境的变化（新的同类产品、替代品等）、政策变化、汇率变化等。

（2）知识团队必须满足多个利益相关者的需要。与单一职能的团队不同，知识团队面对多种利益相关者，例如团队发起人、内/外部顾客、供应商、各级管理层、职能部门经理、团队成员等。他们都希望通过知识团队满足自己的需要，而他们的需要各不相同，有时甚至互相矛盾。

（3）知识团队成员具有动态性。知识员工从事的是脑力创造性劳动，他们是企业创造财富的主体，喜欢追求自主的工作环境，自我实现需求强烈。一旦组织未给予相应的重视与尊重，其成就感就会受挫，工作积极性就会降低，甚至离开组织。在知识日益受到重视的今天，高级知识可获得高薪的市场行情也会引发知识员工的高流动率。

（4）组织生态性。知识团队有生命周期，它随着项目任务的产生而成立，随着项目任务的完成而结束，是一种临时性、柔性化组织。知识团队的生命周期可以是几分钟、几小时、几星期或几年。知识团队需要成员带着独特的专业技能来参加工作，但是这些人只能阶段性利用，随着工作的开展，人员组成在团队生命周期内不断变化，少数人员始终留在团队中成了一种特例。

（5）知识团队中领导与成员具有平等性。知识团队都是由各种知识背景不同的员工组成的，他们大都受过高等教育，在各自领域拥有团队所需的专业核心技能。这种高知人才更追求平等、自由、自主的工作环境，传统的等级管理制度与管理方法在知识团队中是行不通的，依靠强制性权力来领导知识团队也是无效的。因此，团队成员与领导之间的平等性已成为知识团队的重要特点之一。

9.5.2 知识团队的管理

知识团队的特殊性决定了其管理的特殊性，很多知识团队的管理者本身就具备完成团队任务所需的专业技能，且技能水平较高。但是这样的团队管理者虽然熟悉本专业技术，却往往以技术员工的心态去处理知识团队的问题，这就引发知识团队管理中的诸多矛盾。管理知识团队与管理一般员工之间存在着很多本质区别。要管好知识团队，可以从以下几个途径入手。

9.5.2.1 创造团队和谐的氛围

知识团队的成员主要由知识员工组成，知识员工具有较高的专业技术水平。对知识员工而言，活力和热情对出色地完成工作极为重要。活力和热情不仅与心态有关，也与工作环境和氛围有关。对知识团队而言，人际关系最大的挑战是信任、热心和尊重。知识团队的管理者必须充分认可和尊重员工的特长、知识和技能，避免走靠权力树立威信的老套路。知识团队中的员工只有在自己适应的环境和氛围中才能发挥最大的独创性。

9.5.2.2 建立共同的有价值的愿景

团队的愿景必须能够振奋人心、启发智慧。团队领导者的主要任务就是寻找提高团队成员能力与士气的因素。对知识团队成员而言，一个有价值的愿景应符合两个要求：一是符合他们的价值观；二是具有挑战性。

愿景是团结成员热切希望的方向，目标是实现愿景的步骤。愿景应该具有伸展性、众望所归等特性。团队的愿景是否有意义，取决于它与团队成员共同价值观的吻合程度。团队管理者应反复强调团队的宗旨，让员工了解他们的价值并引起共鸣。具有挑战性的愿景对知识团队员工来说十分重要，因为这意味着对他们的知识和专业技能的尊重，但要注意与团队成员的能力相匹配。相关研究显示，目标的挑战性与激励的相关性是：当挑战与团队员工的能力和技能相适应时，将起到激励效果；反之，则会产生负面效果，即导致消极情绪和消极行为。对于知识团队的成员来说，有价值的愿景往往比薪水更为重要。

9.5.2.3 有凝聚力的领导核心

一位有凝聚力的团队领袖，对知识员工来说至关重要。随着传统的管理等级制度的削弱，组织越来越呈现扁平化，人与人的影响在组织中变得越来越重要。优秀的知识团队管理者是通过影响力而不是权力进行的。有影响力的管理者能够培养团队之间的信任和相互尊重，因此他能够将团队成员变成追随者，从而成为真正有魅力的团队领导。影响力是主观的，它是基于团队管理者和团队其他成员之间的共同心理意识，没有人能够强迫别人心甘情愿地追随，管理者必须培养团队成员之间的信任和相互尊重，这样才能使知识员工心甘情愿地成为追随者，并凝聚在一起，发挥1+1>2的团队功能。

9.5.2.4 注重心理契约的建立

所谓心理契约是指对一系列相互的心理期望的理解与认可，这些期望是契约双方相互知觉但非明确表达的，不被其他团体共享的一种心理需求。

团队目标的实现需要知识员工的相互支持和全力以赴，而仅靠商业契约是难以达到的。心理契约既然是一种契约，它包含团队（往往由团队管理者代表）与团队的其他成员即知识员工之间相互的心理期望。团队管理者对知识员工的心理期望是：发挥全部的潜能、承诺团队目标的实现、相互支持、诚实和全力以赴等。知识员工对团队的期望是：有意义的目标、尊重专长、信任、工作具有挑战性、公平、能够自由发表意见、容忍失败、获取信息、努力得到回报、能够得到帮助、工作具有趣味性等。从知识员工的特点可以看出，与商业契约不同的是，知识团队的心理契约主控方不是团队管理者而是知识员工。如果聘用了最优秀的人才，使他们拥有自己的尊严并受到尊重，对他们进行投资，并充分支持他们个人的发展，创造最有利于积极性发挥的组织环境，那么这些知识员工将竭尽全力发挥自己的才干来回报团队。团队管理者应尽量满足员工的心理期望，以建立心理契约，让员工竭尽全力发挥自己的潜能。

课后作业

1. 团队与群体的差异是什么？
2. 团队发展的阶段是怎样的？请举例说明。
3. 团队包括哪些类型？举出其中的 5 种。
4. 结合平时参加的各种团队活动，讨论你身边的高效团队特征。
5. 简述知识团队的特点。
6. 论述知识团队管理的方法。
7. 分享我国优秀的团队案例。

案例分析

分析电影《星际迷航 I：无限太空》中团队目标、团队成员的角色、任务冲突或人际冲突、沟通、领导、团队绩效的评估。

10　沟通

学习目标

- 掌握管理沟通的定义与作用
- 描述管理沟通的过程模式与要素
- 了解管理沟通障碍的来源
- 懂得积极主动进行有效沟通
- 学习我国文化中的沟通理念

10.1　沟通的内涵与作用

“沟通”，源于拉丁文 communis，意为共同化，英文表示为 communication，《大英百科全书》解释为：“用任何方法，彼此交换信息。”。在《美国传统双解词典》中有关 communication 的一项解释就为“交流、交换思想、消息或信息，如经由说话、信号、书写或行为等方式”。《新编汉语词典》中有关“沟通”之意的词条解释是：“使两方能通连。”

10.1.1　人际沟通与管理沟通的定义与区别

人际沟通是指人与人之间一般的信息交流过程，或者说是人们分享信息、思想和情感的任何过程。尽管人际沟通是人类与生俱来的一种本能，它和衣、食、住、行一样是基本需求，但是沟通的有效性却无法得到保障。

管理沟通是指社会组织及其管理者为了实现组织目标，在履行管理职责、实现管理职能过程中，通过信号、媒介和渠道，有目的地交流观点、信息和情感的行为过程。管理沟通与人际沟通在很多方面存在着区别，如表 10－1 所示。本书中的沟通指的是组织中进行的管理沟通。

表 10－1　人际沟通与管理沟通的比较

人际沟通的特点	管理沟通的特点
个体性	管理者角色
随意性	服从组织目标
多变性	相对稳定性
以维护关系为导向	以达成共识为导向
以面对面、口传方式为主	多种方式共存

10.1.2　管理沟通的过程模式与要素

10.1.2.1　管理沟通的过程模式

根据组织中管理沟通的定义，可以得出管理沟通的过程模式，见图 10－1。

10.1.2.2　沟通的要素

沟通的一个基本功能是为组织成员提供其有效完成工作所需的信息。通

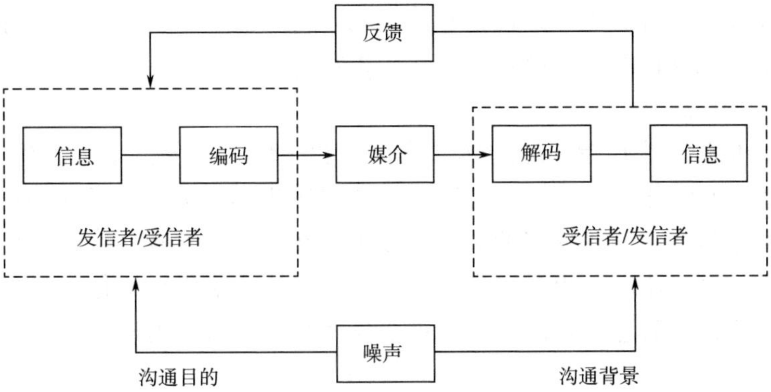

图 10－1 管理沟通的过程模式

过提供有关执行任务的方式和已做出的决策信息，组织可以确保其成员拥有进一步执行任务所需的信息。如组织中新员工面临很大的不确定性：不了解应该做什么、如何去做，以及做事时可以接受的标准。此时来自主管、同事、客户和其他人的沟通有助于减少这种不确定性，并为新员工提供有效执行工作所需的知识。从管理沟通的过程模式中可以看到，管理沟通中主要包含以下要素。

（1）发信者（信息源）。发信者回答“谁正在发起行动（沟通）”“信息从哪里发出”“为什么要信任他”等问题。发信者的动机、态度及其可靠性对沟通效果有重要作用。

（2）受信者（听众）。受信者即信息接收者。这一要素要考虑的问题包括：是什么促使他们接收和理解这些信息？他们对发信者沟通的态度是积极的还是消极的，或者模棱两可？存在一个或是几个关键的听众？会受到发信者信息影响的次要听众是谁？有没有未能考虑到的听众？

（3）编码和解码。编码是发送者将信息译成可以传递的符号形式的过程。发送者的词汇和知识在这里起着重要的作用。专业化的信息可以用专业术语传递，也可以用任何人都能理解的形式传递。解码指信息接收者的思维过程，是信息接收者根据自己已有经验和参考的框架进行解释的过程。在这一过程中，接收者得到的信息与发送者的本意可能相同，也可能不同。发送者应明白，不管自己的期望如何，在接收者头脑中所进行的解码只反映了接收者自己的情况。

（4）沟通目的。这是指通过沟通想寻求的结果是什么。当人们接到一个指示或产生一个好主意时，应尽可能清晰地把它记下来，并把它与实现的成本进行比较。然后要思考：目标有价值吗？它和同等重要的其他目标相冲突吗？沟通的双方将怎样评价其风险和成果？简言之，即要回答“怎样才算沟通成功”的问题。

（5）信息。这是指沟通主体（发信者和受信者）要分享的思想和感情。这些思想和感情通过评议和非语言两种符号来表达。关于信息这一要素，要考虑的问题包括：针对特定的听众，提供什么信息可实现沟通的目的？他们需要多少信息？他们可能会产生何种疑惑？你的建议将会对他们产生何种利益？怎样使你的信息具有说服力并被受信者牢记在心？怎样组织观点才最有说服力？

（6）渠道或媒介。这是发送者把信息传递到接收者那里所借助的手段，如面谈、电话、会议、计算机网络、政策条例、计划、工作日程等。哪种媒体能把信息最有效地传递给每个重要听众？也就是说，是写信、发电子邮件、微信、微博与脸书等社交网站，以及召开会议、发传真、做录像，或是举行记者招待会等。实际上“媒介本身就是信息”，在做出媒介选择时就已经传递出相应的信息。例如，你送给办公室同事一份备忘录，可能表示你不愿与他面对面交谈。在参加面谈时通过整齐的职业装、自信的目光和尊重的语气等非语言信号，会发送出比求职信更为丰富的信息。

（7）反馈。这是发信者和受信者相互间的反应。沟通是为达到某种结果而进行的动态过程，一个信息引起一个反应，而这个反应又成为一个信息。反馈意味着沟通的每一个阶段都要寻求听众的支持，更重要的是给他们回应的机会。只有这样，才会知道听众在想什么，才可能相应调整发信者发布的信息，使受信者更有可能感觉到参与了这个过程，并对发信者的目标做出承诺。比如同事诉说一件倒霉事，受信者（听众）会安慰他几句；发信者（管理者）批评下属工作质量下降时，下属（受信者）竭力为自己争辩，这些都是反馈。反馈能让沟通主体参与并了解信息是否按他们预计的方式发送和接收、信息是否得到分享，所以反馈对沟通效果至关重要。相比之下，两个人面对面的沟通使沟通主体有最大的反馈机会，而在一个礼堂或报告厅里所进行的演说，不论演说者还是听众，其反馈都十分有限。总之，交流中包含的人越少，反馈的机会就越大。

（8）噪声。这是影响接收、理解和准确解释信息的障碍。根据噪声的来源，可将它分成三种形式：外部噪声、内部噪声和语义噪声。外部噪声源于环境，它阻碍人们听到和理解信息。最常见的噪声就是谈话中其他声音的干扰：车间里机器的轰鸣声、课堂外的喊叫声、隔壁邻居家装修房子的声音等。

不过这里所说的噪声并不单纯指声音，它也可能是刺眼的光线、过冷或过热的环境。有时在组织中，人们之间不太友好的关系、过于强调等级和地位的组织文化等也是有效沟通的障碍。内部噪声发生在沟通主体身上，比如注意力分散、存在某些信念和偏见等。语义噪声是由人们对词语情感上的拒绝反应引起的，如许多人不听带有亵渎语言的讲话，因为这些词语是对他们的冒犯。

(9) 背景或环境。这是指沟通发生的时间和地点（时空背景）。人们的任何活动都不是发生在真空中的，环境或背景对沟通效果能产生重大影响。沟通在什么地方进行，本身就有很多意味。正式的场合，适合于正式的沟通，而在非正式的场合，人们的言语交谈则要随意得多。很多情况下，当环境变化时，沟通也随之变化。众所周知，大公司和小公司由于结构和规模上的差异，组织沟通的方式和风格也大相径庭；而一个组织处于稳定发展阶段时的信息沟通，与处于变革时期的信息沟通，不论在内容和手段上都会有很大的区别。

人们常常误解，认为沟通指的是“信息”，但是“信息”不是沟通，信息是中性的。在管理沟通过程中，编码、解码、沟通渠道是沟通取得成功的关键环节，它始于发信者（主体）发出信息，终于得到反馈。沟通过程中仅仅接听信息是不够的，只有当听众做出期望的反馈时，沟通才算成功。因此，受信者（听众）的反馈是最为关键的，这也是管理沟通和其他类型沟通的本质区别。

10.1.3 管理沟通在管理中的作用

10.1.3.1 管理的核心就是管理沟通

研究发现，管理的核心就是管理沟通，管理的主体、对象、功能与实践都依赖于管理沟通。管理沟通是管理者在履行管理职责的过程中，为了有效地实现管理职能而进行的一种职务沟通活动。因此，管理沟通不仅与管理有联系，其实它本身就是管理的内容。管理的职能通常被划分为四类或五类，即计划、组织、领导和控制，或是计划、组织、领导、协调、控制，其中协调指的就是沟通。

管理者的最终责任是取得高绩效，即以高效益和高效率的方式使用资源，来实现组织的目标。组织管理的每项职能都要通过管理沟通来保障其顺利实现。管理就是通过计划、组织、领导和控制组织的资源，以有效益和高效率的方式实现组织目标的过程。管理沟通与管理的四大职能密切相关。“计划”意味着管理者追求的目标；“组织”提供了完成这样目标的结构、人员配备与相应的责任；“领导”则要使员工更积极，包括员工的自我激励与互动激励；“控制”是根据撰写的计划对实现目标进行精心评估与校正干预。这四项职能的执行都与管理沟通休戚相关，同时，计划、组织、领导和控制又是不可割裂的有机整体，四项职能的相互衔接和相互协调也离不开管理沟通。接下来就从管理沟通如何保证管理职能的角度来说明管理沟通的重要作用，见表 10－2。

表 10－2　管理沟通在管理四项职能中的体现

管理职能	计划	组织	领导	控制
管理沟通	阐明目标 传达计划 实施计划	发布命令 分配工作 安排职位	授权职责 培训下属 激励下属	绩效评估 反馈结果 撰写报告

（1）“计划”的实现依赖于管理沟通。计划就是设置目标，并确定由当前所处的位置到达预期目标的最佳路径的过程。这个过程包含一系列决策，即确定任务，在各种方案中选择未来的行动路径，并确定如何配置现有的资源，如员工、资金、设备、渠道或时间等。计划是企业有效运作的基础，有效的计划不仅指计划本身，而且包括如何使组织成员充分了解组织目标、理解行动方案，否则实施计划与实现目标都无从谈起，完美的计划也只能是一纸空文。显然，为了完成计划，实现预期目标，必须依靠有效的管理沟通活动，尤其是与下属的沟通。

（2）“组织”的实现要通过管理沟通。管理职能中的“组织”是动词，指的是精心策划组织内部的角色结构，并将每一个角色分配给每一位能够胜任的成员。组织是一个系统，组织中任何一个部分的变化都会对整个系统产生影响。组织成员之间的协调互动过程本质上就是沟通过程，沟通为人员与工作的协调一致提供了“润滑剂”。事实上，组织中成员之间不可能不进行沟通，即使沉默也传达出组织成员的一种态度。

（3）“领导”的实现借助于管理沟通。沟通是管理者联系下属以实现管理基本职能的有效途径。管理者通过自身的行为活动对员工施加影响，使其为实现组织目标而努力工作。越来越多的研究和实践表明，建立在职位基础上的权威对被领导者行为所施加的影响极为有限。现代人更愿追随通过满足组织成员需要来实现组织目标的领导者。管理者必须借助管理沟通来展示自身的人格魅力、知识才华和远见卓识，淡化地位与权威的作用，这样才能赢得更广泛的追随与支持。很多事实表明，有效的领导者都是掌握娴熟的管理沟通技巧的人。

（4）“控制”的实现要靠管理沟通。沟通使员工充分理解组织的各项规章制度，使他们能遵守制度、正确行动，从而保持组织的统一性。评估并纠正员工行为、促成计划完成的各种活动是控制的基本职能。从实质上讲，控制就是不断获得反馈，并根据反馈制定对策，确保计划得以实现的过程。这个过程也有赖于管理沟通的正常开展，缺乏有效沟通提供的准确信息，就无法准确进行评估和采取相应的纠错行动，也就不能如期实现预定的目标。

沟通是组织的生命线，它把组织由内到外有效地连接起来，对制定合理的决策、有效地提高组织效率、确保组织有序运行产生重要影响。研究表明，开放的沟通与组织绩效、工作满意感、角色明确和信息量呈正相关，即沟通越开放，员工的工作满意感就越高。虽然对沟通满意感还没有进行很好的量化研究，但沟通满意感是员工工作满意感高低的一个预测因素。上司的管理沟通风格越民主，组织沟通越开放，员工对工作和对上司的满意感就越高。如果员工对上下级沟通关系不满意，那么员工离职的可能性就大。与此同时，沟通是组织与外部环境建立联系的桥梁。

10.1.3.2 管理沟通对管理者起着重要的作用

管理是组织成员共同完成任务、实现目标的活动过程。这个过程是在持续的、复杂的、大量的沟通活动基础上进行的。据统计，沟通占据了管理者的大部分时间和精力。沟通是管理者的基本职责之一，是管理行为的基本构成要素。不仅如此，管理沟通作为一种新兴的现代管理理念，在当代文化管理、软管理以及学习型组织、团队合作、忠诚、共赢、共同成长和复杂系统建构与运作等一系列新兴的管理理论与理念的支撑下，已经凸显为整个管理的核心内容。这应该引起我们的高度重视和深入思考。管理沟通对管理者的重要性可以表述为以下三个70%：

（1）第一个70%：70%以上的沟通帮助管理者成长。沟通对于个体尤其管理者个人成功来说，其重要作用超过70%。一个管理者能否在职业发展中获得成功，70%以上靠的是自己是否具备了良好的沟通能力。有研究者认为：“学习能力、创新能力、沟通能力”这三大能力被称为未来社会中获得成功的三大能力。可见沟通能力的重要作用。表10－3描述了不同管理层级沟通所起到的重要作用。其中，企业的高管人员与中层管理者在诸多能力上存在差异，其中差异最大的要数第二项“视觉的快速和准确性”和第六项“说话的流利程度”，而这两项内容恰恰都属于沟通能力范畴。

表 10－3　美国企业管理层智商测评表

测评项目	执行官平均分数	中层经理平均分数
1. 数字应用能力	20.1	17.9
2. 视觉的快速和准确性	107.1	88.8
3. 空间形象化	32.7	27.8
4. 数字推理能力	15.1	12.2
5. 语言推理能力	19.5	15.3
6. 说话的流利程度	55.4	45.3
7. 符号推理能力	13.9	10.9
8. 精力	24.3	20.3
9. 个人关系	25.8	27.8
10. 朝气活力	32.7	29.1
11. 对宗教的重视	30.3	34.6

（2）第二个 70%：管理者 70% 以上的工作都与沟通相关。企业的管理者，实际上 70% 的时间用在沟通上。开会、谈判、谈话、做报告、对外各种拜访、约见等都是常见的沟通形式，撰写报告也是一种书面沟通的方式。有分析发现，管理者 70% 的时间花在与沟通相关的工作上，见表 10－4。

表 10－4　管理者日常工作时间分配表

	一般经理人	有效的经理人	成功的经理人
传统管理	32%	19%	13%
人力资源管理	20%	26%	11%
内部沟通	29%	44%	28%
社会交往	19%	11%	48%

个体行为决定其行为的后果，带来不同的绩效，对自身的发展也带来不同的影响。不同的经理人把时间分配在不同的工作上，进而导致了他们自身职业发展的差异，以及所管理或领导的部门绩效出现差异。如表 10－4 所示，与一般经理人把大量时间花在传统管理及人力资源管理方面不同，有效的经理人和成功的经理人都把大量的时间花在组织内部和外部的沟通方面。有效

的经理人，更加关注与员工进行的内部沟通上，因此，有效经理实现的效果是部门绩效最佳。而成功的经理人，更多关注与上级、平级，以及组织外部各种社会关系进行的交往，因而实现的效果就是自身的职业生涯发展更快，得到最多晋升的机会。可见，不同的选择、不同的行为会导致不同的结果。值得一提的是，作为经理人，无论是在意自己部门的绩效，还是更加重视自身职业的发展，只要把更多的工作时间花在沟通上，都会产生最大的效果。

（3）第三个 70%：组织管理中 70% 以上的障碍来自沟通不畅。有调查表明，工作中 70% 以上的障碍是由沟通不畅引起的。例如，企业常见的效率低下问题，实际上往往是出了问题、有了事情后，大家没有沟通或不懂得沟通所引起的。另外，企业里面执行力差、领导力不高的问题，归根结底，都与沟通能力的欠缺有关。

20 世纪初，哈佛大学和达特茅斯商学院首次开设管理沟通课程，讲授一般沟通的应用技巧。管理学界也开始了对管理沟通的关注。

10.2 沟通的类型

10.2.1 按照沟通方法划分

10.2.1.1 口头沟通

口头沟通是管理中最常用的方式，如交谈、讲座、讨论会、电话等。随着网络技术的发展，通过微信语音或视频通话等也能进行口头沟通。其优点是快速传递、快速反馈、信息量大；缺点是传递经过层次越多，信息失真越严重，核实越困难。

经理人在表达不满或批评下属时，通常应采取口头沟通，使受批评的人警醒、接受，又不太伤其自尊。大多数管理较规范的公司在处理不适任或表现不佳的员工时，常先以口头沟通方式进行，若仍无法改善，则逐步以书面记录的方式共同制订改善的期限与目标，要求员工达成。倘若仍然无法达成目标，此时人力资源部门便会介入处理，进行调动职务的辅导或离职意愿的沟通。管理人员应清楚了解各种不同沟通工具的效率。

10.2.1.2 书面沟通

书面沟通是以文字为媒介的信息传递，主要包括文件、报告、信件、书面合同等。以书面方式进行的沟通通常显得比较规范、严肃，有据可查，便于保存，信息传递准确性较高，传递范围比较广泛。其优点是持久、有形、可以核实；缺点是效率低、缺乏反馈、无法及时解释。

在管理中，书面沟通常常用于传递篇幅较长、内容详细的信息，其优点是：为读者提供以适合自己的速度和方式阅读材料的机会，易于远距离传递，易于储存并在做决策时可提取信息，因为经过多人审阅而比较准确。管理界有句名言："没有记录等于没有发生。"在企业内部沟通中，经理人所有的口头决定和指令应尽可能书面化，部门之间的协调也要有正式的函件，这样信息传递会准确到位，而且有据可查，有利于提高企业的执行力。

10.2.1.3 非言语沟通

非言语沟通是指以非口头和书面语言的形式所进行的信息传递，如声、光信号（红绿灯、警铃、旗语、图形、服饰）、体态（手势、肢体动作、表情，见表10－5）、语调等。其优点是：信息意义十分明确，内涵丰富，含义隐含、灵活；其缺点是：传送距离有限，界限含糊，只能意会、不能言传。这种依靠信号和体态语言进行的非言语沟通，作为人际沟通的一种辅助手段，使用得当有利于提高沟通的效果。

表10－5 一些体态的基本意义

具体体态（基本意义）	具体体态（基本意义）
• 说话时捂上嘴（说话没有把握或撒谎） • 摇晃一只脚（厌烦） • 把铅笔等物件放到嘴里（需要更多的信息、焦虑） • 没有眼神交流的沟通（试图隐瞒什么） • 脚置于朝着门的方向（准备离开） • 擦鼻子（反对别人说的话） • 揉眼睛或捏耳朵（疑惑） • 触摸耳朵（准备打断别人） • 触摸喉咙（需要加以重申） • 紧握双手（焦虑） • 紧握拳头（意志坚定、愤怒） • 手指头指着别人（谴责、惩戒） • 坐在椅子的边缘（准备随时行动）	• 坐在椅子上往前移（以示赞同） • 双臂交叉于胸前（不乐意） • 小腿在椅子上晃动（不在乎） • 坐在椅子上（支配型） • 背着双手（优越感） • 脚跟交叉（收回） • 搓手（有所期待） • 手指叩击皮带和裤子（一切尽在掌握之中） • 无意识的清嗓子（担心忧虑） • 有意识的清嗓（轻责、训诫） • 双手紧合指向天花板（充满信心、骄傲） • 跷二郎腿（舒适、无所虑） • 眨眼过于频繁，不停地做吞咽动作，冒虚汗，频繁地耸肩（撒谎）

同样，面目、表情也能反映对方所说的信息，例如眉毛的动作可以提供以下信息：

（1）眉毛全部抬起表示不信任。

（2）眉毛半抬起表示惊讶。

（3）眉毛正常表示没有意见。

（4）眉毛半低垂表示疑惑。

（5）眉毛完全低垂表示生气。

10.2.1.4 电子媒介沟通

电子媒介沟通是以电子符号的形式通过电子媒体进行的沟通，如电报、电传、录音录像、可视电话、手机短信、计算机网络等。其优点是：快速传递，信息容量大，远程传递，同时多方向传递，廉价；其缺点是：形式单一，可信度较差。随着现代信息和通信技术的发展，电子媒介沟通方式不断推陈出新，并在信息沟通过程中扮演着越来越重要的角色。沟通方式各有优缺点，适用不同的沟通对象、环境和范围，见表10－6。

表10－6 四种主要沟通方法的比较

沟通方法	适用范围	优点	缺点
口头沟通	交谈、讲座、讨论会、电话	快速传递、快速反馈、信息量很大	传递中经过层次越多，信息失真越严重，核实越困难
书面沟通	报告、备忘录、信件、文件、内部期刊、布告	持久、有形，可以核实	信息量有限，效率低，缺乏反馈
非言语沟通	身体动作、语调、空间、距离	信息意义十分明确，内涵丰富，含义隐含灵活	传递距离有限，界限模糊，只能意会，不能言传
电子媒介沟通	传真、闭路电视、计算机网络、电子邮件、微博、微信	快速传递，信息容量大，一份信息可同时传递给多人	单向传递，电子邮件可以交流，但看不到表情

10.2.2 按照沟通方向划分

10.2.2.1 上行沟通

上行沟通即自下而上的沟通。它指信息由下层向上层流动，如下级向上级提交的报告、汇报，以及提出自己的意见和建议等。

10.2.2.2　下行沟通

下行沟通，即自上而下的沟通。其通常的表现形态是信息由高层级成员向低层级成员流动，如上级向下级发布各种指令、指示、命令、指导文件和规定等。这在实行专制式领导方式的组织中尤为突出。

10.2.2.3　平行沟通

平行沟通是指组织结构中处于同一层级的人员或部门之间的信息沟通。平行沟通的目的就是要加强不同部门、不同职能之间的信息交流，以利于加强组织内部的协作。

10.2.2.4　交叉沟通

交叉沟通也称斜向沟通。它指信息在处于不同组织层级的没有直接隶属关系的人员或单位之间的沟通。斜向沟通的目的与平行沟通基本相似，但能够实现跨部门、跨职能同时还跨越层级的沟通，因而往往具有更大的难度。平行沟通和斜向沟通往往具有业务协调的功能。

10.2.3　按照沟通正式度划分

随着通信科技的飞跃发展，沟通途径与媒介给人们提供了非常丰富的选择。对于现代企业来讲，管理者需要结合正式沟通渠道和非正式沟通渠道的优缺点，同时要充分考虑组织的行业特点和人员心理结构，建立包含正式沟通和非正式沟通的各种沟通通道，以使组织内各种沟通都能够及时、准确而有效地实现。目前国内大多数企业的内部管理沟通还停留在指示、汇报和会议这些传统的沟通方式上。而这些沟通方式已经不能顺应现代社会经济的发展、组织成员心理结构以及需求层次的变化要求了。

10.2.3.1　正式沟通

正式沟通一般是指在组织系统内，依据组织明文规定的原则进行的信息传递与交流，例如组织与组织之间的公函来往、组织内部文件传达、召开会议、上下级之间的定期情报交换等。正式沟通的形式比较严肃、约束力强、易于保密，可以使信息沟通保持权威性。因此，重要的信息和文件、组织决策等，一般都采取这种方式进行传达。但是，正式沟通的信息必须依靠组织系统层层传递，方式和过程比较刻板，因此，沟通的速度往往很慢，同时还存在着信息失真或扭曲的可能性。

在正式沟通渠道方面，可以采取定期的领导见面会和不定期的群众座谈会制度，这是一种很好的正式沟通渠道，它能切实有效地解决上述存在的问题。领导见面会是由于下层一些有思想、有建议的员工经过多次由正常途径向上层提出意见但未得到有效回复而展开的，让员工有机会直接与主管领导沟通。与领导见面会相比，群众座谈会是由上而下发起的，上级领导是沟通的主动方。企业管理者认为有必要获得第一手的关于员工真实思想、情感等信息时，而又担心通过中间渠道会使信息失真所采取的一种领导与员工直接沟通的方法。至于企业领导者具体采用何种形式，则需要根据组织的实际情况来决定。

10.2.3.2　非正式沟通

非正式沟通是指存在于正式沟通渠道之外，不遵从组织中职权等级关系的信息流通过程。与正式沟通不同，非正式沟通的沟通对象、时间及内容等都是未经计划而且难以辨别的。在企业组织中，这种沟通的形式非常多且无固定形式，同事之间的任意交谈，甚至通过家人之间的消息传递等，都算是非正式沟通。非正式沟通有以下四种形态：

（1）集群沟通，即在沟通过程中，存在几个中心人物，他们将信息转告其他人，并具有一定的弹性。

（2）密语沟通，即由一人将信息告知其他所有人，犹如其独家新闻。

（3）随机沟通，即信息传播者将信息随意传递给他遇到的任何人，并无一定的中心人物和选择性。

（4）单线沟通，即由一人将信息转告另一人，此人也只是再将信息转告另一个人。在非正式沟通中，这种情况最为少见。

尽管通过小道消息传播的流言或八卦是非正式的，但对于员工和求职者来说，它仍然是一种重要的信息来源。从同伴那里获得的关于某家公司的小道消息或口述信息，对求职者是否加入该公司有非常重要的影响，甚至比网站上非正式评级的影响还要大。

闲聊有助于增进信息共享者之间的友谊和亲密感，尽管研究表明这通常是以牺牲外部群体为代价的，但它也可以使管理者了解组织的士气，找出员工认为很重要的一些事情，并有助于发现员工的焦虑。有证据表明，八卦的主要驱动因素是员工的社交网络，管理人员可以对此进行研究，要了解积极和消极信息是如何在组织中传播的。管理者还可以关注那些爱闲聊的人（那些经常交流无关紧要问题的人），来识别有思想、有影响力的人（同是信任的与他人联系紧密的人）。爱闲聊的人往往是有影响力的人。一项研究发现，健谈者的影响力非常大，他们在裁员期间更有可能保住工作。其他研究发现，通过办公室里的小道消息联系起来的人往往更有创造力。一部分原因是这种人可以通过他的非正式网络接触到一些独特的思想，因此虽然组织中的小道消息无法受到制裁或控制，但可以被理解和利用。

在非正式沟通渠道方面，联谊会、聚会、郊游等都是良好方式。这些方式既能充分发挥非正式沟通渠道的优点，同时又因它们都属于一种有计划、有组织的活动，所以组织领导者容易控制，从而大大降低了信息失真和扭曲的可能性。

10.2.4 按照组织沟通网络划分

10.2.4.1 链式沟通

在链式沟通网络中，相关层次非常清楚，信息由上至下或由下至上逐级传递，但沟通的双方是单线联系，团体中心人物只和两个成员交换信息，再由他们与相近的成员之间进行沟通。链式团体网络，还可以是双链或多链结构。链式沟通网络中的每个成员只能向上或向下两个方向进行沟通，沟通的自由度和范围都比较小。

10.2.4.2 Y式沟通

Y式沟通网络的层级也比较清楚，信息也是逐级进行传递的，团体领导处于不同位置，其沟通方式也有所不同。Y式沟通网络由于主管位置不同，可派生出另外一些结构形式，但其内涵和分析的方法是一样的。

10.2.4.3 轮式沟通

轮式沟通网络指在一个沟通群体内，存在一个沟通中心，沟通中心和其他每个人之间都有双向的沟通渠道，但非沟通中心的每个人之间没有直接沟通渠道，只有通过沟通中心来传达。如会议上领导讲话，即便是欢迎提问，仍然只限于发言者，与下面的听众进行沟通，而听众之间无法进行沟通。这种方式的优点是：速度快，有较高的沟通效率；领导指示明确性高，准确性也高，信息可以相对一致地传递到受信者（听众）那里。但是，轮式沟通的缺点是：一般沟通人之间缺乏直接联系。处于领导位置的主管为了解团体的全面情况，倾向于采取这种沟通方式。

10.2.4.4 圆周式沟通

在圆周式沟通网络这种结构中，成员的沟通较为自主和自由，相互之间形成了一个封闭的环，这样每个成员之间都直接或间接地可以联系或进行沟通。而且在这个环境中，信息的反馈过程非常明显，不管主管处于哪个位置，发生的信息总要反馈到他所在的地方，这种反馈能促进沟通的有效性。在这种环形网络关系中，团体表现出平等关系，企业员工在这种关系中处于协商互助的状态，沟通线路非常开阔。

10.2.4.5 全通道式沟通

在环型网络中，如果每两个成员之间都能进行直接的沟通就称为全通道式沟通网络。在这种沟通网络中，成员享受完全的沟通自由，任何两个成员之间都可以直接沟通，处于平等的地位，团体领导人或中心人物作用不明显。这种网络信息沟通的速度最快，是一种全方位的团体沟通结构。在当前企业组织结构和管理创新的过程中，通过网络化组织、团体自主管理和流程再造，企业内部越来越推崇全通道式的沟通网络结构。

企业内部沟通要注意利用不同沟通网络的特点，制订周密的沟通计划，以便更快、更好地实现沟通的目标，见表 10－7。

表 10－7　不同沟通网络的特点

沟通网络	链式	Y 式	轮式	圆周式	全通道式
沟通图式		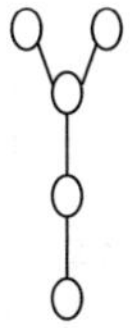	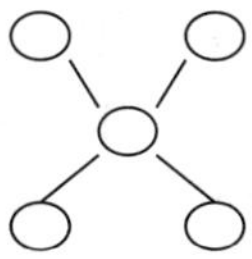	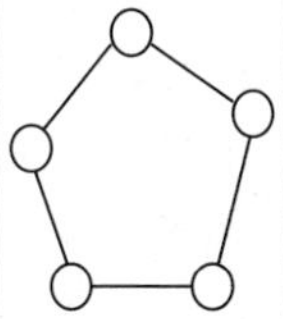	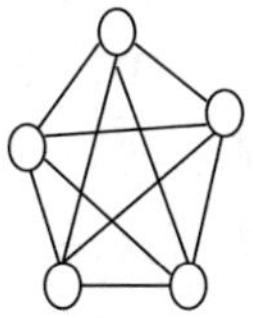
速度	中	中	快	慢	快
准确性	高	高	高	低	中
士气	中	中	低	高	高
领导明确性	中等	高	高	中等	低
成员满意度	中等	低	低	中等	高
任务复杂程度	中等	低	低	中等	高

10.3 影响沟通效果的主要因素

10.3.1 个体因素

个体因素主要包括以下几方面。

10.3.1.1 信息过滤

信息过滤也称信息失真影响，是指人们在选择接收自己感兴趣的信息时，一般很容易接受与自己切身利益相关的，而对自己不利的或与己无关的则往往被忽略。沟通双方无法准确地接收并理解原本的信息，使沟通发生障碍。有时候信息过滤甚至是由于信息发送者有意操纵信息、修改信息，甚至篡改信息，以使信息显得对信息接收者更为有利。

10.3.1.2 选择性知觉

选择性知觉很重要，因为在沟通过程中接收者会根据自己的需要、动机、经验、背景及他人个性特征去有选择地观察或倾听。信息接收者在解码过程中会把自己的兴趣和期望融入其中。正如我们在前面章节所分析到的，人们看到的不一定是事实，我们只是把自己看到的东西加以解读，然后将其称为事实。人们拒绝或片面地接收与他们的期望不一致的信息。研究表明，人们往往听或看他们感情上能够接纳的东西，或他们想听或想看的东西，甚至只愿意接收中听的而拒绝不中听的信息。

10.3.1.3 信息超载

个体处理信息的能力是有限的。当需要处理的信息超过我们的信息加工能力时，就会出现信息超载。对组织和员工来说，应对信息超载都是极大的挑战。信息超载是一种沟通障碍，在某种程度上可以对其进行管理。

当信息量过大，以至于个体无法对全部信息进行分配和利用时，他们会筛选、忽略、跳过或忘记某些信息，或者他们会暂停更深入的处理，直到信息超载情况结束。无论采取哪种方式，最后都会导致信息丢失或沟通效果受损，因此解决信息超载问题就变得非常重要。

10.3.1.4 情绪

对同一份信息，愤怒和暴躁时的解读可能与快乐时的解读截然不同。拥有积极心境的人，在读完说服性信息后会更加坚定自己的观点，所以精心设计的论点对他们的影响更大。拥有消极心境的人可能会更仔细地检查接收到的信息。心境积极的人则倾向于接受较为浅层的沟通。极端的情绪体验（狂喜或悲痛）最有可能阻碍有效的沟通，在这种状态下，我们最容易抛弃理性、客观的思维活动，而代之以情绪化的判断。

10.3.1.5 缺乏沟通技巧

除了人们接收能力有差异外，许多人运用沟通的技巧也很不相同，有的人擅长口头表达，有的人擅长文字描述。所有这些问题都会妨碍有效的沟通。

除此之外，对于不同的个体来说，语言的理解能力、沉默、沟通恐惧、撒谎等因素也会影响沟通的效果。

10.3.2 组织因素

沟通发生时的组织环境也可能造成沟通障碍。组织因素包括地位差别、信息传递链、团体规模和空间约束四个方面。

10.3.2.1 地位差别

企业中大多数管理者的身份是多元的，对于企业的高管来说是下级，需要及时向高管汇报情况；对于自己部门的员工来说，管理者又是直属领导，是上级，要完成任务指派，监督并考核下属；同时，作为管理者，在企业内又需要与其他部门的平级管理者进行平级间的沟通。正可谓是身兼数职，期待面面俱到，却又面面难到。研究表明，地位差别对沟通的方向和频率有很大的影响，地位悬殊越大，信息趋向于从地位高处流向地位低处。组织成员间会因地位不同而造成心理隔阂，这种情况被管理学者称为“位差效应”，其意指：地位的不同使人形成上位心理与下位心理，具有上位心理的人因处在比别人高的层次而有某种优势感，具有下位心理的人因处在比别人低的层次而有某种自卑感；一个有上位心理者的自我感觉能力等于他的实际能力加上上位助力，而一个有下位心理者的自我感觉能力等于他的实际能力减去下位减力。

人们在实际工作和交往中也常有这样的体验：在一个比自己地位高或威望大的人面前往往会表现失常，事前想好的一切常在惊慌失措中乱了套，以致出现许多尴尬的场面；可是如果在一个地位或能力都不如自己的人面前，却可一切应付自如，乃至有超常发挥。在一个公司的组织结构中，由于管理级别的不同而在员工中产生了一些地位、等级感。在沟通过程中，因地位和职位不同而产生的不同沟通效果将表现得更加明显。

余世维先生在其讲座稿中曾经总结过，企业内的沟通障碍可以用三句话概括：向上沟通没有胆，水平沟通没有肺，向下沟通没有心。这说明当前经理人各个方向的沟通都不顺畅，与各级进行的沟通都有待提高。

（1）向上沟通没有胆。上行沟通，也就是我们所说的跟上级进行的沟通，即向高层管理者提供反馈或建议。没有胆量跟上司沟通是缘于陈旧的等级观念。一般的员工总是认为沟通是上司对下级，哪有下级主动去找上司沟通的。这种偏见贻误了员工主动与上司沟通的机会，结果是背着沉重的心理负担而不能自拔。在上行沟通之前，首先要知道自己的上级是什么情况，贸然行事往往会留下不少后患，所以才有人说“病从口入，祸从口出”。因而在中国的文化下，很多人一想到要主动去与上级沟通，就非常担心。上行沟通的特点是非指示性的，自由、参与、授权方式等能促进有效的上行沟通。传统上，我们的官僚权威常常胜过了参与、授权的力量，造成上行沟通被抑制、严重误用或者干脆被管理层所忽视的状况。员工通常害怕进行上行沟通。上行沟通系统面临的主要挑战就是鼓励员工提出自己的想法。

（2）水平沟通没有肺。水平沟通，即平行沟通，又称横向沟通，指的是与平级间进行的与完成工作有关的交流。平行沟通具有很多优点：第一，它可以使办事程序、手续简化，节省时间，提高工作效率。第二，它可以使企业各个部门之间相互了解，有助于培养整体观念和合作精神，克服本位主义倾向。第三，它可以增加职工之间互谅互让的精神，培养员工之间的友谊，满足职工的社会需要，使职工提高工作兴趣，改善工作态度。但是其缺点也存在，具体表现为：平行沟通头绪过多，信息量大，易于造成混乱；平行沟通尤其是个体之间的沟通也可能成为职工发牢骚、传播小道消息的一条途径，造成涣散团体士气的消极影响。

在与上司沟通、与下属沟通、平行沟通这三种沟通中，平行沟通是最困难的。就如人们常说的“屁股决定脑袋”，在各个部门成员的内心里都认为自己的部门是非常重要的，因而经常出现过于看重本部门而忽视其他部门的现象。

（3）向下沟通没有心。下行沟通，指的是对下属提供指导、控制，对业绩进行反馈，对政策和程序进行解释等。由于在公司中的职位不同，经理人员与员工的观点可能亦不一致，这是两者相互沟通的严重障碍。沟通双方地位很大程度上取决于他们的职位，职位的高低对沟通的方向和频率有很大的影响。

地位影响人的心理，领导者不可避免地会产生一种“居高临下”的感觉。当下属汇报工作时，不管他说完没有，只要觉得听懂了他要表达的意思，便会打断他的话，开始滔滔不绝地发表自己的观点，然后以某些指令结束谈话。一个好的上司，需要倾听下属的需求，分析并理解下属工作中出现的问题，还要放下架子，腾出时间去与员工促膝谈心、互动交流。如果这些没做到，那么上级和下属的沟通一定会出问题。

10.3.2.2 信息传递链

一般来说，信息通过的层级越多，到达目的地的时间越长，信息失真的可能性越大。同时，信息过滤也会造成沟通障碍。

10.3.2.3 团体规模

当工作团体规模较大时，人与人之间的沟通也相应变得较为困难。

10.3.2.4 空间约束

空间约束不利于员工之间的交流，会限制他们的沟通。一般来说，两人之间的距离越短，他们交往的频率也越高。

10.4 有效沟通的实现

10.4.1 提升个体沟通技能

个人的沟通能力是影响沟通效率的重要因素，从以下几个方面入手，可以获得显著的效果。

10.4.1.1 培养倾听能力

提高沟通有效性的最重要的个人技能是成为好的倾听者。这就要求在沟通中做好倾听的准备，少说多听，不要打断说话方。倾听时，既要注意语句又要注意含义，耐心和适当地提问。领导者应该用40%的时间说话，60%的时间倾听。

10.4.1.2 懂得换位思考

提高沟通有效性最重要的就是要增进对对方的理解，这里最重要的原则就是要站在对方的立场，充分了解对方的观点，“己所不欲，勿施于人”。从对方的立场考虑问题可以提高对接收信息的敏感度，准确了解信息传递的真实目的，去除和过滤掉信息传播过程中产生的误差，把握信息内容的核心与关键；站在对方的角度考虑问题，可以更加明确地了解对方的需求，及时传递自己的想法，提出具体的要求。因此，沟通的效率必然会得到很大的提高。

10.4.1.3 提高人际交往能力

沟通是发送者与接收者之间“给”与“受”的过程。信息传递不是单方面而是双方面的事情，因此，沟通双方的诚意和相互信任至关重要。上下级间的猜疑只会增加抵触情绪，减少坦率交谈的机会，也就不可能进行有效的沟通。

10.4.1.4 选择正确的渠道

不同的渠道会产生不同的沟通效果，不同主题的内容需要选择适当的渠道，运用适当的方法来进行交流。渠道选择不当，就会影响沟通各方对问题的理解，影响组织成员的心理和组织的气氛，最终影响各方的工作效率。管理者需要及时总结经验，分析不同沟通渠道的特点和对员工的作用情况，以提高渠道选择的针对性，保证沟通的效率不断提高。

10.4.2 改善组织沟通条件

组织环境是沟通的土壤，对组织进行适当变革，可以为沟通创造一个更好的环境。

10.4.2.1 减少管理层级

通过减少管理层级，可以缩短信息传递链，减少信息传递中的漏斗现象，拓宽沟通渠道，保证信息的畅通无阻和完整性。在利用正式沟通的同时，开辟高层管理人员至基层管理人员的非正式沟通渠道，以便于信息的及时有效传递。

10.4.2.2 营造开放的气氛

管理人员需要为组织创造一种相互信任和开放自由的组织气氛，鼓励员工之间开诚布公地与他人交流。在这样的组织环境中，员工不会因表达自己的真实思想而受到歧视和压制，也不会因为报告或公开了某些不利于组织的“坏消息”而受到责备。这样的环境有利于在组织内部培养一种公开、诚实和信任的风气，减少员工之间的不信任，从而提高组织内部的沟通效率。

10.4.2.3 管理信息流

组织要采取措施避免发生信息过载。对于发布者，不要一次性发布过多的信息；对于接收者，如果信息过载，则必须告诉对方自己收到的要求立即行动的信息太多了。

10.4.2.4 建立多种沟通渠道

管理人员需要组织成员尽量开发并使用正式的信息沟通渠道，以尽量保持对组织的适当控制。通过渠道的选择，管理人员可以保证沟通信息的规范性和严肃性，有效避免非正式渠道在信息传递中所容易产生的信息失真现象，有利于提高信息沟通的准确性，并获得更多关于员工思想的反馈。

10.5 中国传统文化中的管理思想与沟通理念

受我国的传统文化理念影响，形成了现在人们的管理沟通方式，代代相传，相互习得，相互分享。同时，我国的传统文化也提出了对管理沟通的评价标准，以对组织中的管理沟通行为是否恰当、合理进行约束。

10.5.1 儒家沟通以和为贵

“和为贵”的哲学思想在沟通中表现为尽可能化解人际间的矛盾，消除隔阂，使人与人之间保持在一个和谐的状态，以达到“四海之内皆兄弟”的理想境地。“以和处之，则情相合；以礼待之，则分相安”。“以和处”“以礼待”就是说，儒家要求管理者在与人交往中不但要以诚信待人，而且行为要符合一定的规范。它要求管理者把“和”的思想纳入管理当中去，以创造公司和谐的人际关系，表现出平和、宽容、顺从、团结、信赖等特征，使大家相互尊重、相互信赖，而不要过于突出自己。

10.5.2 中庸把握沟通的度

中庸自然是沟通处事不偏不倚，衡量的标准就是度。这个“度”的分寸要掌握得当，否则不是过分，就是不足。在沟通之中做到“中”很是难得，但是要时时注意把握“度”，力求实现“中道”。

10.5.3 道家辩证地看沟通

道家文化中有以弱胜强、以退为进的管理沟通理念。认为明智的沟通者懂得“大者宜为下”“企者不立，跨者不行，自见者不明，自是者不彰，自伐者无功，自矜者不长”的道理，应当是“不自见，故明；不自是，故彰；不自伐，故有功；不自矜，故长”，即不可以固执己见地自作聪明、自以为是、自我表扬，以及过于自尊。自我表扬，爱听表扬的话，有了成绩爱表功，则会有功等于无功；自尊心过重，过分的自尊心几同于清高傲慢。

10.5.4 法家强调诚信沟通

如前文提到的，诚信观是法家学派的重要理念。法家先驱管仲认为讲诚信是天下行为准则的关键。如何讲诚信，他从两个方面做了阐释：“诚”，即真心实意，开诚布公；“信”的基本含义为诚实、不疑、不欺。管仲曾说过：“先王贵诚信，诚信者，天下之结也。贤大夫不恃宗，至士不恃外权。坦坦之利不以功，坦坦之备不为用。故存国家、定社稷，在卒谋之间耳。”（《管子·枢言》）。在今天看来，就是强调管理者的各个层级都应重诚信，把诚信纳入德行的范畴。

课后作业

1. 列举影响沟通的主要因素。
2. 分析如何实现有效沟通。
3. 按沟通方法，沟通主要有哪些类型?
4. 不同的沟通网络类型具有怎样的差异?
5. 讨论数字化时代给沟通带来了怎样的影响。

自我分析

1. 通过访谈法，了解自己沟通的特点、优势与不足。
2. 根据自我人格特质与沟通的优劣势，制订自我沟通的目标与改进计划。

11 领导

学习目标

- 掌握领导的定义
- 区分领导和管理的差异
- 学习主要领导理论
- 了解领导理论的新发展
- 用不同领导理论分析我国优秀领导者
- 了解提升领导力的主要方法

11.1 领导的概念

领导（leadership）是影响一个群体实现目标的能力。领导是一个多义词，既可以是名词，也可以是动词。名词的领导指领导者，是指担负领导职责、负责实施领导过程的个人；动词的领导则是指领导活动，是指领导者和被领导者个人作用和与特定环境相互作用的动态过程。

11.1.1 领导与管理

人们经常把管理和领导当成同义语来使用，好像管理者就是领导者，领导过程就是管理过程。但是并非所有的领导者都是管理者，也不是所有的管理者都是领导者。组织赋予管理者某些正式权力，并不意味着他们可以实施有效的领导。群体的领导者可以通过外部的正式命令产生，也可以从组织内部自发产生。研究发现，那些非正式任命的领导者，即那些影响力来自组织正式结构之外的领导者，他们的影响力常常与正式影响力同等重要，甚至更为重要。

管理和领导是两个不同的概念，二者的功能和作用有着明显的区别，如表 11 -1 所示。

表 11 -1 领导与管理的区别

领　导	管　理
关注未来	关注现在
给出方针，管理思想	发号施令，管理行为
主动做事，运用个人魅力	被动做事，使用职位权力
依赖沟通，放权	依赖控制，集权
建立与下属的情感纽带	对下属冷漠、客观、公正
引起变化	保持现状和稳定
有跟随者	拥有下属

11.1.1.1 职能范围不同

管理的职能比领导宽泛，管理包括计划、组织、领导和控制等职能，领导是管理的主要职能之一。管理的对象既可以是人，也可以是物，如生产管理、物流管理、信息管理等。领导的对象通常是人，通过对他人施加影响，从而实现组织的目标。

11.1.1.2 在组织中的作用不同

领导的主要作用是做正确的事，确立组织正确的行动方向非常重要，领导者更关注企业的未来；管理强调的是正确地做事，方向一旦确定，如何高效地达到组织目标是管理的重点，管理者更关注企业的现在。

11.1.1.3 在组织工作中的侧重点不同

领导重在影响和引导，在组织变革的时候制定新目标、探索新领域；管理重在协调和控制，维持既定秩序，配置资源，提高现有效率，把已经决定的事办好。

11.1.1.4 在科学性与艺术性方面的差异

人们常常将领导看成是一门艺术，必须结合具体问题具体分析，因时因地因人而异，没有什么万能的领导方法和理论；管理则更科学正规，人们在不同的企业环境中使用较为标准化的管理方法和工具。

11.1.2 领导与权力

权力（power）指的是A对B的行为产生影响，从而使B按照A的意愿行事的能力。因此一个人可以拥有权力，但不运用权力，它是一种能力或潜力。权力的最重要方面表现为它是关于依赖性的函数。B对A的依赖性越大，那么在他们的关系中，A的权力就越大，此外依赖性取决于B认为总共有多少备选方案，以及A控制的备选方案的重要性。只有当A控制了B渴望获得的事物时，A才对B拥有权力。

11.1.2.1 权力的分类

在组织内部，通常存在着五种类型的权力：法定权力、奖赏权力、强制权力、专家权力、参照权力。前三者为正式权力，后二者为个人权力。

（1）正式权力具体分析如下：

• 法定权力。法定权力（coercive power）即由组织中等级制度所规定的正式权力。这种权力是被组织、法律、传统习惯甚至常识所认可的。它通常因职位而产生，这种职位是人们所接受的合法地位。法定权力的作用基础是组织的等级链和职位的权威性，凡是处于某一职位上的领导者都拥有一定的法定权力，可在其职权范围内行使、运用有关权力，被领导者亦必须服从领导者依权发布的指示、命令。值得注意的是，这种权力不一定必须由领导者本人来实施。领导者向直属下级发布命令、下达指示是法定权力的直接体现，组织内制定的有关政策、程序、规章制度则是领导者法定权力的间接体现。

• 奖赏权力。奖赏权力（reward power）即给予报酬的权力。领导者根据自己的职责范围，具有调动和分配组织的资源，给予下属有形奖励（报酬增加、奖金、选择工作）和无形奖励（口头表扬、赞许、尊重）的能力。当下属认识到服从领导者的意愿能带来更多的物质或非物质利益的满足时，就会自觉接受其领导，领导者也因此享有相应的权力。在组织中，领导者对奖励的控制力越大，这些奖励对下属人员的重要程度越高，领导者在对下属人员的奖励方面拥有的权力就越大，其影响力也就越大。一般来说，如果下属认为只有正式的组织奖励才有价值，则其上级只算是管理者而不是领导者。如果下属还希望得到并且重视来自上级的非正式奖励，例如表扬、赞赏和认可，则其上级才是在运用领导的艺术。

• 强制权力。强制权力（legitimate power）即通过心理、情绪或身体威胁要求服从的权力。这种权力建立在惧怕惩罚的基础上，实质上是一种惩罚性权力。当下属人员意识到违背上级的指示或意愿会导致某种惩罚，如降薪、扣发奖金、分配不称心的工作、降低待遇、免职等时，就会被动地遵从其领导。但是研究表明，领导者对下属采用的强制性权力越大，强制性措施越严厉，下属人员对他的不满和敌意就会越强烈。

（2）个人权力具体分析如下：

• 专家权力。专家权力（expert power）即领导者个人由于具有某种专门知识、特殊技能而获得的权力，这种权力以敬佩和理性崇拜为基础。领导者本人学识渊博，精通业务，或具有某一领域的高级专门知识与技能，即可获得一定的专家权力。专家权力的大小取决于领导者的受教育程度、掌握运用知识的能力，以及实践经验的丰富程度。领导者拥有的专家权力越丰富，越容易赢得下属的尊敬和主动服从。

• 参照权力。参照权力（referent power）的基础是人们认同某个拥有令人羡慕的资源或特质的人。因领导者的特殊品格、人格或个人魅力而形成的权力即为参照权力。这种权力建立在下属对领导者的尊重、信赖和感性认同的基础上。领导者公正无私、胆略过人、勇于创新、知人善任、富于同情心、具有感召力，以及善于巧妙运用领导艺术，则易获得下属的尊重和依从，获得统御他人的权力。有些人虽然没有正式的领导权力，却具有参照权力，并能够对他人施加影响，这是因为他们的领袖魅力、受喜爱程度和情绪可以影响他人。

许多研究已经表明个人权力最有效。专家权力和参照权力都对员工的满意度、组织承诺和绩效正相关；而奖赏权力和法定权力似乎与这些没有什么关系；此外，正式权力中的一种强制权力，实际上会有反作用，他与员工的满意度和忠诚度负相关。

11.1.2.2 领导与权力的差异

领导的概念与权力的概念是紧密交织在一起的，但这两者之间又存有很大的差异。

（1）目标的实现。领导者把权力作为实现群体目标的一种手段。权力不要求目标的兼容性，只需要依赖性；相反，领导则要求领导者和被领导者双方的目标存在某种程度的一致性。

（2）影响的方向。领导侧重对于下属的影响，同时尽可能忽略横向影响和自下而上的影响；权力则不然。

（3）对下属的支持。在绝大多数情况下对领导的研究强调领导风格并试图回答这样的问题，即领导者应该为下属提供多大的支持，他应当与下属分享多少决策权；与此相反，对权力的研究聚焦于人为获得服从而使用权的权术，权力的实施者并不局限于个体，因为群体和个体都可以使用权力来控制其他群体或个体。

11.2 领导力相关理论

11.2.1 领导特质理论

领导特质理论（traits theories leadership）也称素质理论、品质理论、性格理论，这种理论着重研究领导者的品质和特性，是整个领导领域的开端，其理论基础来源于奥尔波特（Allport）人格特质理论。20世纪早期的领导理论研究者认为，领导的特质与生俱来，只有天生具有领导特质的人才有可能成为领导者。它强调领导者自身一定数量的、独特的并且能与他人区别开来的品质与特质对领导有效性的影响。

11.2.1.1 领导特质理论的代表性研究

早在20世纪30年代，一些心理学家就把注意力放在那些在一定程度上可以成为伟人的领导者身上，希望发现领导者与非领导者在个性、社会、生理或智力等因素方面的差异。通过大量的实证调查研究，特质理论的支持者找到了一些证据，证明领导者在社交性、坚持性、创造性、协调性等方面都超过了普通人，其个性特征与一般人也有区别。主要有以下代表性的研究。

（1）管理学家、社会系统学派的代表人物切斯特·巴纳德于1938年在《经理人员的职能》一书中认为，领导者应该具备的基本特质是：活力与耐力、当机立断、循循善诱、责任心、智力。

（2）心理学家吉伯（C. A. Gibb）在1969年的研究报告中指出，天才的领导者具备7项特质：善言辞、外表英俊潇洒、智力过人、具有自信心、心理健康、有支配他人的倾向、外向而敏感。

（3）心理学家斯托格迪尔（R. M. Stogdill）于1974年在《领导手册》一书中进一步提出了领导者应该具备的10项特质：才智、强烈的责任心和完成任务的内驱力、坚持追求目标的性格、大胆主动的独创精神、自信心、合作性、乐于承担决策和行动的后果、能忍受挫折、社交能力和影响别人行为的能力、处理事务的能力。

（4）1971年，心理学家爱德温·吉色列在《管理才能探索》一书中，采用语义差别量表法，选择分布于交通、制造、通信、财政金融、保险、公用事业等90个不同组织，年龄跨度从26～42岁，学历层次90%为大学程度的306名管理人员进行研究，得出了包含三大类、13个因子的领导特质：

- 第一类特质为能力，包括管理能力、智力、创造力3个因子。
- 第二类特质为个性品质，包括自我督导、决策、成熟性、工作班子的亲和力、男性的刚强或女性的温柔等5个因子。
- 第三类特质为激励，包括职业成就需要、自我实现需要、行使权力需要、高度金钱奖励需要、工作安全需要等5个因子。

（5）美国普林斯顿大学教授威廉·杰克·鲍莫尔（William Jack Baumol）针对美国企业界的实况，提出了企业领导者应具备的10个条件：合作精神、决策能力、组织能力、精于授权、善于应变、勇于负责、勇于求新、敢担风险、尊重他人、品德超人。

11.2.1.2 中国领导人的特质研究

《世界经理人文摘》2002年组织世界经理人网站用户、中国企业领导人和管理专家评选的中国企业领导人的十大特质是：建立愿景、信息决策、配置资源、有效沟通、激励他人、人才培养、承担责任、诚实守信、事业导向、快速学习。

在国内学者对领导个性特质的研究中，赵国祥（2002）对党政部门的处级领导研究发现，其特质由责任心、情绪稳定性、社交性、自律性、决断性和创新性6个因素组成。

任国华和孔克勤（2008）对中国高校及教育系统领导干部的人格特质研究发现，开拓与组织适应性、宜人与合作性、自信与进取性、责任与条理性、稳重与务实性、身心健康与理智性、自治与成熟性7个维度30个特质条目构成了高校和教育系统领导的人格特质系统。

遗憾的是，研究者们没有找到区分有效领导者与无效领导者的特质模型。不过，研究还是取得了一些研究成果，如发现领导者有6项特质不同于非领导者，即进取心、领导意愿、正直与诚实、自信、智慧和与工作相关的知识。此外，还发现高自我监控者在调节自己行为以适应不同环境方面具有很高的灵活性，比低自我监控者更易于成为群体的领导者。领导特质理论只能有限度地解释领导者的有效性。现实中，一些有效的领导者并不具备所有的这些特质，一些具备这些特质的领导者在领导角色上却是无效的。领导者特质和领导者有效性之间缺乏有机的联系。领导特质理论众多，但分离领导特质的研究努力以失败告终，其原因是忽视了下属的需要、未能指明各种特质间的相对重要性、未对因果进行区分、忽视了情景因素等。

11.2.2 领导行为理论

特质研究为甄选合适的领导者奠定了基础。与此相反，领导行为理论（leadership behaviors theories）表明我们可以把人培养成领导者。美国学者威廉·詹金斯（William Jenkins）在对领导特质问题进行了广泛的调查研究后，总结说："找不出任何一项性格或任何一组特性，可用以区分领导人和一般人。"所以，人们逐渐把对领导有效性的研究转移到其他方面，如领导行为方式、领导者面临的环境等影响因素。

领导行为理论研究领导者在领导过程中的具体行为以及不同的领导行为对部属的影响，以期寻求最佳的领导行为。研究领导行为理论的目的在于提高对各种具体的领导行为的预见性和控制力，改进工作方法和领导效果。研究的侧重点在于确定领导者应具有什么样的领导行为，以及哪一种领导行为的效果最好。其中较有代表性的领导行为理论有四分图理论、勒温理论、利克特理论和管理方格理论等。

11.2.2.1 四分图理论

美国俄亥俄州立大学人事研究委员会以亨普希尔（J. K. Hemphill）为首的一批学者，从1945年首先开创行为理论研究。他们从1 000多个领导行为特征中，不断提炼概括，最后归纳为"结构维度"和"关怀维度"两个行为量纲，并且发现这两种行为在不同的领导者身上所表现出来的强弱程度不尽一致。

（1）结构维度（initiating structure）指的是领导者为了实现组织目标而对自己与下属的角色进行界定和建构的程度，包括对工作、工作关系和目标进行组织。结构维度得分高的领导者会为下属安排特定的工作任务，设定具体的绩效标准，并且强调最后期限。

（2）关怀维度（consideration）指的是领导者以相互信任、尊重下属意见和重视下属情感为特征的程度。关怀维度得分高的领导者会帮助下属解决问题；友善且平易近人；对所有下属一视同仁；欣赏和支持自己的下属，以人为导向。大部分人都希望为体贴他人的领导者工作。当被问及最能够激励其工作的因素时，美国有66%的受访员工提到了欣赏。

实际上，这两种倾向在同一个领导者的领导方式中可以同时存在，也就是说可以把这两个倾向看成两个独立的维度。亨普希尔把这两个因素结合起来提出了四种不同的领导方式，即所谓的四分图理论，参见图11－1。

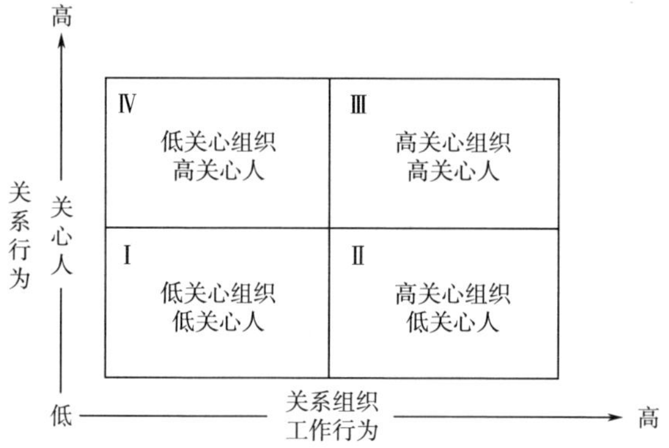

图11－1　领导方式四分图

行为理论的研究结果是相当积极的。在一项研究综述中发现，如果领导者在关怀维度上得分高，下属会有更高的工作满意度和积极性，并且更加尊重该领导者；结构维度上的得分也有类似影响，但影响程度较小。研究发现，关怀维度和结构维度与领导者绩效、团队绩效以及领导有效性评分之间都存在中等相关关系。然而行为理论测试的结果可能会因文化而异。研究发现，在文化价值观中不喜欢单方面决策的国家（例如巴西），那些具有高关怀维度的领导者取得了巨大的成功。相比之下，法国人对领导者的看法更官僚化，较少期待领导者是有人情味的和善解人意的，在结构维度上得分较高的领导者会表现得更好，并且能够通过相对独裁的行为模式来进行决策。在中国文化中强调礼仪、关怀和无私，同时具有较高的绩效导向。因此，关怀维度和结构维度对于成为一个有效的中国管理者而言可能同等重要。

11.2.2.2 勒温理论

美国心理学家勒温（P. Lewin）等研究者，通过试验研究不同的领导方式对下属群体行为的影响，力图科学地识别出最有效的领导行为，他们着眼于三种领导行为或领导风格，即专制式、民主式及放任自由式的领导风格。勒温认为，这三种不同的领导风格会造成三种不同的团体氛围和工作效率。

（1）专制式的领导者只注重工作的目标，仅仅关心工作的任务和工作的效率。但他们对团队的成员不够关心，被领导者与领导者之间的社会心理距离比较大，领导者对被领导者缺乏敏感性，被领导者对领导者存有戒心和敌意，容易使群体成员产生挫折感和机械化的行为倾向。

（2）民主式的领导者注重对团体成员的工作加以鼓励和协助，关心并满足团体成员的需要，营造一种民主与平等的氛围，领导者与被领导者之间的社会心理距离比较近。在民主式的领导风格下，团体成员有较强的工作动机，责任心也比较强，团体成员自己决定工作的方式和进度，工作效率比较高。

（3）放任自由式的领导者采取的是无政府主义的领导方式，对工作和团体成员的需要都不重视，无规章、无要求、无评价，工作效率低，人际关系淡薄。

11.2.2.3 利克特理论

美国管理学家伦西斯·利克特（Rensis Likert ）教授和他的同事对领导人员和经理人员的领导类型和领导作风作了长期研究，发现领导者可分为两种基本类型，即“以工作为中心”的领导与“以员工为中心”的领导。前者的特点是：任务分配结构化，严密监督，工作激励，依照详细的规章制度行事；而后者的特点是：重视人员行为反应及问题，利用群体实现目标，给予组织成员较大的自由选择范围。据此，利克特假设了四种领导方式，并以此作为基础研究和阐明了他的领导原则。

（1）权威式领导。权威式领导者非常专制，抓住决策权不放，对下属很少信任，主要以惩罚为主，沟通采取自上而下的方式。

（2）开明式领导。开明式领导者对下属有一定的信任，激励方法中奖赏和惩罚并用，有一定程度的自下而上的沟通，也向下属授予一定的决策权，但自己仍牢牢掌握着控制权。

（3）协商式领导。协商式领导者在作决策时征求、接受和采纳下属建议；运用奖赏并偶尔兼用处罚的办法和让员工参与管理的办法来激励下属；由上级领导制定主要的政策，但由较低一级的部门去作出具体的决定。

（4）参与式领导。参与式领导者向下属提出挑战性目标，并对他们能够达到目标表示出信心，积极采纳下属的意见，强调组织内部的沟通，鼓励各级组织作出决策。

利克特倡议员工参与管理。他认为有效的领导者是注重面向下属的，他们依靠有效沟通使所有部门像一个整体那样行事。在群体的所有成员（包括主管在内）间实现一种相互支持的关系，在这种关系中，他们感到在需求价值、愿望、目标与期望方面有真正共同的利益。由于这种领导方式要求对人采取激励方法，因此，它是领导一个群体最为有效的方式。

11.2.2.4 管理方格理论

管理方格理论是用方格图表示和研究领导方式的一种理论。由美国行为科学家罗伯特·布莱克（Robert R. Blake）和简·莫顿（Jane S. Mouton）创立。他们认为在企业管理的领导工作中会出现以生产为中心、以人为中心、以 X 理论为依据强调监督、以 Y 理论为依据强调自治的极端方式。为了避免这种片面的领导行为，他们于 1964 年出版《管理方格》一书，提出方格理论。他们设计了由 81 个方格组成的图形 ，纵向表示领导者对人的关心程度，横向表示领导者对生产的关心程度。在管理方格图中，第一格表示关心程度最小，第九格表示关心程度最大（见图 11－2）。1·1 方格表示贫乏管理，对生产和人的关心程度都很小。9·9 方格表示理想型管理，对人和生产都很关心，能使组织目标和个人的需求最有效地结合起来。介于其间的还有很多结合方式，以反映不同的管理类型。管理方格理论正受到各国管理界的重视。

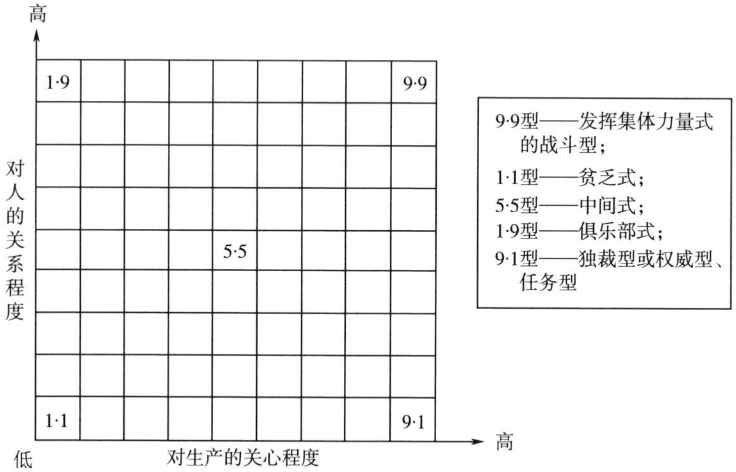

图 11－2　管理方格图

布莱克和莫顿根据“对工作的关心”和“对人的关心”程度的组合，将领导分为81种类型，其中以下五种类型最为典型：

（1）贫乏的领导（1·1型）。此类型对工作和对人关心都少，实际上，他们已放弃自己的职责，只想保住自己的地位。

（2）俱乐部式领导（1·9型）。此类型对工作关心少，对人关心多，他们努力营造一种人人得以放松、感受友谊与快乐的环境，但对协同努力以实现企业的生产目标并不热心。

（3）中庸式领导（5·5型）。既不偏重于关心工作，也不偏重于关心人，风格中庸，不设置过高的目标，能够得到一定的士气和适当的产量，但不是卓越的。

（4）专制式领导（9·1型）。对工作关心多，对人关心少，作风专制，他们眼中没有鲜活的个人，只有需要完成工作任务的“螺丝钉”式的员工，他们唯一关注的只有工作指标。

（5）团队式领导（9·9型）；对工作和人都很关心，对工作和人都很投入，在管理过程中把企业的生产需求同个人的需求紧密结合起来，既能带来生产力和利润的提高，又能使员工得到事业的成就与满足感。

布莱克和莫顿认为，团队式领导（9·9型）能使组织的目标与个人的需求最有效地结合起来，既高度重视组织的各项工作，又能通过沟通和激励，使群体合作，下属人员共同参与管理，使工作成为组织成员自觉自愿行为，从而获得较高的工作效率，使组织更有效、更协调地实现既定目标。管理方格理论对于培养有效的领导者是一种有用的工具，它提供了一个衡量管理者所处领导方式的模式，使管理者较清楚地认识到自己的领导方式，并指出改进的方向。

11.2.2.5 领导行为连续统一体理论

1915年，在对决策过程的研究中，罗伯特·坦南鲍姆（Robert Tannenbaum）和沃伦·H. 施密特（Warren H. Schmidt）提出了领导行为连续统一体的概念。他们认为，领导风格可以是循序渐变的，它随领导者授予下属自主权的程度不同而变化。

连续统一体模型表示一系列民主程度不同的领导方式，在独裁和民主两个极端之间存在着一系列的领导行为方式，构成一个连续带。领导方式不是机械地在独裁和民主两方面进行选择，而是按客观需求将二者结合起来运用。有效的领导方式就是能在特定的条件下选择所需要的领导行为方式。领导者在选择其领导方式时，应考虑自身的能力和下属的能力。如果领导者认为下属有才干，则选择较为民主的领导方式；反之，则选择强制性的领导方式。

（1）领导自行决策。在这种方式中，领导确认一个问题，考虑各种可供选择的解决方案并从中选择一个，然后向下属宣布，以便执行，不给下属参与决策的机会，下级只能服从他的决定。

（2）领导推销决策。在这种领导方式中，领导承担确认问题和作出决策的责任，但不是简单地宣布决策，而是说服下属接受他的决策，尽量消除下属的反感。

（3）领导征求下属意见的决策。在这种方式中，领导作出了决策，并希望下属接受这个决策，但他向下属提供一个有关他的想法和意图的详细说明，并征求下属意见，这样，下属可以更好地了解领导的意图和计划。

（4）接受下属意见的决策。在这种领导方式中，尽管确认问题和进行决策仍由领导者来进行，但下属有建议权。下属可以提出各种解决问题的方案，领导者从中选择较满意的方案。这样可以充分利用下属的智慧和经验，同时也调动了下属的积极性。

（5）下属参与制定决策。在这种领导方式中，领导者允许下属参与决策，并对决策产生一定的影响作用，但决策的主动权仍掌握在领导者手中。领导者先对问题进行考虑，提出一个暂定计划，然后针对这个计划，征求下属的修改意见。

（6）团队决策。在这种领导方式中，领导者解释需要解决的问题，把相当的决策权交给团体，只给出要作出决策的规定的界限。

（7）下属自行决策。在这种领导方式中，团体有相当大的自由度，行使一定的职权，领导者也参加决策过程，但往往是以普通人的身份参与的。决策由团体成员共同作出。

总体而言，研究表明，特质理论和行为理论都是有效的。理论的每个部分都可以帮助解释领导行为有效性的各个方面。然而，确定确切的关系并不是一项简单的任务。第一个困难在于正确识别一种特质或行为是否可以预测结果。第二个困难在于探索哪些特质与行为的组合可以带来某种结果。第三个困难在于确定特质与行为之间的关系，以便对领导结果进行预测。尽管特质和行为在识别有效领导时非常重要，但它们不能保证领导者一定可以取得成功，有些领导者可能表现出正确的特质和行为，但还是失败了。情境也很重要，这就涉及接下来要讨论的权变理论。

11.2.3 领导权变理论

领导权变理论是继领导者行为研究之后发展起来的领导理论，主要研究与领导行为有关的情境因素对领导效力的潜在影响。该理论认为，在不同的情境中，不同的领导行为有不同的效果，对领导行为有效性的评价实际上并不取决于领导者所采用的某一特定领导方式，而是要看该领导方式所处的情境。没有最好的领导模式，只有最合适的领导模式。在领导过程中，领导者与被领导者互相影响，领导者是产生影响作用的主体，被领导者是被影响的客体。没有被影响的客体，产生影响作用的主体也就失去了存在的依据。领导权变理论把领导者个人特质、领导者行为及领导环境相互联系起来，从而形成了一套比较完善的领导理论体系。

11.2.3.1 菲德勒权变领导模型

美国华盛顿大学教授菲德勒（F. Fiedler）于 1962 年提出了一个“有效领导的权变模式”，即菲德勒权变领导模型。他认为，领导行为的有效性主要取决于领导者与被领导者之间的关系、工作任务是否明确、领导者职位权力这三个因素。个体的领导风格基本上是定型的和无法改变的，他们不可能改变领导风格以适应特定情境的要求，因为领导风格是同特定的人格特质联系在一起的。因此，如果领导风格与情境不能匹配，就应改变情境来适应领导风格。

（1）职位权力。职位权力（position power）是指领导者拥有的权力变量（如聘用、解雇、训导、晋升、加薪）的影响程度。如果领导者有权分配工作、实施奖励和惩罚员工，则职权较强；反之，如果工作分配的权力属于他人，并且领导者没有奖励和处罚的权力，则职位权力较弱，难以完成任务。从领导者的角度看，职权强是有利的情境。不过，职位权力的作用不像任务结构和领导—成员关系那样重要。

（2）任务结构。任务结构（task structure）是指任务清楚定义的程度。如果任务是例行的、容易理解的和不存在模糊之处的，并且可以依照标准程序或步骤来进行，则称之为结构化的任务。非结构化的任务是缺乏先例、不够明确的和复杂的，没有标准化的程序和步骤。显然，高结构化的任务是对领导者有利的情境，而低结构化的任务则不利。

（3）领导—成员关系。领导—成员关系（leader - member relation）是指下属对领导者的信任、敬爱、忠诚和愿意追随的程度，以及领导者对下属的吸引力。它是决定领导者在群体中的控制力和影响力的主要因素。

菲德勒认为，上述 3 类因素中，最重要的是领导—成员关系，最不重要的是职位权力。根据 3 类影响因素的不同情况，他归纳出了 8 种不同的领导环境状况，并得出了各种环境条件下对应的领导风格。菲德勒的研究结果表明，在不同环境条件下，应该选择不同的领导风格，参见图 11 – 3。

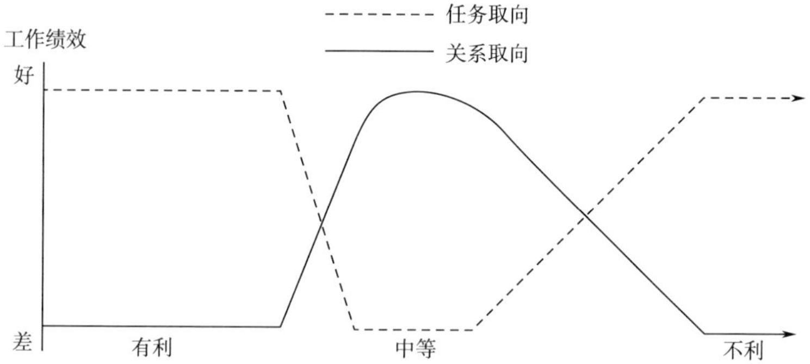

类型	Ⅰ	Ⅱ	Ⅲ	Ⅳ	Ⅴ	Ⅵ	Ⅶ	Ⅷ
领导—成员关系	好	好	好	好	差	差	差	差
任务结构	高	高	低	低	高	高	低	低
职位权力	强	弱	强	弱	强	弱	强	弱

图 11 – 3　菲德勒权变领导模型图

11.2.3.2　情境领导理论

行为学家保罗·赫塞（Paul Hersey）和管理学家肯尼思·布兰查德（Kenneth Blanchard）于 1976 年形成了一个重视下属成熟度的权变理论，即情境领导理论（Situational Leadership Theory，SLT），认为领导者的领导方式应同下属员工的成熟程度相适应，在下属员工渐趋成熟时，领导者依据下属的成熟水平选择正确的领导风格才能取得成功。

赫塞和布兰查德将成熟度定义为个体对自己的直接行为负责任的能力和意愿。它包括两项因素：工作成熟度与心理成熟度。前者包括一个人的知识和技能。工作成熟度高的个体拥有足够的知识、能力和经验去完成他们的工作任务而不需要他人的指导。后者指的是一个人做某件事的意愿和动机。心理成熟度高的个体不需要太多的外部鼓励，他们更多靠内部动机激励。

从直觉上看，情境领导理论是合理的。它承认下属的重要性，而且基于这样一种逻辑，即领导者可以弥补下属在能力和动机方面的欠缺。但是，不少试图对该理论进行检验与支持的研究却得到让人失望的结果。对其原因可能的解释有两方面：一是该模型内在的模糊性和不一致性；二是检验该理论时所采用的研究方法存在问题。尽管该模型看上去说得通而且非常流行，但就目前的证据而言，还应该慎重地审视和应用。

11.2.3.3 路径—目标理论

路径—目标理论（path – goal theory）最早由加拿大多伦多大学教授伊万斯（W. G. Evans）于 1968 年提出，其同事豪斯（R. J. House）于 1971 年作了扩充和发展。这种理论认为，领导是一种激励下属的过程。领导方式只有适用于不同的下属和环境时，才是有效的。领导者应该用抓组织、关心生产的办法帮助员工扫清达到目标的通路，用体贴精神关心人、满足人的需求，帮助员工通向自己预定的目标。因此，豪斯提出了四种领导方式：指令型的、支持型的、参与型的、成就型的。而这四种领导方式必须根据下属的不同情况分别选择，选择时主要考虑两个方面的因素，即下属的人格特性和环境因素。人格特性包括能力、需求等。环境因素包括任务的性质、组织的权力系统和工作群体等。

路径—目标理论以规划组织、领导和个人的工作目标为出发点，侧重于指导行为、达到目标的过程。领导的功能特征就是以工作目标为核心，任何领导方式、任何工作行为、任何领导过程和工作途径都是以工作目标为导向的。为了达到目标，权变的领导是必须的，也是最有效的。这里，没有固定的、唯一有效的领导方式。因此，路径—目标理论可以看成是一种领导的模型，这个模型的中心环节就是建立起一系列从上到下、从小到大的目标体系。在一个组织中，为了最终达成组织的目标，就必须融合多种不同的领导方式，以解决不同的情景变量下存在的问题，这也是不同领导方式之间的支持和配合。

（1）指示型领导。指示型领导方式是让下属明确知道领导对他们的期望，对下属的工作提出具体的指导，告诉他们应该干什么和怎样去干。同时，确定工作绩效标准和工作程序，要求下属遵守工作中的各项规章制度。这种下命令式的风格对任务不明确的员工有效，而对任务明确的员工无效。

（2）支持型领导。支持型领导者比较关注与下属的关系，对下属的需求和福利相当重视，并试图保持积极愉快的工作气氛。这种领导风格可以有效提高这种类别员工的满意度：负责令人不愉快的、压力大的或有挫折感工作的员工。

（3）参与型领导。参与型领导者在制定决策时，愿意与员工进行商量，征求他们的意见，鼓励下属参与决策和共同行动，并且能够在决策中采用他们的建议。这种领导风格对从事智力性、情感投入性、非重复性任务的员工非常有效。

（4）成就型领导。成就型是一种技术熟练型的领导风格。领导激励下属的高成就需求，为他们建立起富有挑战性的工作目标、追求工作绩效的高质量要求，显示出对下属较高水平的工作努力的信任。同时，提高下属在完成模糊和非重复性任务时的信心，以便他们付出足够的努力来获得高效的业绩。例如，在管理通信或计算机行业的高学历员工时，这种领导风格更有效。

路径—目标理论认为，领导者可以而且应该根据不同的环境特点来调整领导方式和作风。当领导者面临一个新的工作环境时，他可以采用指示型领导方式，指导下属建立明确的任务结构和明确每个人的工作任务；接着可以采用支持型领导方式，营造与下属协调和谐的工作气氛；当领导者对组织的情况进一步熟悉后，可以采用参与型领导方式，积极主动地与下属沟通信息、商量工作，让下属参与决策和管理；在此基础上，就可以采用成就型领导方式，领导者与下属一起制定具有挑战性的组织目标，然后为实现组织目标而努力工作，并且运用各种有效的方法激励下属实现目标。

11.2.3.4 弗鲁姆领导者参与模式

弗鲁姆领导者参与模式（leader - participation model）主要研究决策中的领导行为。美国著名心理学家和行为科学家维克托·弗鲁姆（Victor H. Vroom）认为，领导在进行决策时，会有各种选择的可能性，有效的领导者应根据不同的情境让成员不同程度地参与决策。这个模型以决策树的形式提出了一系列应遵循的连续的规则，来确定在不同的情境中选择参与决策的方式和程序。共有以下五种领导方式可以在不同情境中灵活选择：

（1）决定。领导者独自做出决定，然后向群体宣布或命令执行。

（2）逐个咨询。领导者向群体成员逐个介绍项目，获得他们的建议，然后制定决策。

（3）向群体咨询。领导者在会议上向群体成员介绍项目，获得他们的建议，然后制定决策。

（4）推动。领导者在会议上向群体提出问题并界定问题及其边界，然后推动群体成员在制定决策时进行讨论。

（5）授权。领导者让群体自己定义问题的性质和参数，然后得出解决方案。

在弗鲁姆领导参与模式中，领导者根据一些因素对情境进行评估，如果决策极端重要，对于组织将产生重大影响，其重要性就高。反之，如果决策是例行的，结果并非很重要，其重要性就低。这一评估的结果将引导领导者采用适宜的参与模式。

11.2.3.5 领导生命周期理论

领导生命周期理论由保罗·赫塞（Paul Hersey）和肯·布兰查德（Ken Blanchard）提出。他们认为下属的成熟度对领导者的领导方式起重要作用。所以，对不同成熟度的员工采取的领导方式有所不同。根据员工的成熟度不同，可以将领导方式分为以下四种：

（1）命令式。命令式表现为高工作、低关系型领导方式。若下属的成熟度较低，这意味着他们既不能胜任工作又不能被信任，这时领导者可以责令下属执行工作任务。在这一阶段，下属缺乏接受和承担任务的能力和愿望，既不能胜任又缺乏自觉性。

（2）说服式。说服式表现为高工作、高关系型领导方式。领导既给下属一定的指导，又提供一定的支持行为，以保护下属的工作积极性。在这一阶段，下属愿意承担任务，但缺乏足够的能力，有积极性但没有完成任务所需的技能。

（3）参与式。参与式表现为低工作、高关系型领导方式。领导者与下属共同参与决策，领导者着重给下属以支持并帮助其内部协调沟通。在这一阶段，下属具有完成领导者所交付任务的能力，但没有足够的积极性。

（4）授权式。授权式表现为低工作、低关系型领导方式。领导者几乎不加指点，由下属自己独立地开展工作、完成任务。因为在这一阶段，下属能够而且愿意去做领导者要他们做的事。

根据下属成熟度和组织所面临的环境，领导生命周期理论认为随着下属从不成熟走向成熟，领导者不仅要减少对活动的控制，而且也要减少对下属的帮助。当下属成熟度不高时，领导者要给予明确的指导和严格的控制；当下属成熟度较高时，领导者只要给出明确的目标和工作要求，由下属自我控制和完成。

11.2.4 领导理论新发展

11.2.4.1 领导—成员交换理论

领导—成员交换理论（leadership member exchange theory），亦称“LMX理论”，阐述了领导者区别对待下属的理论，是由葛伦（George Graeo）等于1976年提出的领导权变理论。认为领导者与下属中不同成员的亲疏程度是影响领导绩效的重要变量。领导者由于下属贡献、时间压力、个人喜好等原因将下属区别对待，并形成质量不同的领导者—下属交换关系。高质量的领导者—下属交换关系使得领导者将下属看作“圈内成员”，低质量的交换关系中的下属被看作“圈外成员”。圈内成员与领导之间有更多的感情联系，更受领导信任和关照，因此在服从领导时更为积极、主动，并能发挥最大的才智完成工作任务。而圈外成员与领导之间的关系是在权力系统基础上形成的，是一种纯粹的工作关系，他们与领导接触少，也很少能得到领导额外的奖励和机遇。

总体来说，领导—成员交换理论得到了实证研究的支持和证实，有确切的证据表明领导会区别对待下属，但这种区别对待绝不是随机发生的。当领导有所偏爱，用完全不同的方式对待圈内和圈外人员时，圈内人和圈外人都会受到领导—成员交换的负面影响。在中国和美国的研究表明，区别对待式的领导会损害团队信任以及程序正义的看法，尤其是在团队需要一起紧密合作时。其他研究表明，在领导—成员交换的氛围中，虽然圈内人的绩效水平会提高，但整个团队会变得不协调，整体绩效也会受到影响。紧密结合的团队可以为圈外的成员提供支持性的环境，以保持他们的信心和自我效能感，但这会以损害员工与领导者之间的关系为代价。

11.2.4.2　魅力型领导理论

魅力型领导理论（Charismatic leadership theory）认为，一个有魅力的领导者是提供一个充满能量和积极强化的环境的领导者。如果天生有魅力，那就很幸运，毕竟这是一个不那么容易学会的特质。有魅力的领导者会激励他人，并鼓励他们做到最好。员工和小组成员希望给一个有魅力的领导者留下深刻的印象，所以他们努力工作，努力取得成功。在有魅力的领导者的领导下，小组成员可能会将成功与他们的领导者联系起来。魅力型领导模式的一个主要问题是，团队的成功往往取决于领导者。有魅力的领导者是将一个群体凝聚在一起的黏合剂。如果领导者不得不下台或调职，通常群体会受影响，个别成员会失去热情。

并不是说魅力型领导无效，总体来说它是有效的，但并不总有效。这种成功在一定程度上取决于情境和领导者的愿景，以及组织为了监管结果而设置的核查和制衡。

11.2.4.3　交易型和变革型领导

魅力型领导理论依赖于领导者激励下属的能力。相比之下，费德勒模型、情境领导理论和路径—目标理论描述的是交易型领导者（transactional leader），他们通过澄清工作角色与任务要求来指导下属实现目标。

有的研究流派关注变革型领导者与交易型领导者的差异。美国政治社会学家詹姆斯·麦格雷戈·伯恩斯在他的经典著作《领袖论》中，将变革型领导者（transformational leader）描述为能够激发追随者的积极性从而更好地实现领导者和追随者目标的个体，进而将变革型领导定义为领导者通过让员工意识到所承担任务的重要意义和责任，激发下属的高层次需要或扩展下属的需要和愿望，使下属可以为团队、组织和更大的政治利益而超越个人利益。

变革型领导行为是一种领导向员工灌输思想和道德价值观并激励员工的过程。在这一过程中，领导除了引导下属完成各项工作外，还常常以领导者的个人魅力，通过对下属的激励、刺激和对他们的关怀去变革员工的工作态度、信念和价值观，使他们为了组织的利益而超越自身利益，从而更加投入到工作中。该领导行为可以使下属产生更大的归属感，满足下属高层次的需要，实现高的生产率和低的离职率。变革型领导行为的前提是领导者必须明确组织的发展前景和目标，下属必须信任领导。

巴斯（Bass）等人最初将变革型领导划分为六个维度，后来又归纳为三个关键性因素，阿沃利奥（Avolio）在其基础上将变革型领导行为的方式概括为四个方面，即领导魅力、感召力、智力激发和个性化关怀。

（1）领导魅力，指领导者给追随者树立榜样，追随者认同领导者，并愿意效仿领导者，领导者通常有较高的道德标准、价值观念和道德行为，领导者给追随者提供目标愿景，给追随者一种使命感。

（2）感召力，指领导者对追随者寄予很高期望，通过动机激励使他们投身于实现组织愿景的事业中去。在实践中，领导者利用信念和情绪感染力来凝聚组织成员，使其取得比个人利益更大的成就，因此这种因素增强了团队精神。

（3）智力激发，指领导者激发其追随者创造和革新的意识，对其自身和领导者的信念和价值观提出质疑，对组织的信念和价值观也提出质疑，领导者支持追随者尝试新理论、创造新方法来解决组织的问题，鼓励追随者独立思考和解决问题。

（4）个性化关怀，指领导者创造一种支持性氛围，仔细聆听追随者的个体需求，领导者在帮助其个体自我实现时扮演着教练和建议者的角色，帮助追随者实现其自身的需求和发展。

11.2.4.4 领导归因理论

领导归因理论（attribution theory of leadership）是由米契尔（Terence R. Mithchell）首先提出的一种领导理论。这种理论指出，领导者对待下级的方式，会受到其对下级行为归因结果的影响。

领导归因理论是指领导者对下属行为原因的解释，尤其是对下属工作绩效的归因，影响着不同管理措施的采用。在归因分析时，领导者通常会先观察下属的绩效表现；然后，试图找出下属的绩效达到、超过或低于预期和要求的原因，尤其是遇到下属出现低绩效的情况时，领导者就会更加认真地分析，根据对员工的行为表现以及环境线索的观察进行归因；最后根据归因的结果，决定采取什么样的管理对策。

（1）领导归因理论对现代领导学的贡献和价值。领导归因理论的视角独特。领导归因理论是从被领导者和领导者的心理关系入手，观察被领导者怎样看上级，怎样把团队的业绩或组织的业绩和上级领导者的素质结合在一起。领导归因理论特别强调了下属的心理感受、心理认可对领导力获得的重要性，同时该理论也强调了舆论对领导人能否完成任务，以及领导人能否继续成长至关重要。

领导归因理论对领导训练有分类指导的价值。领导者对下属的归因有自己一定的风格，领导对外部事件的归因也有独特的风格。所以，可以针对不同领导者的不同风格进行分类培训。这对现代领导学的价值是不言而喻的。

（2）领导归因理论在解释领导现象方面的局限性。领导归因理论是特质理论的发展，它没有从根本上脱离领导特质理论的框架。领导归因理论从被领导者角度出发去解释领导现象中的一些独特的部分，而没有从客观的角度来探讨到底是什么因素导致了领导效果的好坏。领导归因理论只是单纯地强调领导效果受下属员工归因的影响，而没有结合其他因素共同考虑。

要想多方面地、全方位地深刻解释领导现象，必须将领导归因理论与其他相关理论结合起来。

11.3 选拔并培养领导者

领导者对于组织来说非常重要，因此要选拔并培养有效的领导者。

11.3.1 选拔领导者

从本质上来说，组织选拔人才以填补管理岗位，是一个设法找出有效领导者的过程。人格测试可以用来确定与领导有关的特质，包括外倾性、责任心以及经验开放性。高自我监控者，更擅长阅读情境线索，并能相应地调整自己的行为。情绪智力高的候选者应该更具有优势，尤其是在需要变革型领导的情境中。经验并不是预测领导效果的一个好指标，但是针对具体情境的经验却很重要。

11.3.2 培养领导者

管理者从领导培训中可以获得最大的收益。

第一，高自我监控者在任何类型的领导培训上都可能更为成功，因为这些个体在改变行为方面具有灵活性。

第二，组织应该培训执行技能。

第三，可以指导管理者提高诸如信任建设和导师辅导等方面的技能，并教给被培训者对情境的分析技能，让他们学会如何评估情境、如何调整情境，使其更符合自己的风格，以及在具体情境下如何确认最有效的领导行为。

第四，用模拟练习等行为培训能提高个体展现领导魅力的能力。有研究表明，在关键的组织事件发生后，领导者应该定期回顾并反思他们的领导力，将其作为自身发展的一部分。对于那些责任心强、经验开放性高且情绪稳定（神经质低）的领导者来说，这样的回顾尤其有效。

第五，领导者可以通过培训获得变革型领导技能，这样的技能会产生显著的结果。

课后作业

1. 讨论领导是否是天生的。
2. 特质理论都有哪些结论？
3. 领导魅力来自何处？
4. 行为理论的核心原则和主要局限有哪些？
5. 结合实际，谈谈你身边的领导者与追随者，他们的最大差别是什么？
6. 分析我国优秀领导者具有的特质。
7. 什么是权变理论？

案例分析

根据三顾茅庐的故事分析我国文化中的领导特质和行为。

12 冲突

学习目标

- 掌握冲突的概念
- 了解冲突的类型
- 比较冲突对组织的影响

12.1　冲突的定义与成因

12.1.1　冲突的定义

关于冲突的定义非常多。比较有代表性的定义认为，冲突是感知到的矛盾的差异导致某种形式的对立或相互作用。斯蒂芬·P. 罗宾斯将冲突定义为：当一方感觉到对方对自己关心的事情已经产生或将要产生不利影响时发生的一个过程。它描述了正在进行的活动从互动变成不一致时的转折点。人们会在组织中经历各种冲突，例如目标不一致、对事实的解读存在分歧、对行为预期的不一致等。另外，这一定义非常灵活，它可以涵盖从公开的暴力行为到微妙的意见分歧等各个层面。

组织行为学主要研究广泛存在于组织各项活动中的冲突，这些冲突作为组织活动的基本内容和基本形式之一，影响和制约着组织与组织成员的行为倾向和行为方式。

12.1.2　冲突的成因

关于组织产生冲突的原因，研究者们的观点主要包括：个体自身差异造成冲突，个体有不同的文化背景、教育水平、成长环境、工作经历、价值观等，因此会因意见、想法不同而引起冲突；目标差异带来冲突，这是个体对组织要达到的目标有不同看法；对达到目标的方法和手段有不同意见；组织内部结构本身成为冲突的原因，以及沟通不良等原因造成冲突。

从三个方面因素进行分析，组织冲突是由于利益和情感这两个因素的共同作用，并受到特定的组织环境因素影响。

12.1.2.1　利益因素

利益因素导致的冲突既包括个体利益冲突，即由于个体对财富、权利、名誉等偏好不同导致的对目标、资源配置、奖金分配、政策和程序、工作分派等方面的意见不一致；同时也包括其所在群体、正式组织和非正式组织的利益冲突，即组织复杂性使得其成员之间产生矛盾，尤其是在任务互相依赖但工作角色互不相容的成员间，更容易出现矛盾和冲突。

各部门有不同的责任，因此每个部门在组织的目标中因有不同的优先级而产生冲突。工作中任务分配的模糊，使个人或群体没有明确其应该对某项活动具体负责，这样大家都认为工作中的失误不是自己而是其他人造成的，从而也会产生冲突。

12.1.2.2 情感因素

情感因素是指愤怒、不信任、不喜欢、害怕、怨恨以及性格不合等感情方面的不一致。情感冲突往往受个体认知影响，源于个体不同的文化背景、教育水平、成长环境、工作经历、价值观等。

12.1.2.3 环境压力

环境压力也是冲突的一个重要来源。基于个体差异和角色不兼容的冲突，会被充满压力的环境条件激化，这种冲突通常是由于急速、频繁的改变所引起的。如果在任务分配、管理理念、财务和权威指导方面经常发生改变，要应付由此而产生的压力，那么在一些琐碎的问题上就容易爆发冲突。

可以把利益和情感因素看作内因，把组织环境因素看作外因。内因和外因往往相互作用、互相促进。内生因素（利益因素和情感因素）所导致的冲突会引起组织环境、组织结构上的冲突。同时，外生因素（环境因素）引发的冲突最终也会体现为个体、群体或组织的利益冲突和情感冲突。

12.2 冲突的类型

12.2.1 按照冲突的影响划分

不同冲突水平对部门绩效所造成的影响见图 12 – 1。

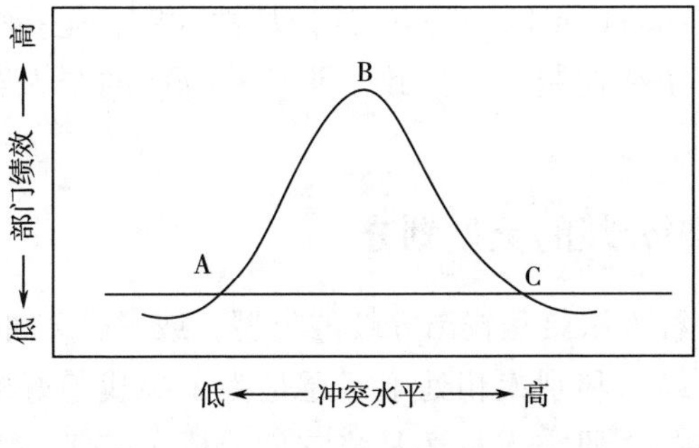

图 12 – 1 冲突水平与部门绩效的关系

根据冲突的影响，可以将冲突分为良性冲突和恶性冲突。在不同的冲突水平下，部门内部特征出现差异，部门的绩效也会有差异，用以区分冲突属于良性沟通还是恶性沟通，见表 12－1。

表 12－1 冲突水平与部门绩效的关系

情况	冲突水平	冲突结果	部门的内部特征	部门的绩效水平
A	低或无	恶性结果	冷漠 迟钝 对变化反应慢 缺乏新思想	低
B	最佳	良性结果	生命力强 自我批评 不断革新	高
C	高	恶性结果	分裂 混乱 不合作	低

12.2.1.1 良性冲突

良性冲突（functional conflict）能够支持群体的目标和提高群体的绩效，是具有建设性的冲突。例如，独特的观点可以得到公开的讨论和比较。因此，工作小组成员之间关于提高生产效率方法的辩论可以认为是一种良性冲突。

12.2.1.2 恶性冲突

恶性冲突（dysfunctional conflict）或破坏性冲突，是指妨碍群体绩效的冲突。在团队中为了争夺控制权而导致手头任务分散的个人斗争，就是一种恶性冲突。

12.2.2 按照分歧的类型划分

理解冲突的一种方法就是找出分歧的类型，或者分析冲突是关于什么的：是对目标产生了分歧、和别人相处不好还是为了寻找最好的解决办法。尽管每种冲突都是独特的，研究人员还是将它们分成了三类：关系冲突、任务冲突、程序冲突。

12.2.2.1 关系冲突

关系冲突（relationship conflict）侧重于人际关系。研究表明，绝大多数关系冲突至少在工作中是恶性的，尽管它们在某些情况下也可能会起到提高创造力的作用。关系冲突中人与人之间的敌意、矛盾与摩擦会加剧彼此之间的性格差异并削弱相互的理解，妨碍组织任务的完成。在这三种冲突类型中，关系冲突似乎最有可能使个体出现心理耗竭。对于新加入组织的员工而言，这种类型的冲突也是很有问题的，因为新员工需要依赖同事来了解工作的相关信息。由于关系冲突基本上是围绕人格产生的，所以很具有破坏性。我们不能指望去改变同事的人格，所以如果有人批评我们的为人而不是行为的话，我们通常会很生气。因此，学者们一致认为关系冲突是恶性的。

12.2.2.2 任务冲突

任务冲突（task conflict）与工作的内容和目标相关。早期研究表明，群体内部的任务冲突与更高的群体绩效相关。但一项涉及166项研究的元分析却发现，广义上的任务冲突在本质上与群体绩效无关。然而，有些冲突的因素却可以在冲突和绩效之间建立联系。其中一个因素是冲突发生在高层还是低层。高层管理人员之间的任务冲突与他们的绩效正相关；而组织基层的冲突与群体绩效呈负相关。这可能是因为高层管理人员不会因为冲突而感到个人在组织中的角色受到威胁。这项元分析还发现，另一个重要因素在于其他类型的冲突没有同时发生。如果任务冲突和关系冲突一起发生，任务冲突更有可能是消极的；如果任务冲突单独发生，则有可能是积极的。此外，一些学者认为冲突的强度也很重要：如果任务冲突水平非常低，那么人们并没有真正投入或者去解决重要的问题；而如果任务冲突水平过高，暗斗很快就会恶化成关系冲突。因此，适中的任务冲突可能是最理想的。中国的一项研究支持这一观点。该研究发现，在最初的发展阶段，适度的任务冲突可以提高群体的创造力，但高水平的冲突会使团队绩效降低。

团队成员的人格似乎也很重要。一项研究表明，如果团队成员平均的经验开放性和情绪稳定性较高，则更有可能通过任务冲突提高群体绩效。这可能是因为经验开放性和情绪稳定性可以使人们正确地看待任务冲突，并利用想法上的差异来更好地解决问题，而不是任由任务冲突恶化成关系冲突。

12.2.2.3 程序冲突

程序冲突（process conflict）与完成工作的方式有关。研究人员发现，程序冲突和授权及角色有关。与授权有关的冲突通常表现为一些成员的规避和推脱；与角色相关的冲突会使一些群体成员感到被边缘化。因此，程序冲突往往会变得高度个人化，很快发展成关系冲突。当然，讨论如何做某事可能会浪费掉原本可以用来做这件事的时间。群体中的成员，可能会为了角色和责任而争论不休，最终不了了之，类似的经历我们都有过。

12.3 冲突的发展阶段

一般而言，冲突的发展要经历五个阶段，分别是潜伏阶段、被认知阶段、被感觉阶段、处理阶段和结局阶段。

12.3.1 潜伏阶段

潜伏阶段是冲突的萌芽期，这时候冲突还属于次要矛盾，对冲突的存在还没有意识。在这个阶段，冲突产生的温床已经存在，随着环境的变化，潜伏的冲突可能会消失，也可以被激化。

12.3.2 被认知阶段

在这个阶段，已经感觉到了冲突的存在，但是还没有意识到冲突的重要性，冲突还没有对员工造成实际的危害。如果这时及时采取措施，可以将未来可能爆发的冲突缓和下去。

12.3.3 被感觉阶段

在这个阶段，冲突已经造成了情绪上的影响。可能会对不公的待遇感到气愤，也可能对需要进行的选择感到困惑。不同的个人对冲突的感觉是不同的，这与当事人的个性、价值观等因素有关。

12.3.4 处理阶段

在这个阶段，需要对冲突做出处理，处理的方式是多种多样的，比如逃避、妥协、合作等。对于不同的冲突有不同的处理方式。同样的冲突，不同的人采取的措施也不尽相同。对冲突的处理，集中体现了个人的处世方式和处世能力，也体现了个人的价值体系和对自己的认识。

12.3.4.1　回避

这是既不合作，也不武断。在此情境下，个体意识到冲突的存在，希望逃避或抑制而采取的有克制的不同意见，从当时的局面退缩，并且保持不付出任何成本，对自己、对别人都没有什么要求。回避的采用时机和理由通常包括：①冲突太小，小到可以忽略；②冲突太大，大到根本无法解决或带来的损失大于解决问题能给自己带来的利益时；③担心解决分歧可能会破坏关系，导致问题往更严重方向发展；④希望别人能冷静下来的时候，采取暂时回避的策略，让对方考虑清楚；⑤为获取更多的信息而暂时回避；⑥当别人能够更有效地解决问题时。

12.3.4.2 迁就或者抹平

这是合作而不武断。这种方式指降低要求，曲意将就，也指屈从于他人的愿望，而忽视自身的利益。当对方权力相当强大或问题对于自身并不是太重要时，迁就是比较有效的方式，抹平或者忽略差异以维持和谐。迁就策略是指牺牲自我利益来维持双方的关系。比如，发现自己错了时想听听其他人的想法，当一个问题对他人比对自己更重要而需要满足对方维持合作关系，允许对方通过错误而学习等。因此，管理者宜采用迁就策略。但这种方式也容易令对方得寸进尺，从长远来看，迁就并不利于冲突的解决。

12.3.4.3 竞争或者权威命令

这是指合作而且武断。这种方式反对他人的愿望，进行输赢竞争，强制行使权威。竞争是互相争胜，是个体或群体间力图胜过或压倒对方的心理需要和行为活动。即每个参与者不惜牺牲他人利益，最大限度地获得个人利益的行为，目的在于追求富有吸引力的目标。竞争者试图在冲突中占上风。这种极端不合作的冲突管理方式通常并不是最佳解决方案。但是，当确信自己是正确的，且分歧需要在较短时间内解决时，竞争是必要的。

12.3.4.4 折中

这是中等程度的合作和武断，为了得到"可接受的"解决方案而讨价还价，使各方都得到一点，同时也都失去一点。试图寻求一个中间位置，使自身的利益得失相当。折中方法比较适合难以共赢的情境。当双方势均力敌且解决分歧的时间期限比较紧迫时，折中比较有效。但由于忽略了双方的共同利益，因此折中往往难以产生非常令人满意的问题解决办法。

12.3.5 结局阶段

冲突的处理总会有结果。不同的处理方式会产生不同的结果。结果有可能有利于当事人，也可能不利于当事人。当冲突被彻底解决时，该结果的作用将会持续下去。但很多情况下，冲突并没有被彻底解决，该结果只是阶段性的结果。有时甚至处理了一个冲突，又会带来其他几个冲突。

12.4 冲突对组织管理的影响

传统的冲突理论认为冲突对组织的正常运转总是有害的，必须避免冲突。从20世纪80年代以来，“相互作用的冲突观”得到了人们的认可，该观点认为冲突不仅是组织的要素，而且有些冲突对组织的有效运行、创新能力是不可或缺的。近年来，一些学者的研究越来越注意到冲突对组织效率同时具有正面和负面的作用，并且对这一点已初步达成共识，如表12-2所示。

表12-2 冲突对组织管理的影响

	消极影响	积极影响
对成员心理的影响	带来损害，引起紧张、焦虑，使人消沉痛苦，增加人际敌意	使坚强者从幻觉中清醒，从陶醉中震惊，从不能战胜对方中看到自己弱点所在，发奋图强
对人际关系的影响	导致人与人之间的排斥、对立、威胁、攻击，使组织涣散，削弱凝聚力	“不打不成交”，使人加强对对方的注意，一旦发现对方的力量、智慧等令人敬畏的特质，就会增强相互间的吸引，团体间的冲突促进团体成员一致对外，抑制内部冲突，增强凝聚力
对工作动机的影响	使成员情绪消沉，心不在焉，不愿服从与之冲突的领导的指挥，不愿与相冲突的同事配合，破坏团结愉快的气氛，减弱工作动机	使成员发现与对方之间的不平衡，激起竞争、取得平衡的工作动机，振奋创新精神，发挥创造力
对工作协调的影响	导致人与人之间、团体与团体之间的互不配合、互相封锁、互相拆台，破坏组织的协调统一和工作效率	使人注意到以前没有注意到的不协调，发现对方的存在价值和需要，采取有利于各方的政策加以协调，使有利于组织的各项工作得以开展
对组织绩效的影响	互相扯皮、互相攻击、转移对工作的注意力、政出多门、互不同意、降低决策和工作效率，互争人、财、物，造成积压、浪费	反映出认识的不正确、方案的不完善，要求全面地考虑问题，使决策更加周密

续表

	消极影响	积极影响
对组织生存、发展的影响	冲突达到一定程度后，双方互不关心对方的整体利益，有可能使组织在内乱中濒临解体	冲突本身是利益分配不平衡的表现，它迫使人们通过互相妥协让步和互相制约监督，调节利益关系，使各方面在可能的条件下均得到满足，维持内部的相对平衡，使组织在新的基础上得到发展

12.4.1 冲突对组织管理的消极影响

冲突的负面作用主要表现在：冲突会伤害组织成员的感情，导致低合作性，甚至团队解体。具体来说，冲突会在人们心中引起不良感受，不同意见会让组织成员有受伤害感；冲突有时会引起组织成员相互之间的人身攻击，因而造成团队成员之间关系紧张、凝聚力降低；如果冲突时间太长、强度过高，可能会让一个团队分崩离析。强度过大或时间过长的冲突对组织沟通有破坏性影响，但一点冲突都没有也会导致组织没有思想活力。冲突对组织的消极效应还有：造成企业员工之间关系紧张、互不信任、互不团结、产生内耗、阻塞沟通、各自心灵闭锁、拉帮结派等不良人际关系；造成企业生产效率低下，凝聚力下降。当企业出现困难或危难时，员工不能同舟共济渡过难关，可能导致企业的破产。

12.4.2 冲突对组织管理的积极意义

冲突的积极意义具体有：冲突使组织成员对引起冲突的人和事都有更好的了解，因为每个人都把自己的观点表达出来了；冲突能使人更投入并使人有动力，卷入冲突常能使人活跃起来，并对争论的问题更感兴趣；冲突能使决策更优化，因为在解决冲突的过程中，人们要充分讨论各方的方案和理由；冲突的顺利解决能增强团队的凝聚力，当人们解决冲突后，常会感到彼此更接近了。

“团队思想”（group think）这个概念，用来指在高度一致的团队中，成员很少用批判性分析的方法解决问题。如果一个团队没有思想，那么就无法做出最佳决策，因为组织成员的服从性大于其沟通愿望，不愿意提出可能引起冲突的意见，因而整个组织没有创新性，还可能导致决策的严重错误。由此可见，管理者要积极鼓励下属表达自己的意见，尤其是不同意见，不要害怕发生冲突。管理者应该有勇气进行批评与自我批评。必要的时候，可以通过引进专家、顾问或第三方人士来创造适度冲突。冲突对组织的积极效应还表现为冲突能促使组织重新评价公司目标或对优先顺序进行重新排列，使管理者发现过去一直被忽视的重要问题，并对这些问题做出高质量的决策；使组织不满足于现状，从而走向革新。当冲突成为个人或企业竞争的动力时，企业的生产效率将会提高，竞争力也会增强。

12.5 冲突理论模型及演变

12.5.1 冲突的理论模型

任何一种形式的人类组织，无论规模大小、发展快慢，最终都会面临内部冲突和外部冲突的生存考验。过强的功能失调性冲突或过低的功能正常冲突都会降低组织的效率，如何正确处理冲突是经济学和管理学领域一直关注的重要课题。冲突理论的静态观点认为：对付冲突的一个合理决策中所包含的要素是决策者的偏好、机会和判断力，如果解决机会是互补的，避免冲突会给双方都带来相当的利益，双方的偏好都能显示出友善的态度，而且双方对冲突的判断都是保守的和一致的，那么双方达成一致协议的概率就比较高，反之则较低。

动态观点把博弈论引入冲突的解决过程之中，双方的单轮序贯对弈会出现四种矩阵模型。

12.5.1.1 后发优势模型

这是指无论先行方如何行动，后发者都能成功应付。

12.5.1.2 先行优势模型

这是指如果先行者知道后发者不得不做出合作的反应，那么它就会采取强硬的办法。

12.5.1.3 互惠模型

这是指由于知道合作会带来更多的利益，对抗的机会成本太高，如果先出招者合理地选择合作的办法，后发者也予以相应的配合，则会达到帕累托最优的结果。

12.5.1.4　囚徒困境模型

这是指对抗的所得可能比合作的要多，机会主义的诱因大为增加，双方可能都会陷入表面上似乎有利于自己、实际结果却相反的博弈困境。

在冲突双方同时行动的情况下，第一种模型会转变为随机模型，双方都没有获胜的把握；第二种模型可能出现一种最坏的结局；在第三种模型中，因为双方都不知道对方的出招，因此将出现三个纳什均衡，即两个纯策略解和一个混合策略解；第四种模型不发生变化。如果不存在交易成本，无限次的重复博弈将大大提高长远收益与一次性机会主义获利的比率，从而实现帕累托最优的均衡结果。在现实生活中，由于存在许多不可控制的因素，随着博弈次数增多，交易成本呈递增趋势，双方的边际利益会递减，长远利益与一次性机会主义不合作行为的净收益的比率也逐渐减小，机会主义的诱因随之增加，双方就越难以达成和维持默契合作。

12.5.2 冲突理论的演变

根据企业剩余索取权与剩余控制权的分布状况，企业制度在管理上经历了三种主要的形式：所有者直接控制、代理人控制（包括局部代理和全面代理）和员工参与制。

12.5.2.1　所有者直接控制

所有者直接控制是资本主义古典企业的管理形式。从历史上看，所有者直接控制的情况主要存在于业主制这种古典企业，大约出现在资本主义形成的初期到20世纪中后期，前后经历了两个大的阶段：工场手工业阶段和工厂阶段。所有者直接控制的典型特征是：所有者、雇主与经营管理者合为一体，所有权与控制权是高度集中的、垄断的。所有者不仅拥有全部剩余索取权，而且还掌握合约以外的全部剩余控制权。古典企业强调所有者的权益，其组织冲突主要表现为所有者与工人之间的矛盾斗争。

12.5.2.2　代理人控制

代理制出现于20世纪后期，其原因主要是经济危机暴露了传统企业制度的弊端，业主制企业不能适应新的社会条件下企业规模扩张与市场竞争加剧的需要。此外，管理革命和经理市场发育成熟大大推进了企业组织由业主制向代理制转变的速度。代理制的基本特征是：经营职业化、专业化和制度化；企业完全由经理或代理人所控制，所有者则完全退出经营领域、从而实现了所有者与经营者的完全分离；经理根据代理契约全权代理经营法人财产，并拥有部分剩余索取权和相应的合约以外的剩余控制权。代理制企业的组织冲突不仅有经营者与普通员工之间的矛盾，还表现为经营者与所有者之间的猜疑和斗争，而且代理制过于强调管理阶层的利益，导致管理机构迅速膨胀和扩张，也造成了管理者内部的矛盾冲突，影响了信息的快速传递和决策的及时性。

12.5.2.3 员工参与制

出于抑制科层体系膨胀和激励工人的双重考虑，20 世纪中后期，在西方各国的企业中兴起了员工参与制（Worker's Participation in management）。员工参与制，是指工人直接参与企业管理，无论是在企业的高层领导岗位还是在中层领导岗位，都有工人的代表参与企业的经营决策与管理。虽然员工参与制比代理制有所进步，但是这种企业制度还是片面强调了企业自身的利益，可能会引发企业与外部环境的矛盾冲突。

12.5.3 当代组织冲突的复杂性

当代企业管理环境发生了巨大的变化，企业管理的理论与实践也呈现出飞速发展的趋势。现代企业的权益主体正走向多元化，其组织冲突也呈现出多元化的态势。1963 年，斯坦福大学的研究小组提出了利益相关者的概念，为新的治理模式提供了理论基础。利益相关者理论认为，公司的发展离不开股东、债权人、雇员、消费者、供应商等各种利益相关者，公司应当为利益相关者服务，而不仅仅局限于某方。各利益相关者都要进入企业最高权力机关，行使过去只属于某一方的权力。

由此可见，企业的权益主体从古典企业的单一权益主体——物质资本所有者，逐渐向物质资本及人力资本所有者（经营者）的二元权益主体转变，再向所有者、经营者、员工的三元权益主体转变，最后发展为包括股东、债权人、雇员、消费者、供应商等各种利益相关者在内的多元权益主体。现代企业的组织冲突也由以前单一的雇主与工人的矛盾逐渐演变为多元权益主体之间的斗争和妥协。

基于现代企业组织冲突的复杂性，有学者形象地称之为“公司政治”。公司政治可以笼统地认为是公司内各种人际关系的总和。它是公司里规章制度等显规则背后的潜规则，这种规则是不成文的，是说不出来的、藏在水面之下的，是一些约定俗成的日常事务处理法则。公司政治是组织生活中的根本性因素，是一种谁也无法忽略的更为隐秘也更有决定性的力量。可以毫不夸张地说，公司政治是组织生活的精髓。因此，如何正确处理现代企业组织冲突，避免公司政治严重影响组织的效率，是现代企业管理理论的重要研究课题。

12.6 冲突的管理方法

12.6.1 沟通与谈判

组织冲突的双方抱着沟通协作的意愿，通过直接、坦率、真诚的沟通谈判来确定并解决问题是促进组织和谐的最佳办法。谈判主要有两种基本方法：分配谈判和综合谈判。

分配谈判的结果不是一方获胜、另一方失败，就是双方极不情愿地妥协退让，最终导致彼此不合作甚至相互憎恨。综合谈判着眼建构长期的关系，并以获得双赢和推进未来合作为目的，其谈判结果是双方结成具有互惠关系的和谐统一组织。

但是综合谈判需要一些苛刻的条件，如完全信息、坦诚公开、一方对另一方需要有敏感性、双方的信任感、保持灵活性等。综合谈判的成本包括搜集信息成本、时间机会成本、监督和控制的成本、制订和实施契约的成本等，其数额之大甚至会超过任何一方的谈判所得。双方谈判的成本尚且如此，多方谈判要达成协议，其艰难程度可想而知。

12.6.2 合作解决问题

人们对冲突的处理有不同的个人风格。合作性是满足其他人的需要和利害关系的愿望；武断性是满足自己的需要和利害关系的愿望。这两种特征的不同组合形成了冲突管理的五种不同的个人风格（规避、迁就、竞争、折中、合作），面对组织冲突常常出现不同的行为意向，同时出现不同的管理方法来解决组织中的冲突。成功的合作需要具备的基本条件主要有以下几方面。

12.6.2.1 一致的目标

任何合作都要有共同的目标，至少是短期的共同目标。

12.6.2.2 统一的认识和规范

合作者应对共同目标、实现途径和具体步骤等有基本一致的认识；在联合行动中，合作者必须遵守共同认可的社会规范和群体规范。

12.6.2.3 相互信赖的合作气氛

创造相互理解、彼此信赖、互相支持的良好气氛是有效合作的重要条件。

12.6.2.4 合作的物质基础

合作具有赖以生存和发展的一定物质基础。必要的物质条件（包括设备、通信和交通器材工具等）是合作能顺利进行的前提，空间上的最佳配合距离，时间上的准时、有序，都是物质条件的组成部分。

合作问题的解决可以协调潜在的差异，因而是最有效的冲突管理风格。它形成双赢冲突，使问题的解决符合所有冲突方的利益。典型的合作解决需要冲突各方公开面对问题，如果有些事情错了，必须引起注意。双赢是冲突管理优先选择的方法。双赢其实就是人们常说的“和谐”。由于充分照顾到双方的需要，冲突双方都能获得自己满意的收入成本比，形成一个利益均衡点，组织也因此能保持长期的和谐状态。

这些冲突管理风格可以导致非常不同的结果。规避或者迁就通常会形成输—赢冲突。没有人能够实现其真正的需要，冲突潜在的原因并没有被消除。短期内虽然“输—输”冲突看起来解决了或者消失了，但未来它仍然会再次发生。竞争和折中倾向于产生赢—输冲突。这样，每一方都力图以他人的代价取胜。这是指既合作又武断，是个人与个人、群体与群体之间为达到共同目的，彼此相互配合的一种联合行动、方式。努力通过不同的工作以全面地满足每一个人的利害关系要求；发现并解决问题，使每一个人都有所收获。在极端的情况下，一方愿望的实现完全排除另一方的愿望。由于“赢—输”方法并不能消除冲突的根源，未来类似性质的冲突还可能发生。

12.7 数字化时代的冲突管理

数字化时代的冲突管理从2012年移动互联网的普及开始，一个最大的外部环境变化因素就是技术。技术引领人们走向数字化时代，巨大的变革导致不确定性增加，使得一切都在重构之中。因此，数字化时代的冲突管理也要有相应的调整。

12.7.1 虚拟团队的冲突管理

管理科技的发展，让团队突破空间和时间限制的共享作业成为可能。虚拟团队便是数字化时代新衍生出来的组织形式。虚拟团队是指在不同地域空间的个人通过各种各样的信息技术进行合作，其中信息技术是使虚拟团队正常运转的关键。然而，尽管虚拟团队为工作提供了便利，也改变了工作方式，但是，虚拟团队的跨地区性和跨时间性抑制了非语言方式的发生，阻碍了各成员之间的交流，这将不可避免地影响虚拟团队的冲突管理，进而影响其有效运行基础。基于此，米茨（Mitz）、安妮（Anne）和麦克尔（Michal）提出的时序协调机制，为管理虚拟团队的冲突提供了解决思路。时序协调机制是指通过一个时间顺序表达协调虚拟团队成员的沟通工作和行动，从而对团队成员的交流形式、交流时间以及交流内容进行有效的干预。这一机制提供了一套用于工作以及问题解决的有次序的步骤，要求个人参与决策以及回顾团队成员意见等，为冲突管理提供了新的视角。

12.7.2 资源稀缺的冲突管理

管理资源是建构企业竞争力的基础。在资源无穷尽的情况下，任何个体之间都不会有冲突的必要。但现实中，组织内部各部门、各员工分享有限的资金、设备、人力等资源所引起的冲突在极大程度上影响着企业的发展。以前资源是固化的，土地资源可以固化，设备可以固化，甚至员工在某种意义上也可以固化，解决因资源短缺而引起的冲突是组织常面对的问题，数字化时代依旧存在资源稀缺引发的沟通冲突。资源性质的改变，却为组织冲突管理提供了新思路。数字化时代最重要的资源是信息、数据、资本，其最大的特点是流动性。这意味着人们要理解、公开、迭代起集合智慧，通过链接共享创新，发挥有限资源的最大价值。

12.7.3 共生逻辑的冲突管理

在数字化和互联网深度发展来临之前，组织管理最关心的是个人目标、个人与组织关系。在大部分情况下，组织要求个人要绝对服从目标，个人要绝对服从组织，以保证组织的高效率运作和高绩效。然而，数字化时代和互联网技术带来的一个特殊变化是强个体崛起。这种“强”不仅仅因为员工本身能力强，还因为整个社会的各种条件、服务能给他，使他变得更强。伴随强个体出现在冲突管理中，个人与目标的关系、个人与组织的关系也发生变化，如果组织目标不涵盖个体目标，就会出现目标差异，进而引发冲突。因此，组织的目标需要涵盖个人目标，进行共生设计，组织也必须接受个体变得很强大，此外，外部充满高度不确定性，变化不可预测，这是根本性的变化。

课后作业

1. 举出两个冲突例子来分析不同冲突管理的态度是积极的、消极的还是中性的?

2. 分别举例说明你在何种场合下，会选择回避、缓和、压制、妥协或者正视的冲突处理方式。

3. 如何提高冲突管理的水平?

4. 分析影片《星际迷航》中出现的冲突种类，哪些是积极建设性的，哪些是消极的破坏性的。

案例分析

案例1　广州本田深陷“停工门”

本田在佛山的零部件工厂工人因不满薪资待遇，于2010年5月17日出现第一次停工，要求厂方将薪水提高至2 000～2 500元遭到拒绝。5月21日，员工开始第二轮停工。5月24日，本田汽车零部件制造有限公司公布了解决方案，但员工对提薪方案过程提出异议，停工持续。

由于本田在广东佛山的零部件工厂持续罢工，本田在中国的所有四家组装工厂已被迫全部暂停生产。此前，本田中国相关负责人承认：“本田零部件公司工人停工已经对合资企业生产造成影响。”

本田深陷“停工门”　中日员工工资相差50倍

5月17日晚，本田零部件公司停工的帖子出现在各大网站上。一位本田零部件公司员工还晒出了工资清单：南海本田Ⅰ级工资＝基本工资（675元）＋职能工资（340元）＋全勤补贴（100元）＋生活补贴（65元）＋住房补贴（250元）＋交通补贴（80元）＝1510元，扣除养老保险（132元）、医疗保险（41元）、住房公积金（126元），到手的工资为1211元。

一位本田零部件公司员工描述工资增长速度：“我在本田干了两年半了，第一年工资涨了28元（理由是公司刚起步，很多项目还没投产）；第二年涨了29元（理由是公司部分项目尚未完全投产）；到了第三年在项目全部投产后也仅加了40多元。”

根据媒体的报道，中方普通员工的工资在1 000元左右，可日本在华员工的工资却高达5万元，这中间存在着50倍的巨大差距。为此，本田零部件公司的工人在5月17日发起罢工，随后又提出将工资提升到2 000~2 500元的要求，但在本田的第一次"妥协"中，工人们获知只能得到55元的提升，这显然不能让员工满意。最新消息是，本田零部件厂宣布了新的工资调整方案：实习生工资及补贴每月增加477元，其余员工按级别每月分别增加340~355元不等。但这仍遭到了员工们的反对。

一位员工告诉记者，公司一个20多岁的日本支援者曾自称每月工资有5万元人民币，这还不包括令人艳羡的补贴和福利。以部长为例，每月收入可达10万元人民币以上。"日本的支援者吃住行全包，每天还有300多美元的补助，这补助就相当于普通工人两个月工资。"

南海本田中方员工提出四点要求：一是工资从目前的1 000元人民币提高到2 000元；二是改革薪酬晋升机制，改革公司管理制度；三是重组公司工会，由公司工人推选工会代表；四是在公司复产后，不得对参与罢工员工进行打击报复。

南海本田暂时没有对以上中方员工提出的四点要求作出回应。本田零部件工厂的罢工事件涉及1 900名员工，也导致本田在中国的所有四家车厂都必须停产。

5月22日，据广州当地媒体透露，当初带领诸多工人停工的两名关键人物已经被辞退，且没有获得除工资之外的补偿。近两千工人参与罢工，在工人领袖被炒后，继续坚持斗争。

该厂一名中层管理人员估计，停工一天损失的产值约为4 000万元。到2010年5月27日，本田罢工一直持续，已经导致广州本田、东风本田停产。主要原因就是由于本田汽车变速箱供应不上而导致的。国内唯一一家能生产全自动变速箱的公司"佛山本田汽车零部件制造有限公司"由于工厂员工不满低工资、低福利而集体罢工，现在罢工继续。

因为不肯给1 000多名普通工人每日加二三十元的工资，本田技研工业（中国）投资有限公司旗下在华独资企业——本田汽车零部件制造有限公司正面临每天4 000万元产值的损失。而因为本田汽车零部件公司的停产，本田在华的三家合资企业——本田汽车（中国）有限公司、广州本田和东风本田共4家工厂正面临每天2亿元以上的产值损失。

（资料来源：齐鲁网，2010-05-27）

讨论：

1. 分析本田案例中存在的主要冲突。

2. 如何对本田案例中的冲突进行管理。

3. 角色扮演，通过谈判，达成共识。

案例2　静音模式曝富士康管理冲突：强制质检引怨气

2013年5月2日，富士康科技集团董事长郭台铭因为其庞大的代工王国而被美国《外交政策》杂志列举为全球500大最有影响力人物。然而，这个全球最有影响力的500个大人物之一，却不得不一而再、再而三地为他庞大的代工王国频出的管理问题头疼。近日，郑州园区四天内的“二连跳”无疑再度凸显出富士康在转型中所承受的巨大压力。无论是这个庞大的代工王国，还是这个王国中一个个忙碌的“工蚁”，他们都在经历着电子产业迅速变迁的严峻考验。

“跳楼事件”再现

2013年4月23日至27日，富士康郑州园区在四天里再现“二连跳”。

4月27日晚，有消息称郑州富士康园区一名24岁男工在24日从富士康豫康宿舍楼跳下身亡。4月27日下午6点多，郑州富士康23岁女工从富鑫公寓9栋6楼跳楼，当场抢救无效死亡。

值得注意的是，富士康官方在跳楼事件中保持缄默。此次出来回应跳楼事件的是富士康工会。富士康工会成立于2007年3月，并已在集团22个园区成立分支工会组织。工会旨在构建和谐的劳资关系、维护员工合法权益、帮扶困难员工。与此同时，出来善后的则是作为管理部门的郑州航空港区的政府部门。据记者了解，富士康当初落户郑州的条件之一便是，富士康不再一条龙地包揽宿舍住宿问题，统归当地政府负责。

富士康的军事管理导致规定只能层层下压后强制执行

针对外界对跳楼事件与静音模式的联系，富士康工会否认了其中的因果关系。但其“工会组织同时希望，集团各个事业单位在保证工作效率的同时，给予员工更认同的政策和做法”的表态也隐晦地折射出员工对静音模式的不满。

所谓静音模式，是指富士康郑州园区在2013年4月初开始实施的新规定。即员工在进入车间后不能说任何与工作无关的内容，即使谈论工作也不能让第三人听到。而三人以上的谈话必须要在线长办公区谈论，否则就可能受到处罚甚至被开除。据一位熟悉富士康的投资人士对记者表示，静音模式是郑州园区在清明节前停工整顿中出台的政策。“订单太多，质量又要求得高，不整顿不行，但整顿往往也不行，富士康的军事管理导致它的规定只能层层下压，强制执行。”

静音监管惹的祸？

在跳楼事件中，静音模式成为外界的众矢之的。事实上，作为全球最大的电子代工厂商，以前往往能做到别人做不到的富士康，正越来越力不从心。投资人士分析，4 月初匆匆推出的这个“静音监管”，同 3 月份被曝光“因质量不达标500 万台苹果手机遭退货”事件有联系。当时富士康曾回应称将严格内控，确保质量，这无疑意味着将加强对一线工人的监管。

除了静音模式外，富士康生产线的内部强制质检也在加强

记者了解到，富士康的内部稽核人员每天必须稽核 20 个问题点，如果发现不了 20 个问题，就取消其加班资格。被稽查到的员工下午4 点 30 分下班后要参加公司内部的教育培训，时长两小时，并且不计入加班时间。之后会根据员工的违纪情况取消其一个星期到一个月的加班。这种强制核查质量的方式及取消加班的做法，无疑加重了靠加班赚钱的一线生产员工的怨气。

尽管富士康工会否认了静音模式与跳楼事件的因果关系，但有消息称富士康全部厂区关于静音模式的标语和文件全部作废，离岗也不再过于限制时长和次数。

但与此同时，富士康对待跳楼员工的态度也在变得更加强硬。据上述富士康内部人士对记者透露，2010 年以后，富士康对跳楼员工已经不再给任何补偿。而且现在只要出现以跳楼威胁公司或者经常把跳楼挂在嘴边的都予以直接开除。在管理模式作出调整的同时，郭台铭的工厂在 2010 年的“十四连跳”事件后大举内迁。然而在向内迁徙的过程中，郑州与太原工厂此前爆发的冲突说明，当初的问题与矛盾并没有随之解决。

因此，郭台铭又把眼光投向了海外。4 月 27 日，有国外媒体报道称，富士康母公司鸿海精密日前宣布，希望在下月与印度尼西亚政府签订在这个东南亚第一大国生产和销售手机的合作协议，从而进入这个巨大的市场。但这些无疑都不能从根本上解决富士康面临的代工难题。在 2012 年 8 月，郭台铭对外宣布未来 3 年将部署 100 万台工业机器人来进行生产加工。当年 11 月，郭台铭又明确提出 2012 年富士康将以日产千台的速度制造 30 万台机器人，

用于单调、危险性强的工作。

然而，上述熟悉富士康的投资人士对记者分析，这对于解决富士康目前面临的大规模人工成本与矛盾冲突显然是个办法，但代工利润微薄的富士康要面临的另一个问题是，投资机器人的费用与维护成本并不比人工便宜。看上去，拥有百万员工的郭台铭面临的管理难题像一个难解的死结。

（资料来源：《华夏时报》，2013－5－4）

讨论：

富士康与员工的主要冲突在哪里？如何解决？

组织篇

第四篇

13　组织结构与设计

学习目标

- 掌握组织结构的定义与类型
- 解释我国常见的组织结构形态
- 了解组织结构的新形态
- 掌握影响组织设计的因素
- 学习组织结构设计的方法

13.1　组织结构与组织设计的定义

13.1.1　组织结构的定义

组织结构（organizational structure）定义为对工作进行正式划分组合和协调的方式。本书主要讨论的组织是正式组织。

13.1.2　组织设计的定义

组织设计是指对组织结构进行规划、构建和变革，以便确保组织目标的有效实现。组织设计涉及在组织中创建角色、流程和正式报告关系。组织设计是一门更具规范性的以设计为导向的学科，旨在产生创建有效组织所需的框架和工具。

13.2　组织结构设计的要素

管理者进行组织结构设计时，必须考虑六个关键要素：工作专门化、部门化、指挥链、管理幅度、集权与分权，以及正规化，如表 13－1 所示。其中，每个关键要素分别是一个重要的结构问题的答案。

表 13－1　设计适当组织结构的六个关键问题和答案

关键问题	答案
把活动分解成相互独立的工作岗位时，应细化到什么程度？	工作专门化
对工作岗位进行组合的基础是什么？	部门化
员工个体和群体向谁汇报工作？	指挥链
一名管理者可以有效率并有效果地领导多少员工？	管理幅度
决策权应该放在哪一级？	集权与分权
规章制度在多大程度上指导员工和管理者的行为？	正规化

13.2.1 工作专门化

工作专门化（job specialization）是指组织各职能工作分工的精细程度。具体表现为部门（如科室）和职务（岗位）数量的多少。同样规模的组织，职能科室的数量多，说明职能细分程度高，在一定程度上表明专业化程度高。

20世纪40年代后期，工业化国家大多数生产领域的工作都是通过工作专门化来完成的。由于并不是组织中的所有员工都具有相同的技能，因此管理层认为工作专门化可以最有效地利用所有员工的技能，甚至还能通过重复操作来提高员工的技能水平。通过工作专门化，企业减少了变动工作任务所花费的时间，人们不必花时间把前一工作流程中的工具和设备放在一边，再为下一个流程准备好工具。同样重要的是，挑选并培训员工从事重复性的具体工作相对容易且成本也较低，对于极为精细和复杂的操作来说尤其如此。20世纪前50年，管理者把工作专门化看作提高生产率的根本。在这个时期工作专门化尚未广泛应用，无论在哪里，只要推行这种做法，几乎总是能够提高生产率。但到了60年代，越来越多的证据表明，物极必反。在某些工作领域中出现这样一种情况：由于工作专门化而产生的“不经济因素”，表现为员工的厌烦情绪、疲劳感、压力感、低生产率、低质量、高缺勤率和高离职率等，超过了他们所带来的经济优势。这种情况下通过扩大而不是缩小工作范围可以提高劳动生产率。另外，许多公司发现通过让员工从事多种工作活动，允许他们从事一项完整的工作任务以及让他们加入技能互补的团队，往往会大幅提高他们的产出和工作满意度。

如今，大多数管理者认识到工作专门化在某些类型的工作中带来的经济性以及使人过度专业化所带来的问题，例如：高度的工作专门化帮助麦当劳非常有效率地制作和销售汉堡包和薯条；大多数医疗卫生机构的医学专家也使用工作专门化。与此同时，微专业化也使得一些项目管理者会把少量的编程、数据处理或评价任务，分配到世界各地的人才手中，然后再汇总。例如，管理者在面对一项复杂但却常规的编程任务时，可以把各部分的代码编写和测试任务交给人才网络，由跨越全球中的几十个人共同完成。这样一来，项目完成的速度比一个程序员去做快得多。这种新的趋势表明，专业化也许还有一些其他的优势，尤其是对办公室来说，工作分担和兼职工作本来就很普遍。

只要工作角色可以分解为具体的任务和项目，专业化就有可能派上用场。

这样一来雇主就可以利用在线平台，把原本较为宽泛的功能性角色，比如营销，分配给不同的人来完成。因此，过去的专业化主要是把同一工厂中的任务分解成各个部分，而今天的专业化是把复杂的任务根据技术、专业知识分解成特定的部分，并且常常是面向全球分配工作的。不过二者的核心原则是相同的。

13.2.2 部门化

部门化（departmentalization）是为协调共同完成工作而按关键要素决定和划分组织的各个部门，是工作分类的基础，也是组织设计应考虑的变量之一。划分的标准不同，所形成的管理部门以及各部门之间的相互关系亦不同。组织设计中经常运用的部门化的标准有：职能（或过程）、产品（或服务）和地域（或客户）等。部门划分应遵循的总原则是分工与协作原则。具体原则有：力求维持最少部门；组织结构应具有灵活性；确保目标的实现；各部门任务的分配应平衡，避免忙闲不均；检查职务和业务部门分设，即检查人不应隶属于受检查的业务部门。主要的部门化形式有以下几种。

13.2.2.1 职能部门化

职能部门化（functional departmentalization）是普遍采用的一种部门划分方法，即按专业化的原则，以工作或任务的性质为基础来划分部门。按重要程度可分为：基本的职能部门和派生的职能部门。基本的职能部门一般有生产、工程、质量、销售、财务等部门。派生的职能部门比如有生产部门中的设计科、工艺科、制造车间、生产计划科、设备动力科、安全科、调度室等。职能部门化的优点是有利于专业人员的归口管理，易于监督和指导，有利于提高工作效率；缺点是容易出现部门的本位主义，决策缓慢，管理较弱，较难检查责任与组织绩效。

13.2.2.2 产品部门化

产品部门化（product departmentalization）是按组织向社会提供的产品来划分部门。比如，家电企业集团可能会依据其产品类别划分出彩电部、空调部、冰箱部、洗衣机部等部门。产品部门化的优点是可提高决策的效率，便于本部门内更好的协作，易于保证产品的质量和进行核算；缺点是容易出现部门化倾向，行政管理人员过多，管理费用增加。

13.2.2.3 地区部门化

地区部门化（geographic departmentalization）是按地理位置来划分部门。例如，跨国公司依照其经营地区划分的各个分公司。地区部门化的优点是对本地区环境的变化反应迅速灵敏，便于区域性协调，利于管理人员的培养；缺点是与总部之间的管理职责划分较困难。

13.2.2.4 过程部门化

过程部门化（process departmentalization）指按完成任务的过程所经过的阶段来划分。例如，机械制造企业划分出铸工车间、锻工车间、加工车间、装配车间等部门。过程部门化的优点是：能取得经济优势，充分利用专业技术和技能，简化了培训。缺点是部门间的协作较困难。

13.2.2.5 顾客部门化

顾客部门化（customer departmentalization）指按组织服务的对象类型来划分部门。例如，银行为不同的顾客提供服务，设立了商业信贷部、农业信贷部和普通消费者信贷部等。顾客部门化的优点是可以有针对性地按需生产、按需促销；缺点是只有当顾客达到一定规模时才比较经济。

13.2.2.6 人数部门化

人数部门化，即单纯按人数的多少来划分部门。类似于军队的师、团、营、连的划分，这是最原始、最简单的划分方法。

13.2.2.7 时间部门化

时间部门化是在正常工作日不能满足工作需要时，所采用的一种部门划分方法。例如，三班制、轮班制工作的情形，即可按此来划分。

13.2.2.8 设备部门化

设备部门化指按设备的类型来划分部门。例如，医院的放射科、心电图室、脑电图室、超声波室等。

上述对部门划分方式的分析，只是为了理论研究上的方便。在实际工作中，任何组织很少根据唯一的标准来划分部门，而是经常同时利用两个或两个以上的部门化方式，形成组合式的组织结构。例如，大学里设置的教务处、科研处、财务处等部门是按照职能为部门划分标志的，而本科生部、硕士生部、博士生部等的设置又是按照“产品”为部门划分标志的。究竟采用何种部门化方式或何种部门化方式的组合，往往取决于各种部门化方式优劣的权衡。

现代组织的部门化呈现出两种主要趋势：顾客部门化和跨职能团队。顾客部门化被认为是能更好地预测顾客的需求并能对其需求变化做出更好反应的一种部门化方式。跨职能团队（cross - function teams）是各专业领域的专家们组合在一起协同工作。

13.2.3 指挥链

指挥链（Chain of Command）是指从组织高层延伸到基层的这样一条持续的职权线，它界定了谁向谁报告工作，它帮助员工回答“我遇到问题时向谁请示”，或者“我对谁负责”这类问题。职权是指管理职务所固有的发布命令和希望命令得到执行的一种权力。为了促进决策和协调，各级管理者作为组织中指挥链的一环，需要被授予一定程度的自主权以便履行其职责。而管理者协调和整合雇员的工作时，这些下属员工也被认为负有执行任务的义务。这种对完成任务的期待或义务就是职责。指挥链涉及以下两个原理。

13.2.3.1 统一指挥

古典学者们强调统一指挥（Unity of Command）原则，主张每个下属应当而且只能向一个上级主管直接负责，不能向两个或者更多的上司汇报工作。否则，下属可能要面对来自多个主管的相互冲突的要求或优先处理的要求。

统一指挥原则经常被违背。例如，饭店安全管理人员、财务人员、人事部人员等，经常在自己的专业分工领域内，对不在自己直接领导下的员工（如餐厅女服务生）进行指挥。解决的办法是在确保专业分工和岗位划分的基础上，通过紧密的协作，进行合理的指挥。在整个饭店的协作过程中，总经理起着关键作用。

13.2.3.2 阶梯原理

阶梯原理（The Scalar Principle）强调，从事不同工作和任务的人，其权力和责任应该是有区别的。组织中所有人都应该清楚地知道自己该向谁汇报，以及自上而下的逐级的管理层次。

统一指挥涉及谁对谁拥有权力，阶梯原理则涉及职责的范围。因此，指挥链是决定权力、职责和联系的正式渠道。指挥链影响着组织中的上级与下级之间的沟通。按照传统的观念，上级不能越过直接下级向两三个层次以下的员工下达命令；反之亦然。现代的观点则认为，当组织相对简单时，统一指挥是合乎逻辑的。它在当今大多数情况下仍是一个合理的忠告，是一个应当得到严格遵循的原则。但在一些情况下，严格遵循这一原则也会造成某种程度的不适应，妨碍组织取得良好的绩效。只要组织中每个人对情况都知情，越级下达命令或汇报工作并不会给管理带来混乱，而且还能够使组织氛围更加健康，员工之间更加信任。

13.2.4 管理幅度

管理幅度（span of control）是一名领导者直接领导的下属人员数量。任何领导人员，因受其精力、知识、经济等条件的限制，能够有效领导的下级人数是有限度的，超过一定限度，就无法做到具体、有效的领导。一个领导者能直接有效领导的下属人员数称为有效管理幅度。决定有效管理幅度的条件主要有：处理问题的复杂程度和工作量的大小、领导者及其下属的素质水平、标准化水平和授权程度。组织设计的任务就是找出限制管理幅度的影响因素，根据影响因素的大小，具体确定特定企业各级各类管理组织与人员的管理幅度。对企业来说，确立组织的管理幅度和层次时，需要把握以下几点。

13.2.4.1 计划制订的完善程度

事先有良好、完整的计划，工作人员都明确各自的目标和任务，清楚自己应从事的业务活动，则主管人员就不必花费过多的精力和时间从事指导和纠正偏差，因而主管人员的管理幅度就可以大一些，管理幅度大，管理层次就相对少一些；反之，计划不明确、不具体，就会限制一个管理人员的管辖范围，管理幅度就相对较小。

13.2.4.2 管理层次

在被管理人员确定的情况下，管理幅度与管理层次成反比，即管理幅度越大，则管理层次越少；反过来，管理幅度越小，则管理层次越多。

13.2.4.3 管理者的个人能力

管理者个人的综合表达能力强，就能够迅速地把握问题的关键，对下属的请示提出恰当的指导建议，并且能够使下属明确地理解，从而缩短与每一位下属接触所占用的时间，其管理的幅度就会扩大。

13.2.4.4 管理者水平和管理手段

管理幅度与管理者的水平和管理手段的先进程度有关。管理者水平高、管理手段先进，则管理幅度可大些；否则，就需小些。

13.2.4.5 被管理对象

下属的工作能力的强弱对上级的管理幅度也有着直接的影响。下属的工作能力强，能够很快明白上级的指令，在工作中能够独立地处理所遇到的困难和问题，就会减少对上级时间的占用。而事事向上级请示、汇报，上级触发一下才动一下的下级，就必然制约上级的管理幅度。所以，被管理人员素质高、责任心强，能独立胜任工作且忠于组织，则管理幅度可大些；否则，可小些。

13.2.4.6　不同工作内容和性质

管理者工作性质越复杂、涉及面越广、越不规范，对管理者的时间、精力的占用就越多，其管理的幅度就越小。工作的同一性越高、较容易且规范、稳定且变化小，不需要创造性，管理者碰到同类问题的概率就越大，就可以采用程序性的方法解决，管理的幅度就可以大些；反之，就要小一些。

13.2.4.7　组织法规

管理幅度与组织法规健全与否有关。对于一个法规、程序健全的组织，管理幅度就可大些。

13.2.4.8　管理环境的稳定性

管理环境稳定，组织与环境之间的适应性强，工作就相对简单，新问题比较少，经常性的问题可以按照既定的程序来解决，管理幅度就可以大些；反之，环境变化快，新问题多，管理者的时间和精力就必须用来应对出现的各种新问题，管理幅度就会受到限制。

总之，管理幅度问题存在于各类、各级组织之中，它是研究和具体设计组织结构时要考虑的最基本问题。管理幅度的确定受许多因素的影响，但诸方面因素影响程度不同，决定了管理幅度的弹性是很大的，并没有一个固定的数值。因此，这就要求处于各级主管职位的主管人员应根据本单位的具体情况，因地制宜地考虑各种影响因素，运用各种方法，来确定自己理想的管理幅度。

13.2.5　集权与分权

集权（centralization）是指组织的决策权集中于一点的程度。在集权组织中，高层管理者作所有的决策，基层管理者只负责执行高层管理者的指示；与此相反，分权组织把决策权下放给最接近实际行动的管理者或者工作群体。在组织管理中，集权和分权是相对的，绝对的集权或绝对的分权都是不可能的。集权与分权有着本质上的差异，各有利弊。

13.2.5.1　集权的优点与缺点

在稳固的组织中，一般倾向于集权。集权的优缺点如表 13－2 所示。

表 13－2　集权的优点与缺点

集权的优点	集权的缺点
政令统一，标准一致，便于统筹全局	不利于发展个性，难以顾及事物的特殊性
指挥方便，命令容易贯彻执行	缺少弹性和灵活性

续表

集权的优点	集权的缺点
有利于形成统一的企业形象	适应外部环境的应变能力差
容易形成排山倒海的气势	下级容易产生依赖思想
有利于集中力量应付危局	下级不愿承担责任

13.2.5.2 过分集权的后果

（1）降低决策的质量。在高度集权的组织中，随着组织规模的扩大，组织的最高管理者远离基层，基层发生的问题经过层层请示汇报后再作决策，不仅影响了决策的正确性，而且影响了决策的及时性。

（2）降低组织的适应能力。处在动态环境中的组织必须根据环境中各种因素的变化不断进行调整。过度集权的组织，可能使各个部门失去自我适应和自我调整的能力，从而削弱组织整体的应变能力。

（3）不利于调动下属的积极性。由于实行高度集权，几乎所有的决策权都集中在最高管理层，结果使中下层管理者变成了纯粹的执行者，他们没有任何的决策权、发言权和自主权。长此以往，他们的积极性、创造性和主动性会被磨灭，工作热情消失，对组织的关心程度也会减弱。

（4）阻碍信息交流。在高度集权的组织里，由于决策层即最高管理层与中下层的执行单位之间存在多级管理层次，信息传输路线长，经过环节多，因而信息的交流比较困难，使下情难以上达。

13.2.5.3 组织采取集权或分权应考虑的因素

影响集权与分权的程度是随条件变化而变化的。对一个组织来说，其集权或分权的程度应综合考虑以下因素：

（1）决策的代价。一般来说，决策失误的代价越高，越不适宜交给下级人员处理。

（2）政策的一致性。如果高层管理者希望保持政策的一致性，则趋向于集权化。如果高层管理者希望政策不一致，则会放松对职权的控制程度。

（3）组织的规模。组织规模较小时，一般倾向于集权。当组织规模扩大后，组织的层级和部门会因管理幅度的限制而不断增加，从而造成信息延误和失真。因此，为了加快决策速度、减少失误，最高管理者就要考虑适当分权。

（4）组织的成长。组织成立初期绝大多数都采取和维持高度集权的管理方式。随着组织逐渐成长，规模日益扩大，则由集权管理方式逐渐转向分权管理方式。

（5）管理哲学。有些组织采用高度集权制，有些组织推行高度分权制，原因往往是高层管理者的个性和管理哲学不同。

（6）管理人员的数量与素质。管理人员的数量不足或素质不高可能会限制组织实行分权。即使高层管理者有意分权，如果没有下属可以胜任，也不能成事。相反，如果管理人员数量充足、经验丰富、训练有素、管理能力强，则可进行较多的分权。

（7）控制的可能性。分权不可失去有效的控制。高层管理者在将决策权下授时，必须同时保持对下属的工作和绩效的控制。一般来说，如果控制技术与手段比较完善，管理者对下属的工作和绩效控制能力强，则可较多地分权。

（8）职能领域。组织的分权程度也因职能领域而异，有些职能领域需要更大的分权程度，有些则相反。

（9）组织的动态特性。如果一个组织正处于迅速的成长过程中，并面临着复杂的扩充问题，组织的高层管理者可能不得不做出为数很多的决策。高层管理者在无法应付的情况下会被迫向下分权。

13.2.5.4　衡量一个组织集权或分权的程度的因素

（1）决策的数量。组织中较低管理层级作出的决策数量越多，则分权的程度就越高；反之，上层决策数级越多，则集权程度越高。

（2）决策的范围。组织中较低层级决策的范围越广，涉及的职能越多，则分权程度越高；反之，上层决策的范围越广，涉及的职能越多，则集权程度越高。

（3）决策的重要性。如果组织中较低层级做出的决策越重要，影响面越广，则分权的程度越高；相反，如果下级做出的决策越次要，影响面越小，则集权程度越高。

（4）对决策控制的程度。组织中较低层级做出的决策，上级要求审核的程度越低，则分权程度越高；如果上级对下级的决策根本不要求审核，则分权的程度最大；如果做出决策之后必须立即向上级报告，则分权的程度就小一些；如果必须请示上级之后才能做出决策，则分权的程度就更小；下级在做决策时需要请示或照会的人越少，其分权程度就越大。

13.2.6　正规化

正规化（formalization）是指组织中的工作实行标准化的程度。如果一种工作的正规化程度较高，就意味着做这项工作的人对工作内容、工作时间、工作手段没有多大自主权。人们总是期望员工以同样的方式投入工作，能够保证稳定一致的产出结果。在高度正规化的组织中，有明确的工作说明书，有繁杂的组织规章制度，对于工作过程有详尽的规定。而正规化程度较低的工作，相对来说，工作执行者和日程安排就不那么僵硬，员工对自己工作的处理许可权就比较宽。由于个人许可权与组织对员工行为的规定成反比，因此工作标准化程度越高，员工决定自己工作方式的权力就越小。工作标准化不仅降低了员工选择工作行为的可能性，而且使员工无须考虑其他行为选择。

组织之间或组织内部不同工作之间正规化程度差别很大。一种极端情况是，众所周知，某些工作的正规化程度很低，如大学推销商（向大学教授推销公司新书的出版商代理人）的工作自由许可权就比较大，他们的推销用语不要求标准划一。在行为约束上，需要每周交一次推销报告，并对新书出版提出建议。另一种极端情况，是那些处于同一出版公司的职员与编辑位置的人。他们上午 8 点要准时上班，否则会被扣掉半小时工资，而且，他们必须遵守管理人员制定的一系列详尽的规章制度。

13.3 常见的组织设计

组织结构为组织提供了框架。德鲁克认为，良好的组织结构本身并不产生良好的工作绩效，但无论这个组织的管理者个人有多么出色，糟糕的组织结构绝对不可能有良好的绩效，因此设计良好的组织结构才能提高绩效。

13.3.1 简单结构

简单结构（simple structure）也被称为前官僚结构，缺乏任务的标准化。此结构在小型组织中最为常见，最适合用于解决简单任务。结构是完全集中的。战略领导者做出所有关键决策，大多数沟通都是通过一对一的对话完成的。它对新的创业业务特别有用，因为它使创始人能够控制增长和发展。它们通常基于传统的控制或魅力统治。简单结构不是精心制作的，这种结构的部门化程度低，控制幅度宽，规范化程度低。简单结构是一种“扁平”结构；它通常只有 2 ~ 3 层垂直等级，员工群体结构松散，且只有一个人具有决策权。简单结构的优势就在于它的简单性、反应敏捷、灵活可变、运营成本低廉和责任明确。

简单结构主要适用于管理者和所有者为同一人的小型企业。但由于其实行中央集权管理，这种结构也是出现临时危机时的一种优选结构。随着组织成长，这种结构会越来越不适用，因为其低规范化和高度中央集权会造成高层的信息过载，难以适应组织扩展的需要。随着组织规模的扩大，如果经营者依然企图独揽大权，那么组织决策就会日益迟缓，最终陷入停滞，这往往导致小型企业的毁灭，如果此时组织结构还不加以改变，使之变得更加精细，那这个企业就会失去很多发展机会，甚至可能以失败告终。

13.3.2 官僚组织结构

官僚组织理论是德国社会学家马克斯·韦伯（Max Weber）在20世纪早期提出并发展的一种权威结构理论，并依据权威关系来描述组织活动。官僚结构（Bureaucracy）是一种体现劳动分工原则，有着明确定义的等级和详细的规则与制度，以及非个人关系的组织模式。

13.3.2.1 官僚结构的特点

（1）通过职务专门化制定制度和规则。

（2）以职能部门划分工作任务。

（3）实行集权式决策，控制跨度较窄。

（4）通过命令链进行经营决策，维持日常运营。

13.3.2.2 官僚结构的优势

官僚结构型组织的主要优势在于，它能够高效地进行标准化活动操作。

（1）把同类专家配置在同一个职能性部门，能够实现规模经济，使人事与机器的重复设置降到最低限度，员工也有更多的机会与自己的同事进行兴趣相投的交流。

（2）这种结构形式对中低层的管理人员的要求较低，因此可以节约成本。

（3）规章制度在组织中的渗透在某种程度上使管理人员处理问题比较容易。

（4）实行标准化操作和高度正规化经营，使决策可以集权化。

（5）对中低层管理人员创新能力、决策、工作经验的要求不高。

13.3.2.3 官僚结构的不足

官僚结构型组织的一个主要不足，可以从下面一家公司4位主管的对话中得到例证，见表13－3。

表 13 – 3　官僚结构型组织举例

• 生产部门主管说："你知道，除非我们生产出东西，否则公司就什么也没发生。"
• 研究开发部主管评论道："不对！除非我们设计出东西，否则公司就什么也没发生。"
• "你们说什么？"市场营销主管说，"除非我们卖掉东西，否则公司就什么也没发生。"
• 最后，恼怒的财会主管反击道："你们生产、设计、销售什么无关紧要，除非我们核算出各种结果，否则谁也别想知道我们发生了什么。"

这段对话说明在官僚结构型组织中，工作专门化导致了各个分部门之间的冲突，职能部门的目标有时会凌驾于组织的整体目标之上。

官僚结构的另一个不足是，我们在生活中或多或少都有过与官僚部门的人打交道的经历。对于在官僚结构型组织工作的人来说，即使事实与规则不完全相符，也要遵守规则，根本没有变通的余地。只有在员工们面临他们熟悉的问题，而且问题的解决方法已有程序性规定时，这种结构的效力才能发挥出来。

13.3.3　直线型组织结构

直线型组织结构（linear structure）是工业发展初期的一种简单的组织结构形式，适用于小型组织或现场作业。其特点是组织中的一切管理工作均由领导者直接指挥和管理，不设专门的职能机构。在这种组织中，上下级的权责关系是直线型的，上级在其职权范围内具有直接指挥权和决策权，下属必须服从。

13.3.3.1　直线型组织结构的特点

（1）组织中每一位主管人员对其直接下属拥有直接职权。

（2）组织中的每一个人只对他的直接上级负责或报告工作。

（3）主管人员在其管辖范围内，拥有绝对的职权或完全职权，即主管人员对所管辖的部门的所有业务活动行使决策权、指挥权和监督权。

13.3.3.2　直线型组织结构的优缺点

（1）直线型组织结构的优点是这种结构形式权责明确、命令统一、决策迅速、反应灵敏和管理机构简单。

（2）直线型组织结构的缺点是权限高度集中，易于造成家长式管理作风，形成独断专行的长官意志，组织发展受到管理者个人能力的限制，组织成员只注意上下沟通而忽视横向联系。这种组织结构的适用范围有限，它只适用于小规模组织，或者虽然规模较大但活动内容比较单纯的组织。

13.3.4 职能结构

职能结构是采用按职能实行专业分工的管理办法来取代直线结构的全能式管理结构。其特点是下级既要服从上级主管人员的指挥，也要听从上级各职能部门的指挥。这一结构形式较能适应管理活动复杂化的需要，但也易造成管理上的混乱，实际上很少用。

13.3.5 直线职能制

直线职能制是现代工业中最常见的一种结构形式，而且在大中型组织中尤为普遍。这种组织结构的特点是：以直线为基础，在各级行政主管之下设置相应的职能部门（如计划、销售、供应、财务等部门）从事专业管理，作为该级行政主管的参谋，实行主管统一指挥与职能部门“参谋—指导”相结合。在直线职能制下，下级机构既受上级部门的管理，又受同级职能管理部门的业务指导和监督。各级行政领导人逐级负责、高度集权。因此，这是一种按经营管理职能划分部门，并由最高经营者直接指挥各职能部门的体制。

13.3.5.1 直线职能制的优点

直线职能制快速、灵活、维持成本低且责任清晰，既保持了直线型结构集中统一指挥的优点，又吸收了职能型结构分工细密、注重专业化管理的长处，从而有助于提高管理工作的效率。

13.3.5.2 直线职能制的缺点

（1）属于典型的“集权式”结构，权力集中于最高管理层，下级缺乏必要的自主权。

（2）各职能部门之间的横向联系较差，容易产生脱节和矛盾。

（3）直线职能制结构建立在高度的“职权分裂”基础上，各职能部门与直线部门之间如果目标不统一，则容易产生矛盾。特别是对于需要多部门合作的事项，往往难以确定责任的归属。

（4）信息传递路线较长，反馈较慢，难以适应环境的迅速变化。

直线职能制所存在的问题是经常产生权力纠纷，从而导致直线人员和职能参谋人员的摩擦。为了避免这两类人员的摩擦，管理层应明确他们各自的作用，鼓励直线人员合理运用职能参谋人员所提供的服务。

13.3.6 事业部结构

事业部结构是通用汽车公司在 20 世纪 20 年代首创的。它是指大型公司按产品的类型、地区、经营部门或顾客类别设计建立若干自主经营的单位或事业部。事业部结构又称多部门结构，在这种结构中，各事业部或分支公司通常是半自主的利润中心，按产品、区域或商标等来设立。公司的战略决策和日常运营决策两项职能分离，分别由总部和利润中心（分支公司）承担。

13.3.6.1 事业部结构的特点

（1）具有独立的产品和市场，是产品责任或市场责任单位。

（2）具有独立的利益，实行独立核算，是一个利润中心。

（3）是一个分权单位，具有足够的权利，能自主经营。

13.3.6.2 事业部结构的优缺点

（1）事业部结构的优点。事业部结构的优点在于适应不稳定环境下的快速变化，具有清晰的产品责任和联系环节，能够实现顾客满意、事业部内跨职能的高度协调，并使各分部适应不同的产品、地区和顾客，在规模大且产品多的公司效果最好。也有分权决策的优势。

（2）事业部结构的缺点。失去了职能部门内部的规模经济，导致产品线之间缺乏协调，并使产品线间的整合与标准化变得困难，容易产生事业部之间的内部竞争。

13.3.7 矩阵结构

矩阵组织结构是把按职能划分的部门和按产品、项目、服务等划分的部门结合起来组成一个矩阵，使同一个员工既同原职能部门保持组织与业务的联系，又参加产品或项目小组的工作，即在直线职能型基础上，再增加一种横向的领导关系。为了保证完成一定的管理目标，每个项目小组都设负责人，在组织最高主管直接领导下进行工作。矩阵结构是一种实现横向联系的有力模式。矩阵结构的独特之处就在于将纵向设计和横向设计结合起来，使产品事业部结构和职能式结构可以同时得到实现。

13.3.7.1 矩阵结构的特点

（1）项目经理来自组织的项目部门。公司承接到新的项目后就会委派一个项目经理。一个项目经理可以同时管理几个小型项目，但大型的项目就要有专职的项目经理来负责。接下来，项目经理要与有关职能部门经理协商，从各个职能部门中为项目分配工作人员，这些人员根据实际需要为项目工作一段时间。

（2）在一个矩阵型项目组织中，某个职能部门的人员通常在几个同时进行的项目中兼职工作，这样，几个项目就可以共享员工的工作时间，从而就能有效地利用资源，使全公司及每个项目的全面成本减至最低。参与人员在完成某一项目或具体任务后，就被分配到新的项目中。如果某一项目因为某种原因而暂时中止，他们能够适应项目的变化而在各项目之间流动，从而减少人员闲置的时间。

（3）矩阵型组织结构基础的、核心的技术资源可供所有项目运用，从而提高公司整体上的技术资源利用率。同一职能部门的专业人员具有共同的知识背景，可以相互交流与学习，共同得到提高。他们将自己的知识应用于各个不同的项目，各职能部门的员工在项目组织内协同工作，可增进横向交流，同时又从各个不同的项目中汲取新的知识和技能，从而获得职业上的发展。

（4）矩阵型组织结构也便于改善沟通，从而可以更及时地发现问题，解决冲突。项目团队成员可以通过两个渠道向项目经理和职能经理反映情况，提醒注意潜在问题。这两个沟通渠道更利于发现问题，避免压制。

（5）矩阵型组织结构里的项目团队成员有两个汇报关系：有关项目的临时情况，他们向项目经理汇报；但同时，在行政管理方面，仍要向他们的职能经理汇报。分配某个成员同时在数个项目中工作，这个成员就会有好几个经理。这时，可能会由于工作的优先次序而产生冲突。

（6）应用矩阵型组织结构，公司一定要制定工作纲领，保证在项目经理和职能经理之间恰当地平衡权力。矩阵型组织结构适用于同时承担多个项目，而且各个项目的资源具有共享性的企业。

13.3.7.2 矩阵结构的优势与劣势

矩阵型组织是一种混合体，是职能型组织结构和项目型组织结构的混合。它既有项目型组织结构注重项目和客户的特点，也保留了职能型组织结构的职能特点。矩阵结构的优势与劣势如表13－4所示。

表13－4 矩阵结构的优势与劣势

优　　势	劣　　势
获得适应顾客双重要求所必需的协作	导致员工卷入双重职权之中，使之沮丧而困惑
实现产品间人力资源的灵活共享	意味着员工需要良好的人际关系技能和全面的培训
适应不确定环境下复杂的决策和经常性的变革	耗费时间，包括经常性的会议和冲突解决会议
为职能和生产技能改进提供了条件	除非员工理解这种模式，并采用一种团体组织式的而非纵向关系，否则将无效
在拥有多种产品的中等组织中效果最佳	需要很多经理来维持这种权力平衡

（1）矩阵结构的优势。这种结构将职能与任务很好地结合在一起，既可满足对专业技术的要求，又可满足对每一项目任务快速反应的要求。矩阵型组织结合了职能型组织和项目型组织的优点，克服了二者的缺点。

矩阵型组织有了直接对项目负责的人，能够以项目为导向，有了客户问题处理中心，协调工作由项目管理队伍承担，能够明确责任，资源来自各职能部门，并且这些资源可在不同项目中共享，专业人员在技术上可相互支持，各专业员工在组织上仍归属其职能部门。因此，项目结束后，员工“有家可归”。

项目组织与职能部门同时存在，既发挥职能部门的纵向优势，又发挥项目组织的横向优势。专业职能部门是永久性的，项目组织是临时性的。职能部门负责人对参与项目组织的人员有组织调配和业务指导的责任，项目经理将参与项目组织的职能人员在横向上有效地组织在一起。项目经理对项目的结果负责，而职能经理则负责为项目的成功提供所需资源。

（2）矩阵结构的劣势。组织中信息和权力等资源一旦不能共享，项目经理与职能经理之间势必会为争取有限的资源或权力而发生矛盾，这反而会产生适得其反的后果，协调处理这些矛盾必然要牵扯管理者更多的精力，并付出更多的组织成本。另外，一些项目成员接受双重领导，他们要具备较好的人际沟通能力和平衡协调矛盾的技能；成员之间还可能会存在任务分配不明确、权责不统一的问题，这同样会影响组织效率的发挥。

13.3.8 团队结构

13.3.8.1 团队结构的定义

团队结构是指团队成员的组成成分，是团队协调、协作、协同工作的基础，因此团队的组织结构在队形保持中起着重要的作用。团队由一群不同背景、不同技能及不同知识的人员所组成，通常人数不多。他们分别选自组织中的不同部门，那是他们各自的“家”。组成团队后，他们共同为某一特殊的任务而工作。这种结构方式的主要特点是，打破部门界限，并把决策权下放到工作团队。

13.3.8.2 团队结构的特点

（1）打破部门界限，并把决策权下放到团队成员，要求成员既全又专，团队负责活动的全部责任。

（2）团队结构适用于组织中具有特定的期限和工作绩效标准的某些重要任务，或者独特的、不常见的、需要跨职能的专门技能的任务。

(3) 团队作为对官僚结构的补充，既提高了标准化的效率，又增强了灵活性，是一种自我管理的团队。

在小型公司中，可以把团队结构作为整个组织形式。例如，一个30多人的市场销售公司要完全按团队来组织，团队对日常的大多数操作性问题和顾客服务问题负全部责任。在大型公司中，团队结构一般作为典型的官僚结构（行政性层级）的补充。这样的组织既能因传统结构标准化而提高运作效率，又能因团队的存在而增强灵活性。例如，为提高员工的生产率，像克莱斯勒汽车公司、三星公司、摩托罗拉公司、施乐公司这样的大型公司都广泛采用自我管理的团队结构。而当波音或惠普公司需要设计新产品或协调主要项目时，它们往往采用多功能团队来组织活动。

13.4 组织结构的发展趋势

随着时代的发展，企业组织结构呈现出新的发展趋势和新的形态。

13.4.1 扁平化

13.4.1.1 组织结构扁平化的定义

组织结构扁平化是通过减少行政管理层级，裁减冗余人员，从而建立一种紧凑、干练的组织结构。组织结构扁平化曾在管理界风行一时，几乎每一个管理者都在谈论它的好处。扁平化可以加快信息传递速度，使决策更快且更有效率，减少人员，使企业成本更低，企业的分权也得到贯彻实施，每个中层管理者有更大的自主权可以进行更好的决策。

13.4.1.2 扁平化成为发展趋势的原因

(1) 分权管理成为一种普遍趋势。金字塔状的组织结构是与集权管理体制相适应的，而在分权的管理体制之下，各层级之间的联系相对减少，各基层组织之间相对独立，扁平化的组织形式能够有效运作。

(2) 这是企业快速适应市场变化的需要。传统的组织形式难以适应快速变化的市场环境，为了不被淘汰，就必须实行扁平化。

(3) 现代信息技术的发展，特别是计算机管理信息系统的出现，使传统的管理幅度理论不再有效。在传统的管理幅度理论中，制约管理幅度增加的关键，是无法处理管理幅度增加后指数化增长的信息量和复杂的人际关系，而这些问题在计算机强大的信息处理能力面前迎刃而解。

（4）随着信息技术的发展，现代网络技术和功能强大的营销管理软件能够对众多经销商反馈的大量信息进行快速处理，并能通过因特网将企业的信息“集群式”（即在同一时点向所有对象传送信息）传递给经销商。因此，渠道扁平化过程中所遇到的信息传递与处理问题，能够通过现代信息技术迎刃而解，这极大地推动了渠道扁平化趋势的发展。

以产品销售渠道的扁平化为例，传统的销售渠道是多层次批发，渠道层次多、环节多、渠道长，渠道链上的经销商数目呈指数级数发散，这是一种典型的层级结构组织形式。但当前大多数优秀企业已经摒弃了这种渠道形式，而代之以扁平化的渠道形式。扁平化趋势表现在：渠道层级减少，渠道缩短，而渠道宽度大大增加。扁平化销售渠道最显著的特点有两个：一是渠道直营化；二是渠道短宽化。

13.4.1.3　扁平化存在的弊端

当实施了几年的扁平化管理之后，我们的社会发生了巨大的改变：中层管理者跳槽不断，管理咨询机构迅速膨胀，顾问团迅速扩张，不合格的中层管理人员越来越多。

以前的企业有小组长、小班长、小队长、大队长、车间主任、企业正副经理，最后是企业的董事长，其中还有很多的中层管理人员，作为联络者和调节者出现。

在以事业为单位或以功能为单位划分的企业里，有营销经理、财务经理、生产经理，下一层即为下面的小团队。这些普通员工没有什么职称名片，却一律印为某某经理，而实际不过是底层的小干事、小职员，遇到项目时可能会临时组建团队，平时则负责各自的工作。黑压压的一群人，都望着上面经理的职位。

一旦上面的经理被调走，这么多人中便可能有一人会晋升，而结果很可能却因经验不足，接二连三出问题、犯错误。而同时由于他人的晋升，企业中可能会有一批能力和地位相差无几者辞职而去，或者开始和上级作对。于是公司请来空降兵，人员换了一大半，结果是越治越差，越差越治，于是想到借助外脑，高薪聘请一批又一批的专家前来会诊，当曲终人散时才发现问题并没有解决多少。结果是，企业让咨询公司进驻公司，长期合作。这样一来，真正的功能机构反而成了一个又一个咨询人员的执行工具。企业已离不开咨询机构，到此时企业才发现自己的效率并没有提高多少，企业的成本也没有降低多少，反而把一个不错的企业变成了别人的实验场。由于过大的领导幅度，领导者对每一位下属不可能进行充分的、有效的指导和监督；每个领导者从较多的下属那里取得信息，众多的信息又有可能淹没其中最重要的、最有价值的内容，从而可能影响信息的及时利用。

这与企业的初衷是背道而驰，但是现实中这样的情况并不鲜见。所以扁平化并不是万能药，甚至不见得有效，在使用它时要考虑到可能的副作用，别片面地认识到它的优势而忽略了它的劣势。

13.4.2 去中心化

去中心化是一种现象或结构，必须在拥有众多节点的系统中或在拥有众多个体的群中才能出现或存在。节点与节点之间的影响，会通过网络而形成非线性因果关系。这种开放式、扁平化、平等性的系统现象或结构，称之为去中心化。

去中心化设计将促进生成网络化的自组织，但并不意味着绝对无中心。组织中每一个网络节点都可以成为一个相对的动态中心，即针对不同领域、不同项目以及各自的特点专长和意愿去发起和组织各项活动，产生各种价值。

13.4.3 柔性化

所谓柔性化，同适应性一样是指连续性地做出临时性调整。由于组织是建立在个人、群体和组织内部子单位之间的动态合作以及与外部环境功能互补的基础之上的，因而柔性已成为组织在不确定环境中求得生存和发展的一个不可缺少的因素。柔性化组织强调组织成员之间的信任、合作与信息共享。柔性化组织所隐含的管理理念主要表现为：组织边界网络化、管理层级扁平化、组织结构柔性化和组织环境全球化。

其中，组织结构柔性化是以创新能力为宗旨，通过分工合作、共担风险，以及适当的权限结构调整，向基层员工授权，并满足员工的高层次需要，增强员工的主人翁责任感，使其不仅自觉提高各自的工作标准，还把组织意志变为个人的自觉行动。组织结构柔性化的特点就在于结构简洁，反应灵敏、迅速，灵活多变，以达到快速适应现代市场需求。

需要强调的是，组织结构柔性化产生的根本价值点在于其能从员工、客户及其他利益相关者的多种需求出发，提倡“团队式合作”的责任意识，使组织能够根据环境的变化，迅速、有效地配置企业所有的资源，然后通过发挥整体资源优势以解决组织发展中所面临的特定问题。

13.4.4 网络化

13.4.4.1 组织网络化的背景

现代企业独立竞争的时代已经过去，随着信息技术的渗透与网络的普及，网络协作时代开启。以往的价格战或是资源掠夺式的恶性竞争会逐步退出舞台，取而代之的将是企业之间共赢式的协同合作。企业个体间的竞争，将会演化成不同企业组成的产业生态圈之间的竞争，外部协作能力成为企业核心竞争力。最为理想的商业环境是每个个体企业都可以与生态圈中的各个合作企业实现最高效、最低成本的实时业务协作。一些先进企业敏锐地意识到以信息技术作为神经系统的商业网络，能够迅速、连续地调配资源以及最大范围地整合资源，这已经成为企业获得新型核心竞争价值的必要手段。商业价值网络即将成为中国商业模式转型的新方向。

13.4.4.2 组织网络化的定义

组织网络化（organization networking）就是让企业上网，把现实的所有企业的东西全部搬到网络上去，主要是企业产品网络化、企业营销网络化，以及企业文化网络化。

网络型组织结构是目前正在流行的一种新形式的组织设计，它使管理当局对于新技术、时尚，或者来自海外的低成本竞争具有更强的适应性和应变能力。网络结构是一种很小的中心组织，依靠其他组织以合同为基础，进行制造、分销、营销或其他关键业务的经营活动的结构。在网络型组织结构中，组织的大部分职能从组织外“购买”，这给管理当局提供了高度的灵活性，并使组织集中精力做它们最擅长的事。譬如，阿里巴巴就是提供所有企业都上网的一个网络服务媒介，这样做的最终目标是树立企业的文化，产生最终的销售，增加更多的订单，方便更多的客户，降低企业的运营成本（如很多公司的无纸化办公），增强员工的有效化办公。

13.4.4.3 网络化的主要类型

组织网络化分为广义的组织网络化与狭义的组织网络化。

（1）广义的组织网络化是指一些独立的相关企业通过长期契约和股权的形式，为达到共享技术、分摊费用以及满足市场需求等目标，发挥各自专长，基于现代信息技术而联结起来形成的一种合作性企业组织群体。

（2）狭义的组织网络化是指企业中的多个部门组合成相互合作的网络，各网络结点通过密集的多边联系、互利和交互式的合作来完成共同追求的目标。

13.4.5 虚拟化

组织虚拟化则是指企业组织结构形式不再是一个以产权关系为基础、以资产为联系纽带、以权威为基本运作机制的由各种岗位和部门组成的实实在在的企业实体，而是以计算机和信息网络为基础和支撑，以分工合作关系为联系纽带，结合权威控制与市场等价交换原则等运作机制的一个动态企业联合体。

13.4.5.1 虚拟化与网络化的区别

虚拟化是组织网络化的极端形式，虚拟化与网络化的区别在于以下几点：

（1）它们对网络技术的依赖程度不同。

（2）成员之间合作关系的维持时间不同。

（3）能实现虚拟化的组织范围没有实现网络化的组织那样多。

13.4.5.2 组织虚拟化的两个方面

（1）单体组织的虚拟化。单体组织的虚拟化实际上是组织内部高度的网络化，通过IT网络终端把其雇员以及雇员与顾客直接连在一起；它使企业组织把尽可能多的实体转变成数字信息，减少实体空间，更多地依赖电子空间，最终使企业组织本身成为“空壳型组织”。

（2）组织间关系的虚拟化。企业组织间关系的虚拟化是组织网络化的一种特例。它是指由几个有共同目标和合作协议的公司组成，成员之间可能是合作伙伴，也可能是竞争对手，它改变了过去公司之间完全你死我活的输赢关系，而代之以“共赢”的关系。同时每个成员企业将各自的商业活动减少到一至两个，即所谓的核心能力，成员公司只专注于自己最有竞争力的业务。

13.4.5.3 虚拟组织

虚拟组织是一种规模小却可以发挥主要商业职能的核心组织，用理论术语来讲，虚拟组织决策集中化的程度很高，但部门化程度很低，或根本不存在。也就是说，虚拟组织从组织外部寻找各种资源来执行组织的一般职能，如生产、销售、技术开发等，而把精力集中在自己最擅长的业务上。对于大多数美国公司，这就意味着公司把主要精力集中在设计和营销上。例如，爱默生无线电公司集中精力开发设计新型的电视机、录像机、立体声收音机及其他消费电子产品，而把生产任务承包给了亚洲供应商。

13.4.6 无边界化

13.4.6.1 无边界组织的定义

所谓无边界组织是指边界不由某种预先设定的结构所限定或定义的组织

结构。边界通常有横向边界、纵向边界和外部边界三种。横向边界是由工作专门化和部门化形成的，纵向边界是由组织层级所产生的，外部边界是组织与其顾客、供应商等之间形成的“隔墙”。

杰克·韦尔奇被誉为全球第一 CEO。从 1981 年入主美国通用电气（GE）开始，在短短 20 年的时间里，韦尔奇使通用电气的市值达到了 4 500 亿美元，增长了 30 多倍，排名从世界第 11 位升到第 2 位。令韦尔奇获得巨大成功的关键就在于他突破了科学管理的模式，创造了扁平的、“无边界”的管理模式。可以说是无边界的管理模式再造了 GE，无边界的管理思想渗透到 GE 管理的各个方面。

无边界组织是韦尔奇首创的一个概念。他强调无边界组织应该将各个职能部门之间的障碍全部消除，工程、生产、营销以及其他部门之间能够自由沟通，工作及工作程序和进程完全透明。

13.4.6.2 无边界组织的四种边界

罗恩·阿什克纳斯在他与人合著的《无边界组织：打破组织结构的锁链》一书中对以下四种边界进行了分析界定：

（1）纵向关系。就纵向关系而言，各个层次及各种头衔人员之间的界限已经被打破，垂直上下之间的界限不再僵硬难破，而变得具有弹性和可渗透性，从而有助于更快、更好地决策和行动，也有利于组织方便地从各层次人员那里获得知识信息和创新灵感。

（2）横向关系。就横向关系而言，各职能部门不再有自己独立的山头，部门间的相互渗透、有关领地管辖的争执，被探讨怎样才能最大限度地满足客户需求所替代。

（3）外部关系。就企业与外部供应商、客户的关系而言，已由通过谈判、争吵、高压技巧、封锁信息，甚至相互拼斗的生意人之间——“我们”与“他们”的关系，转化为一种共创、共享、互利、双赢的价值链关系，彼此成为一个战壕里的战友。高效的创新方式一经发现，就可以很快被引入整个产品或服务企业联合价值链中来，为大家所共享。直接无偿投资支持供应商和经销商，也开始成为一种高效的经营方式。企业联盟不仅是一种战略，而且成为一种价值观念。

（4）打破边界。地点、文化和市场的边界也开始被打破。源于强调国民自尊心、文化差异、市场特殊性的观念，往往将创新和效益的观念孤立起来，并导致总部与工厂、销售市场之间的分离和矛盾。这已不再适应全球化统一市场的企业经营和发展。人才、资金、材料供给已全面向本地化方向发展推进。将跨国企业定义为某国某地的企业已不再有任何意义，在何处经营，在何处纳税，也就是何处的“公民”。

13.4.6.3　无边界组织的特征

罗伯特·史雷特在他的《通用商战实录》一书中就无边界组织的界定做了更细致的描绘，从速度、弹性、整合程度和创新四个方面，对四种关系进行了分析。他认为无边界组织具有以下多方面特征：

（1）纵向关系的速度特征为，大多数决定由那些最接近客户的人现场做出，不过这些决定一般只奏效数小时而不是数星期、数月。

（2）纵向关系的弹性特征为，各级管理者不但肩负日常的一线管理责任，而且承担更为广泛的战略责任。

（3）纵向关系的整合程度特征为，关键问题由多层次的团队共同解决，其成员的努力不再受组织中的级别限制。

（4）纵向关系的创新特征为，针对要解决的问题，经常通过跨层次的头脑风暴法来发掘新主意、新思路，并现场决策，不再来回地申报审批。

（5）横向关系的速度特征为，新产品或服务以越来越快的速度推向市场，一发掘出客户价值，就以最快的速度呈献给客户。

（6）横向关系的弹性特征为，各种资源的占有已打破单位、部门之间的块块分割，能够根据需要快速、经常、无阻碍地在专家和操作部门之间流转。

（7）横向关系的整合程度特征为，日常工作可通过流水作业的团队予以解决，非常规性工作由从相应单位、部门抽调力量构成的项目组来处理。

（8）横向关系的创新特征为，经常举办由感兴趣的人自主参加的跨单位、跨部门甚至是跨企业的专题研讨会、报告会或问题攻关小组活动，以横向团队的形式自发地去探索新主意、新思路、新技术和新方法。

（9）企业伙伴关系的速度特征为，对于客户和合作伙伴的要求和投诉，能预先采取措施，并适时答复。与客户的关系也是一种合作伙伴关系。

（10）企业伙伴关系的弹性特征为，战略资源和重要的管理者可以在企业伙伴之间流动，甚至无偿地“借给”客户和供应商使用。

（11）企业伙伴关系的整合程度特征为，供应商和客户经理在设计企业运行和战略选择的团队中居于核心地位，并发挥主导作用。

（12）企业伙伴关系的创新特征为，能从供应商和客户那里经常获得大量的新产品和新工艺的建议和思路。

（13）空间区域关系的速度特征为，最好的经验得以在与自己企业结成企业联盟关系的范围内传播，甚至直接跨地区、跨国界地传播。

（14）空间区域关系的弹性特征为，企业领导者，包括企业下属区域公司领导人，定期参与在不同地区、不同国家的区域业务营运会议及决策。

（15）空间区域关系的整合程度特征为，在企业联盟内部的各国业务之间存在标准的产品平台、统一的行动和分享的经验。

（16）空间区域关系的创新特征为，新产品的建议能放到其母国以外的环境里评价其适应性。

课后作业

1. 讨论组织内部环境与外部环境会如何影响组织结构的特征。
2. 组织结构的发展趋势如何？
3. 不同类型的组织结构各自适合什么样的情况？

案例分析

国有企业彰显中国抗疫制度优势

疫情发生以来，广大国有企业主动投身抗疫一线及国民经济主战场，发挥了“主力军”“国家队”作用，凸显出国有企业在众多关系国计民生的产业及领域中不可或缺的作用。这既是中国共产党领导下国家治理体系和治理能力的微观基础所依，也是中国社会主义市场经济的制度优势所在。

从米面粮油、水电煤气到公共交通，国有企业为抗疫提供了高质量的“后勤保障”，为全国经济社会平稳运行，尤其是市场供应井然有序提供了有力支撑。比如，中粮集团发往湖北的米、面、油一度超过800吨/天；中储粮集团湖北粮食库存可确保6 000万人半年以上的需求；中国移动等电信企业适时加强通信保障，确保全国尤其是疫情严重地区通信畅通。这些举措既保障了全国人民的基本需求，也对在特殊时期稳定人心起到了积极作用。

国有企业强劲有力的产业应急和危机应对能力，体现在从医院改建、生产线筹建到熔喷布、口罩、防护服、检测试剂生产研制的方方面面，为抗疫提供了关键的“枪支弹药”。在承诺不涨价的同时，有关企业争分夺秒供应高质量抗疫物资，以公允价格维持市场秩序。疫情发生以来，中央企业和地方国有企业承担了超过200家专门医院、方舱医院的建设改造任务，在10天内就先后建成了雷神山、火神山两家医院。国机集团、通用技术集团等累计生产压条机、口罩机上千台，相当于15万件医用防护服和8 000万只口罩的日产能。中国石化、中国石油等累计生产熔喷布超过2 500吨。国药集团等企业在短时间内便研制出检测试剂盒，提出用血浆治疗重症患者的医疗方案，有力推动了疾病检测及治疗工作。

国有企业在多个重要产业及领域发挥了积极引领带动作用。国有企业在产业上游布局较多，率先复工复产，以实际行动维护了产业链、供应链稳定；不少国有企业积极搭建产供销合作机制，为产业链上下游中小企业提供帮助；国有企业尤其是中央企业纷纷降低租金和费率，仅中央企业就降低或减免电价、气价、路费、房租、资费等合计超过450亿元。

国有企业在抗疫中的重要作用和积极表现，刷新了世界对中国治理体系和治理能力的认知与理解，增强了我们搞好中国社会主义市场经济的制度自信。

从更长的时间段来看，国有企业始终与新中国成立70多年的经济社会发展、科技进步、国防建设、民生改善成就同频。在新中国成立初期，国有企业为建立独立完整的工业体系打下了坚实基础，使我国拥有了“两弹一星”等国防重器，维护了国家安全和独立自主。在改革开放时期特别是21世纪以来，国有企业进入新的发展快车道，在我国经济社会发展进程中发挥了“顶梁柱”作用。

我国国有企业的发展成就和经验，在某种程度上也改变了国际货币基金组织（IMF）、经济合作与发展组织（OECD）、世界银行等国际组织对国有企业的传统认知。2020年4月份，国际货币基金组织强调，这次疫情彰显了公共部门在挽救生命和生计中发挥的作用，国有企业在其中做出了贡献。经济合作与发展组织也认为，国有企业可以用来解决市场失灵问题，并实现特定的社会目标。世界银行则对中国高铁的高效运营给予了高度评价。

从总结抗疫经验和教训的角度，世界各国很可能会重新思考公共部门及国有企业在国家治理尤其是在基础设施、公共服务、危机应对以及经济发展中的作用。客观地评价，我国这次抗疫的重要支撑在于独立、完整的国民经济体系，以及强劲的产业应急能力，而不是对其他国家产业体系的依赖。国有企业构成了我国产业体系的重要支柱，在抗疫过程中起到了物质保障、产业应急、危机应对和经济稳定的引领带动作用。

尤其值得一提的是，国有企业和其他实体企业在抗疫过程中展现出的基础保障、公共服务、产业应急、技术创新以及振兴经济的能力需要长时间培育与积累，并非短时间内可以练就的。那些“去工业化”的前车之鉴显示，实体经济所拥有的制造与研发能力，一旦被中断或摧毁，往往需要很长时间和很高成本才能恢复。一些国家和地区的教训还显示，对重要基础设施和核心公共服务的大量私有化或外包，会削弱公共部门应对危机的能力。

回首过去，展望未来，结合这次疫情给人类社会带来的巨大冲击，国有企业仍将会在我国经济社会发展中扮演不可替代的角色。国有企业的改革与发展应该齐头并进。在对国计民生有重要影响的产业及领域，国有资本应按照产业规律和自身特点，科学规划，积极布局。

（资料来源：《光明网》2020－06－19）

讨论：

1. 分析中国国有企业组织结构的特点。
2. 分析国有企业为什么能成为抗疫中的“主力军”？

14　组织文化

学习目标

- 掌握组织文化的定义与特点
- 学习主要的组织文化理论
- 懂得组织文化的作用
- 学习创建积极的组织文化

14.1 组织文化的定义与特征

14.1.1 组织文化的定义

组织文化（organizational culture）是组织在长期的实践活动中所形成的，并且为组织成员普遍认可和遵循的具有本组织特色的价值观念、团体意识、工作作风、行为规范和思维方式的总和。

14.1.2 组织文化的特征

14.1.2.1 独特性

组织文化具有鲜明的个性和特色，具有相对独立性。每个组织都有其独特的文化积淀，这是由组织的生产经营管理特色、组织传统、组织目标、组织员工素质以及内外环境所决定的。

14.1.2.2 继承性

组织在一定的时空条件下产生、生存和发展，组织文化是历史的产物，有一定的继承性。

14.1.2.3 人本性

组织文化是一种以人为本的文化，最本质的内容就是强调人的理想、道德、价值观、行为规范在组织管理中的核心作用，强调在组织管理中要理解人、尊重人、关心人。

14.1.2.4 整体性

组织文化是一个有机的统一整体，人的发展和组织的发展密不可分，引导组织员工把个人奋斗目标融于组织发展的整体目标之中，追求组织的整体优势和整体意志的实现。

14.1.2.5 创新性

创新既是时代的呼唤，又是组织文化自身的内在要求。优秀的组织文化往往在继承中创新，随着组织环境和国内外市场的变化而改革发展，引导大家追求卓越、追求成效、追求创新。

14.2 组织文化的功能

组织文化对于组织行为的影响是无形而持久的，组织文化往往能在很大程度上影响组织成员的行为，甚至超过正式的权责关系、管理制度等所发挥的作用。但组织文化也存在着与组织环境适应和匹配与否的问题。组织文化对组织行为与绩效可以产生积极影响，也可能产生消极的负面影响。

14.2.1 组织文化的积极功能

14.2.1.1 激发员工的使命感

任何组织都有其责任和使命。组织使命感是全体员工工作的目标和方向，是组织不断发展或前进的动力之源。优秀的组织文化将企业的使命融入每个员工的工作目标中，将企业的追求与员工自身的事业追求结合在一起，使员工认识到企业的发展就是自身的发展。

14.2.1.2 凝聚员工的归属感

组织文化的作用就是通过组织价值观的提炼和传播，让一群来自不同地方的人共同追求同一个梦想。

14.2.1.3 加强员工的责任感

组织要通过大量的资料和文件宣传员工责任感的重要性，管理人员要给全体员工灌输责任意识、危机意识和团队意识，要让大家清楚地认识到组织是全体员工共同的组织。

14.2.1.4 赋予员工荣誉感

每个人都要在自己的工作岗位、工作领域多做贡献、多出成绩、多追求荣誉感。

14.2.2 组织文化的消极功能

文化的相对稳固性也是组织的一种束缚，尤其当某种文化已经不再适应环境而必须加以调整的时候。实际上，几乎每一种文化观念的另一面，很可能就构成对组织的束缚和制约，特别是强文化对组织的效能存在着潜在的负面作用。

14.2.2.1 削弱个体的创造性

文化有助于增强员工行为的一致性并减小其模糊性，这对组织而言是有利的。但在既定的组织文化中，组织成员的个性可能会受到压抑，从而削弱了个体创造性的发挥。在从事研究和开发等强调个人潜能发挥的领域中，情况尤为如此。

14.2.2.2 阻碍组织变革

由于组织文化是组织在长期运营过程中形成的，具有历史继承性和稳定性的特点，所以组织文化一旦形成，在较短的时间内不易改变。而组织所面临的环境是动态的、不确定的，复杂多变的环境要求组织能够及时地作出调整和变革，此时组织文化就很可能成为组织变革的障碍。由于组织文化强调组织行为的一贯性，即使组织面对的是相对稳定的环境，也有可能削弱组织应对环境变化的能力。

14.2.2.3 阻碍组织合并

在策划企业合并活动时，许多企业领导人往往把注意力集中在金融财务和法律方面，很少关注企业文化可能带来的问题。研究发现，在许多情况下，企业文化造成的问题可以使周密的合并计划流产。

14.3 组织文化的主要理论

14.3.1 霍夫斯坦德维度文化测量理论

20世纪70年代后期，荷兰著名的组织人类学和国际管理学专家吉尔特·霍夫斯坦德（Geert Hofstede）从管理学的角度对现代文明社会人类群体的文化特征进行了宏观分析和界定。他对来自40多个不同国家的人员进行了人类行为方面的大规模调查，被调查人员包括工人、高层管理人员和博士，并在116 000个问卷调查数据的基础上，分析研究了在同一个大规模的跨国公司内部，来自不同文化背景的雇员不同的行为方式，并且重点讨论了社会文化因素对主管与下属之间权力分配及其关系的影响，提出了国家文化模型。

14.3.1.1 国家文化模型中的维度

霍夫斯坦德认为，不同的群体、不同的国家或地区的人们，共有的心理程序之所以会有差异，是因为他们向来受着不同的教育，有着不同的生活和工作，从而也就有不同的思维方式。他在著名的《文化的后果》（*Culture's Consequences*）一书中提出了四个维度，从而为分析和理解文化提供了一种很有价值的途径。他把文化定义为在一个社会群体（如国家、社区）中人们所共享的象征、准则和价值观。他认为这种文化差异可分为四个维度：权力距离（power distance）、不确定性规避（uncertainty avoidance index）、个人主义与集体主义（individualism versus collectivism）、男性化与女性化（masculine versus feminality）。后来，在加拿大心理学家迈克尔·哈里斯·邦德在远东地区研究的基础上（Hofstede and Bond，1988），又补充了第五个纬度、长期取向与短期取向（long vs short term orientation）。

（1）权力距离。权力距离指存在分离开管理者与雇员的强大而又合法的决策权力的理念。经常可以在亚洲和南美洲国家观察到这种习惯。相比较而言，美国雇员赞成较低权力距离的理念，并不大可能相信其管理者肯定正确。因此，美国的许多雇员并不盲目服从其管理者的意愿。当来自不同国家的管理者被询问道，他们是否认为，对于其下属人员提出的有关工作的大多数问题，他们给出精确的答案非常重要。大约 3/4 的印度尼西亚和日本管理者持赞同意见（表明高度权力距离）。形成鲜明对比的是，仅有大约 1/4 的英国、丹麦和美国管理者赞同此结论。后一组人并未接受“专家角色”，他们反而相信他们应该是一种资源，是问题解决者，可以提供一种个人支持（表明低度权力距离）。

（2）不确定性规避。不确定性规避（Uncertainty Avoidance Index；Uncertainty Avoidance）是由吉尔特·霍夫斯泰德（Geert Hofstede）建立的区别文化间差异的四维体系中的第二个维度。指的是一个社会感受到的不确定性和模糊情景的威胁程度，并试图以提供较大的职业安全建立更正式的规则，不容忍偏离观点和行为，相信绝对知识和专家评定等手段来避免这些情景，其强弱是通过不确定性规避指数来表示的。通常可以从对规则的诉求愿望、对具体指令的依赖、对计划的执行程度去考虑。一些文化中的雇员推崇明确性，并非常乐意接到其主管的具体指令。这些雇员具有高度的不确定性规避特征，并偏好于回避工作中的模棱两可，另一些文化中的雇员则以相反方式进行反应，因为模棱两可并未威胁到他们对稳定和安全的较低需要。这些雇员甚至可能会对工作中的不确定性如鱼得水。诸如希腊、葡萄牙和比利时等国的雇员具有高度不确定性规避特征，并偏好结构、稳定、规则和明确。拥有较低不确定性规避特征的国家包括中国、爱尔兰和美国。

（3）个人主义与集体主义。个人主义与集体主义是指社会中个人与群体的关系。个人主义指的是一种松散的社会结构，而集体主义则是一种紧密的社会结构。重视个人主义的文化倾向于强调个人权利与自由，非常松散地结成社会关系网，并极大关注自尊。对个人的职业和个人酬劳尤为重视。集体主义者重视团队并推崇成员之间的和谐。个人感情服从团队整体利益，雇员们更可能会问："什么对组织最为有利?"保全面子在集体主义文化中至关重要。成功地保全面子时，一个人在团队中的地位也就得以维系。美国具有个人主义文化；日本具有集体主义文化。

（4）"男性化"与"女性化"倾向。"男性化"倾向是指社会中两性的社会性别角色差别清楚，男人应表现得自信、坚强、注重物质成就，女人应表现得谦逊、温柔、关注生活质量；"女性化"倾向则是指社会中两性的社会性别角色互相重叠，男人与女人都表现得谦逊、恭顺、关注生活质量。一般可以从对性别角色定位的传统和保守程度、对坚决行为以及获取财富的推崇程度、对人际关系和家庭生活的重视程度去考虑。男性化社会以更加传统和保守的方式定义性别角色，而女性化社会对于男女两性在工作场所和家庭中扮演的大量角色则持较为开明的观点。此外，男性化文化推崇坚决行为以及获取财富；女性化文化珍视人际关系，关心他人，以及看重家庭生活与工作之间更好的平衡。斯堪的纳维亚国家具有最富女性化气质的文化；日本则存在显著的男性化文化；美国的男性化文化要相对温和一些。

通过对上述文化四维度调查数据的分析，霍夫斯坦德证实了不同民族的文化之间确实存在着很大的差异性，而且这种差异性是根植在人们头脑中的，很难轻易被改变。文化差异是由各国的历史传统以及不同的社会发展进程决定的，表现在社会文化的各个方面。从霍夫斯坦德的各文化维度指标值中，可得出东西方的文化差异是十分明显的，即使在同为东方文化圈的中国、日本、新加坡等地的文化差异也是较明显的。比如，中日两国文化都是一种集体主义导向，但两种集体主义却有较大的不同。此外，除了民族、地域之间的文化差异外，还有投资合作伙伴"公司文化"的风格差异。可以说，公司内文化差异越大，产生文化冲突与困惑的可能性与强度就会越大。

当然，文化差异的指标不会只有四个。即使只考虑这四个文化差异指标，且认为每个指标也都只有两种情况，按照排列组合来分析，也可能有68种不同的民族文化类型。霍夫斯坦德的研究方法和企业文化类型的多样性相兼容。

（5）长期取向与短期取向。长期取向与短期取向维度从对世界各地23个国家的学生的研究中得出的。这项研究使用的是由中国学者设计的调查问卷，可以说是注重德行而不是真理。长期取向的价值观注重节约与坚定；短期取向的价值观尊重传统，履行社会责任，并爱面子。这一维度的积极与消极的价值取向都可以在孔子的论述中找到，这一维度也适用于没有儒家传统的国家。

14.3.1.2 文化指标对企业管理的影响

霍夫斯坦德认为，以上文化指标或因素对于管理中的领导方式、组织结构和激励内容会产生巨大的影响。

（1）对领导方式的影响。对企业领导方式影响最大的因素是个人主义与集体主义以及接受权力差距的程度。霍夫斯坦德认为：美国是个人主义程度最高的国家，因此美国的领导理论以被领导者追求个人利益为基点。然而美国的领导理论并不适用于第三世界国家，因为这些国家属于集体主义社会，职工关心群体，希望从群体中得到保障，并且愿意以对群体的忠诚获得报酬。霍夫斯坦德还认为接受权力差距的程度直接影响到职工参与管理的情况。法国和比利时接受权力差距的程度很高，因此人民通常没有参与管理的要求，所以企业中很少看到工人参与管理的情况；荷兰、瑞士等国接受权力差距的程度处于中间状态，因此企业中存在参与管理的情况，但有一定的限度。

（2）对组织结构的影响。对企业组织结构影响最大的因素是接受权力差距的程度和防止不确定性的程度。这是因为组织的主要功能就是分配权力以及减小或防止经营中的不确定性。法国接受权力差距的程度大，又迫切要求防止经营中的不确定性，因此倾向于“金字塔”式的传统层次结构。联邦德国虽然有较强的防止不确定性的心理，但接受权力差距的程度较小，因此注重规则制度。美国、荷兰、瑞士等国接受权力差距的程度处于中间状态，因此在这类国家中各种组织形式并存。

（3）对激励内容的影响。对企业激励内容影响最大的因素是个人主义与集体主义、防止不确定性的程度和男性化与女性化。美国和其他盎格鲁民族国家是个人主义程度很高的国家，所以这些国家的激励方法多从个人出发，以个人的自我实现和个人获得尊严作为激励的主要内容。第三世界国家与日本是集体主义程度较高的国家，激励主要着眼于个人与集体的关系，过分奖励个人往往行不通。美国人倾向于男性化，所以适于把承担风险、进取获胜作为激励的内容。日本和法国虽然也倾向于男性化，但是避免不确定性的心理较强，因此一种无危险、很安全的工作岗位就成了激励因素。荷兰和北欧各国人民的价值观倾向于女性化，防止不确定性的心理又比较强，因此他们不像美国人那样爱好个人竞争，而是以维护良好的人际关系作为激励因素。

霍夫斯坦德根据他的研究得出了结论，过去 80 年，理论家和企业家忽视了文化与管理的关系，是一大弱点。霍夫斯坦德还指出，许多管理理论产生于美国，第二次世界大战后的所有管理文献几乎都由美国主宰。可是美国由于其独特的文化，它的管理理论和经验对其他国家不完全适用。有些国家，尤其是第三世界国家不注意这一点，把引进管理与引进技术同等对待，结果造成经济和人力的重大损失。相反，日本的管理虽然也主要来源于美国，但结合日本国情进行了改造，取得了很大的成功。例如，全面质量管理小组，其观念创始于美国，但是经过改造以后就成了日本的特色，现在美国反而要向日本学习。因此，霍夫斯坦德明确指出，管理者必须具有文化敏感性。

14.3.2 沙因提出的文化本质

埃德加·沙因（Edgar H. Schein）是美国麻省理工学院斯隆商学院教授。在组织文化领域中，他率先提出了关于文化本质的概念，对于文化的构成因素进行了分析，并对文化的形成、文化的同化过程提出了独创的见解。

14.3.2.1 沙因对组织文化的定义

1992年，沙因在他的名著《组织文化与领导》（*Organizational Culture and Leadership*）一书中，将组织文化定义为：一种基本假设的模型，由特定群体文化在处理外部适应与内部聚合问题的过程中发明、发现或发展出来的，由于运作效果好而被认可，并传授给组织新成员以作为理解、思考和感受相关问题的正确方式。

14.3.2.2 沙因将组织文化分为三个层次

（1）人工制品。人工制品（artifacts）是那些外显的文化产品，能够看得见、听得见、摸得着，但却不易被理解。包括设施，办公室，家具，可见的奖项和认可，其成员的着装方式，每个人如何与彼此之间以及与组织外部人员进行明显的互动，甚至公司口号、使命、声明和其他运营信条等。

（2）信仰与价值。藏于人工制品之下的便是组织的"信仰与价值"，它们是组织的战略、目标和哲学。在这个层面上，地方和个人价值观在组织内得到广泛表达。这个级别的组织行为通常可以通过采访组织的成员并使用问卷收集组织成员的态度来研究。

（3）基本隐性假设与价值。组织文化的核心或精华是早已在人们头脑中生根的不被意识到的假设、价值、信仰、规范等，由于它们大部分处于一种无意识的层次，所以很难被观察到。然而，正是由于它们的存在，我们才得以理解每一个具体组织事件为什么会以特定的形式发生。这些基本隐性假设与价值（Basic Assumptions and Values）存在于人们的自然属性、人际关系与活动、现实与事实之中。这些文化元素在组织成员之间的日常互动中是看不见的，也没有在认知上被识别出来。此外，这些文化元素在组织内部的讨论通常是禁忌。那些有足够的经验来理解这种最深层次组织文化的人通常会随着时间的推移而适应其属性，从而加强他们存在的隐形性。对组织成员的调查和随意访谈无法获得这些属性——需要更深入的手段首先识别然后理解这个级别的组织文化。值得注意的是，这一层面的文化是组织行为主义者经常错过的潜在和驱动要素。

根据沙因的说法，文化是最难改变的组织属性，比组织产品、服务、创始人和领导力以及组织的所有其他物理属性更持久。他依靠组织模型从观察者的角度阐明了文化的特点。

14.3.3 卓越组织的文化特质理论

吉姆·柯林斯（Jim Collins）曾获斯坦福大学商学院杰出教学奖，先后任职于麦肯锡公司和惠普公司，被《财富》杂志誉为当今世界上最有影响力的管理思想家。过去20年来，科林斯的团队通过对卓越的组织管理实践的深入跟踪研究，完成了卓越组织文化特质三部曲：《基业长青》（1994）、《从优秀到卓越》（2001）、《选择成就卓越》（2011）。

柯林斯提出了其主要管理思想——“造钟，而不是造时”。吉姆·柯林斯指出，“伟大公司的创办人通常都是制造时钟的人，而不是报时的人。他们主要致力于建立一个时钟，而不只是找对时机，用一种高瞻远瞩的产品打入市场；他们并非致力于获得高瞻远瞩领袖的人格特质，而是致力于构建高瞻远瞩公司的组织特质，他们最大的创造物是公司本身及其代表的一切”。

14.4 员工学习组织文化的方法

员工学习组织文化的具体方法不仅仅是招聘合适的人员和解聘不合适的人员，也不仅仅是组织管理者的口号和形象设计，而是应该从组织文化的物质层面、制度层面和行为层面全面推行。

14.4.1 物质层面

14.4.1.1 故事

组织文化的许多基本信仰和价值观被表达在故事中，成了组织中民间故事的一部分。这些故事把当前的文化从老员工传到新员工，强调了文化的重要方面。

关于组织英雄的故事（无论是事实，还是虚构），提供了关于文化价值观和规范的重要线索。这些故事可以揭示组织所重视的行为类型以及它所反对的实践类型。研究故事可以揭示指导行为的价值观。例如，在3M，为了建立合作的团队价值观和规范，每个团队都由“产品冠军”领导，负责建立有凝聚力的团队关系。每个团队还被授予一名“管理发起人”，这是3M的高层管理人员之一，其工作是帮助团队获得资源，并在团队遇到困难时提供支持。毕竟，产品开发是一项非常冒险的事业，不少项目都很难成功。很显然，一支拥有冠军和赞助商的球队更有可能取得成功。

14.4.1.2 语言

由于语言是组织中沟通的主要媒介，因此公司用来构建和描述事件的特征名称或短语，提供了有关规范和价值观的重要线索。许多组织使用技术语言来促进员工之间的合作。例如，MCU（Microcontroller Unit），其中文含义是微控制单元，又称单片机，是把CPU的频率和规格做适当缩减，同时和内存、计数器、USB、A/D转换、PLC等多种周边接口集成在单一芯片上，形成的芯片级计算机。由MUC定义的概念、模型和技术规范对整个信息抽取领域起着主导作用。在微软，员工已经开发了一种软件类型短语的速记语言来描述沟通问题。军事和运动队以及医院和许多其他专业工作环境中都会使用技术语言。

组织语言的范畴不仅包括口语，还包括人们的着装、他们占用的办公室、他们驾驶的公司汽车，以及他们如何正式称呼彼此。在微软和其他一些组织中，休闲装是常态。事实上，在过去10年中，许多曾经强调保守商务型服装的大公司，如福特和IBM，现在鼓励商务休闲服装和“穿休闲装上班日”，让员工可以穿任何他们觉得舒服的衣服。与社会化实践一样，组织语言、仪式和故事有助于人们“学习传递”组织的文化与价值观。

14.4.1.3 仪式和典礼

组织的仪式和典礼是有计划的活动或形式，有着重要的文化意义。仪式和典礼包括通过仪式、降职或提升仪式、各项庆祝典礼等。为了学习组织的文化，新来者必须获得有关文化价值观的信息，他们通过参与组织的社会化计划来正式做到这一点。他们通过观察和与其他员工一起工作来非正式地做到这一点。一个组织的文化价值观往往在组织中的故事、仪式和语言中得到展现。例如，在西南航空公司，员工在万圣节会穿着戏服，周五与高层管理人员一起野餐，以及根据需要帮助加快飞机周转的员工等，都会加强公司的文化。

14.4.2 制度层面

学习组织文化的制度层面主要指，在招聘、员工配置、选拔、提升和解聘的程序，以及奖励和地位的定位等方面的制度。

14.4.3 行为层面

学习组织文化的行为层面有角色训练、教学和培训，关注事件和对危机的反应等。

14.5 创建积极的组织文化

14.5.1 积极的组织文化的优势

积极的组织文化，强调利用员工优势、奖励多于惩罚，并强调个人活力和成长。

14.5.1.1 利用员工优势

尽管积极的组织文化并不会忽略问题，但它会常向员工强调展示如何利用自己的优势。

14.5.1.2 奖励多于惩罚

尽管大多数组织充分专注于外在的奖励，如加薪和升职，但他们却常常忘记更加细微的、便宜的奖励，如表扬。创建积极的组织文化的一部分，就是发现员工做得对的地方。很多管理者不会去表扬，或是因为他们害怕员工变得自大，或是因为他们认为表扬无足轻重，因为员工通常不会要求获得表扬，所以管理者往往不会意识到没有进行表扬所带来的损失。

14.5.1.3 强调活力和成长

如果员工仅仅将自己看成组织的工具和零件，那么组织将无法充分利用这些员工的能力。积极的文化能够识别一份工作和一份事业之间的差异，不仅支持员工为组织效力或做出贡献，而且支持组织采取各种措施，来使员工在个人层面和职业层面变得更加有作为。

14.5.2 积极的组织文化的局限性

积极的组织文化是万能的吗？虽然许多公司都引入了积极组织文化的某

些方面，但由于它是一个如此新颖的理念，我们还不能确定它如何以及何时才能发挥最大的效用。对于积极组织文化的追求，不能变成强制性的或流于形式。

创造一种积极的组织文化可能是有益的，但是组织需要保持客观，紧紧围绕组织效力来追求这种文化。

课后作业

1. 解释沙因的组织文化三层次。

2. 组织管理者对组织文化的形成会产生很大的影响，但这种影响显然不是无限的，管理者在设计自身组织文化的时候，除了自身的理想之外，还应该考虑哪些因素？

3. 组织文化有其积极功能，但也存在其消极功能，其中消极功能之一是可能会限制组织中个人的创造性。那么如何才能处理好组织文化和个人创新精神的关系？

小组讨论

“幸运数字”的含义。

1. 你是否了解中国文化中对数字的看法，可否知道西方人怎样了解中国的数字？

2. 请根据小组成员的地域、认知，讨论各个数字的幸运含义。

15 组织变革

学习目标

- 定义组织变革
- 解释组织变革的原因
- 描述组织变革的阻力
- 定义组织发展
- 正确面对组织变革

企业的发展离不开组织变革。内外部环境的变化，企业资源的不断整合与变动，都给企业带来了机遇与挑战，这就要求企业关注组织变革。

15.1 组织变革的定义

组织变革（organizational change）是组织为了实现自身的目标，根据外部环境和内部因素的变化，对组织现状主动地进行修正、改变和创新的过程。从本质上说，组织变革是组织为了适应环境的变化以更好地生存和发展而对组织所拥有的人力、物力、财力、权力等资源以及收益所进行的重新组织和分配。组织变革的类型包括：战略变革、技术变革、结构变革以及改变员工的态度和行为。

组织变革管理，最重要的是在组织高管层面有完善的计划与实施步骤，并对可能出现的障碍与阻力有清醒认识。组织变革的中坚力量是企业的中层团队，这一团队对变革的认知程度、参与热情、参与的质量，在很大程度上决定了一次变革的成功与否。

组织变革是一个持续进行的过程，对组织绩效和组织成员的福祉具有重要影响。组织及其成员必须时刻警惕来自组织内部和外部环境的变化，并且必须学习如何快速有效地进行调整以适应变化。

15.2 组织变革的动因与阻力

15.2.1 组织变革的动因

15.2.1.1 环境变化

组织外部环境的变化要求组织改变自身现状，进行组织创新。组织外部环境包括经济、政治、法律政策、社会、文化、人口、市场和竞争、技术、外部利益相关者、自然资源、自然环境等，其中任何一种因素都既可能成为推动组织变革的强大力量，也可能成为阻碍组织变革的强大阻力，对组织发展都有可能产生深远的影响。

15.2.1.2 内部变化

从组织内部来看，促使组织变革的因素主要有如下几个方面：组织运行状况不佳、经营业绩和效益下降、组织结构存在缺陷；组织战略改变、组织规模扩大；管理条件的变化，如实行计算机辅助管理，实行优化组合等；技术条件的变化，如企业实行技术改造，引进新的设备要求技术服务部门的加强以及技术、生产、营销等部门的调整；人力资源变化，如人员结构和人员素质的提高等。

15.2.1.3 成长要求

组织处于不同的生命周期时对组织结构的要求也各不相同，如小企业成长为中型或大型企业、单一品种企业发展为多品种企业、单厂企业成为企业集团等。

15.2.2 组织变革的阻力

一般情况下，可以将组织变革的阻力按来源分为三个层面：个人层面的阻力、团队层面的阻力和组织层面的阻力。

15.2.2.1 个人层面的阻力

（1）习惯。为了应付生活的复杂性，我们依赖于习惯或程序化的反应。但是当面临变革时，这种以习惯方式做出反应的倾向就会成为一种阻力的来源。

（2）安全感。有较高安全需求的人很可能抵制变革，因为变革会威胁到他们的安全感。

（3）经济因素。如果员工担心自己从事新的工作任务或工作流程时，达不到先前的水平，尤其当报酬和生产率紧密挂钩时，那么工作任务或工作流程的变革就可能引发他们对经济方面的担忧。

（4）对未知的恐惧。变革是用未知的模糊性和不确定性代替已知，这样会引发个体的恐惧。

（5）选择性的信息加工。为了保持知觉的完整性，个体会对信息进行选择性的加工，他们只听取自己想听的，而忽视那些对自己建构的世界形成挑战的信息。

15.2.2.2 团队层面的阻力

团队层面的阻力主要是强调自己团队的重要性、内部团体抵抗变革、要求更换领导等。

15.2.2.3 组织层面的阻力

（1）结构惰性。组织拥有产生稳定性的内在机制，如甄选程序和正式的规章制度。当组织面临变革时，这种结构惰性就会产生反作用力，以维持原有的稳定状态。

（2）有限的变革范围。组织是由一系列相互依赖的子系统组成的，不可能只对一个子系统实施变革而不影响其他子系统，因此在此系统中进行有限的变革，很可能会被更大的系统抵消。

（3）对专业知识的威胁。组织模式的变革可能会对特殊群体的专业知识构成威胁。

（4）对已有权利关系的威胁。无一例外，决策的重新分配会威胁到组织内已经形成的权利关系。

此外，缺乏经验和能力，以及整个组织的保守主义都是变革阻力的来源。

15.3 变革模型

15.3.1 勒温变革模型

组织变革模型中最具影响的就是勒温（Kurt Lewin）变革模型。勒温（1951）提出一个包含解冻、变革、再冻结三个步骤的有计划组织变革模型，用以解释和指导如何发动、管理和稳定变革过程。

15.3.1.1 解冻

这一步骤的焦点在于创设变革的动机。鼓励员工改变原有的行为模式和工作态度，采取新的适应组织战略发展的行为与态度。为了做到这一点，一方面，需要对旧的行为与态度加以否定；另一方面，要使干部和员工认识到变革的紧迫性。可以采用比较评估的办法，把本单位的总体情况、经营指标和业绩水平与其他优秀单位或竞争对手加以一一比较，找出差距和解冻的依据，帮助干部和员工“解冻”现有态度和行为，迫切要求变革，愿意接受新的工作模式。此外，应注意创造一种开放的氛围和心理上的安全感，减少变革的心理障碍，提高变革成功的信心。

15.3.1.2 变革

变革是一个学习过程，需要给干部和员工提供新信息、新行为模式和新的视角，指明变革方向，实施变革，进而形成新的行为和态度。这一步骤中，应该注意为新的工作态度和行为树立榜样，采用角色模范、导师指导、专家演讲、群体培训等多种途径。勒温认为，变革是认知的过程，它通过获得新的概念和信息得以完成。

15.3.1.3 再冻结

在再冻结阶段，利用必要的强化手段使新的态度与行为固定下来，使组织变革处于稳定状态。为了确保组织变革的稳定性，需要注意使干部和员工有机会尝试和检验新的态度与行为，并及时给予正面的强化；同时，加强群体变革行为的稳定性，促使形成稳定持久的群体行为规范。

15.3.2 系统变革模型

系统变革模型是在更大的范围里解释组织变革过程中各种变量之间的相互联系和相互影响关系。这个模型包括输入、变革元素和输出三个部分。

15.3.2.1 输入

输入部分包括内部的强点和弱项、外部的机会和威胁。其基本构架则是组织的使命、愿景和相应的战略规划。企业组织用使命表示其存在的理由；愿景是描述组织所追求的长远目标；战略规划则是为实现长远目标而制订的有计划变革的行动方案。

15.3.2.2 变革元素

变革元素包括目标、人员、社会因素、方法和组织体制等。这些元素相互制约和相互影响，组织需要根据战略规划，组合相应的变革元素，实现变革的目标。

15.3.2.3 输出

输出部分包括变革的结果。根据组织战略规划，从组织、部门群体、个体三个层面，增强组织整体效能。

15.3.3 科特组织变革模型

领导研究与变革管理专家科特（John Kotter）认为，组织变革失败往往是由于高层管理部门犯了以下错误：没有能建立变革需要的急迫感；没有创设负责变革过程管理的有力指导小组；没有确立指导变革过程的愿景，并开展有效的沟通；没能系统计划，获取短期利益；没有对组织文化变革加以明确定位等。科特为此提出了指导组织变革规范发展的八个步骤：建立急迫感；创设指导联盟；开发愿景与战略；沟通变革愿景；实施授权行动；巩固短期得益；推动组织变革；定位文化途径。科特的研究表明，成功的组织变革有70%～90%来自变革领导的成效，还有10%～30%来自管理部门的努力。

15.3.4 本尼斯的模型

沃伦·本尼斯（Warren G. Bennis）提出，有关组织效能的判断标准，应该是组织对变革的适应能力。当今组织面临的主要挑战，是能否对变化中的环境条件作出迅速反应和积极适应外界的竞争压力。组织成功的关键是能在变革环境中生存和适应，而要做到这一点，必须有一种科学的精神和态度。这样，适应能力、问题分析能力和实践检验能力，是反映组织效能的主要内容。

在此基础上，本尼斯提出有效与健康组织的标准：环境适应能力，即解决问题和灵活应付环境变化的能力；自我识别能力，即组织真正了解自身的能力，包括组织性质、组织目标、组织成员对目标理解和拥护程度、目标程序等；现实检验能力，即准确觉察和解释现实环境的能力，尤其是敏锐而正确地掌握与组织功能密切相关因素的能力；协调整合能力，即协调组织内各部门工作和解决部门冲突的能力，以及整合组织目标与个人需求的能力。

15.3.5 卡斯特的组织变革过程模型

弗里蒙特·卡斯特（Fremont E. Kast）提出了组织变革过程的六个步骤：

第一步，审视状态。对组织内外环境现状进行回顾、反省、评价、研究。

第二步，觉察问题。识别组织中存在的问题，确定组织变革需要。

第三步，辨明差距。找出现状与期望之间的差距，分析所存在问题。

第四步，设计方法。提出和评定多种备选方法，经过讨论和绩效测量，作出选择。

第五步，实行变革。根据所选方法及行动方案，实施变革行动。

第六步，反馈效果。评价效果，实行反馈；若有问题，再次循环此过程。

15.3.6 沙因的适应循环模型

埃德加·沙因（Edgar Schein）认为组织变革是一个适应循环的过程，一般分为六个步骤：

第一步，洞察内部环境及外部环境中产生的变化。

第二步，向组织中有关部门提供有关变革的确切信息。

第三步，根据输入的情报资料改变组织内部的生产过程。

第四步，减少或控制因变革而产生的负面作用。

第五步，输出变革形成的新产品及新成果等。

第六步，经过反馈，进一步观察外部环境状态与内部环境的一致程度，评定变革的结果。

上述步骤与方法和卡斯特主张的步骤和方法比较相似。所不同的是，沙因比较重视管理信息的传递过程，并指出解决每个过程遇到的困难的方法。

15.4 消除组织变革阻力的管理对策

需要客观分析变革推力和阻力的强弱、创新组织文化、创新策略方法和手段。斯蒂芬·P. 罗宾斯指出了一系列克服组织变革阻力的策略。

15.4.1 沟通

与员工进行沟通，使他们充分了解客观情况，认识变革的必要性，减少变革的阻力。这种方法适合信息缺乏和未知环境的情况，实施比较花费时间。交流和解释使员工正确理解变革的原因和变革策略的科学性，转变认识，消除异议，克服变革阻力。

15.4.2 参与

让员工直接参与变革的决策过程。通过参与变革的决策过程，员工会觉得变革是包括自己在内的大家的事情，而不是上级强加的，很难抵制做出的变革决定。人们对某事的参与程度越大，就越会更多地承担工作责任，支持工作的进程。但是这种方法比较费时，在变革计划不充分时有一定风险。

15.4.3 提供支持

采取一系列帮助性、支持性的措施，从心理上和技能上帮助员工解决他们自身存在的问题。这里包括强烈的群体归属感、设立群体目标、培养群体规范、改变成员态度和价值观等。这种方法在用于人们由于心理调整不良而产生抵制时比较有效。

15.4.4 谈判

当阻力来源于某些具有强大影响力的个人和部门，且变革的阻力非常强大时，可以通过谈判，给予这些个人和部门一定的补偿以换取他们对变革的支持，至少换取他们不反对变革的承诺，但其潜在的高成本是不容忽视的。

15.4.5 强制

必要时必须力排众议，强制推行变革，直接对抵制者实施威胁和压力。

课后练习

1. 结合实例谈一下组织变革的阻力有哪些，如何应对这些阻力。
2. 举例说明你所知道的一个组织变革的过程，并说明该变革的类型。

案例分析

黑龙江省国企混改100户引资90亿

黑龙江省国资委出台《黑龙江省国有企业混合所有制改革实施方案》，计划用3年左右时间，按照完善治理、强化激励、突出主业、提高效率的要求，全面深化加快推进全省国企混合所有制改革，到2022年基本完成具备条件的充分竞争商业类国有企业混改或股权多元化，促进混改企业形成股权结构多元、股东行为规范、内部约束有效、运行高效灵活的市场化经营机制。

据悉，近年来黑龙江省国资委坚持“因地施策、因业施策、因企施策，宜独则独、宜控则控、宜参则参，不搞拉郎配，不搞全覆盖，不设时间表”的原则，积极推进省市两级国有企业和驻省中央企业混合所有制改革工作，取得了积极进展。黑龙江省国资委建立健全混改政策体系，出台《全面深化和加快推进国有企业改革的意见》和《关于黑龙江省国有企业发展混合所有制经济的实施意见》等政策文件，并制定了全省地方国有企业2019—2020年混改任务台账，结合实际、因企施策，确定131户企业重点推进。此外，黑龙江省国资委还建立了出资企业改革工作推进机制，主要领导每季度、主管领导每月召集例会，研究推进工作。

在省属企业层面，黑龙江省国资委结合出资企业实际，每年选择20户左右商业类子公司推进混改。市（地）国有企业混改则主要集中在哈尔滨等少数几个市（地），2019年，哈尔滨市明确提出“混”是常态、不混是个案，全力推进混改，在2018年完成25户基础上，2019年又完成哈药集团、冰雪大世界等18户企业混改。在驻省央企层面，省工信厅牵头推进5户驻省央企科研院所改革，2018年哈电站设备成套研究所实施员工持股并引进战略投资者完成了混改，哈电集团、中国一重按照国务院国资委要求分别推进所属子公司混改。

自2016年以来，全省地方国有企业完成混改已突破100户，共引进非国有资本90多亿元，促进了各类资本取长补短、共同发展。通过混改，特别是引入行业龙头企业后，企业内生动力增强，经营效果逐步显现。其中，北满特钢破产重整引入建龙集团后，迅速恢复生产并加大改造力度，钢产量超历史最好水平一倍以上，企业摆脱困境。辰能集团五常生物质发电公司由国有控股、民营参股，实施新体制、新机制，全部员工市场化招聘，取得良好经营效益，成为全国秸秆发电行业的典范。

据统计，2019年全省地方国有企业共完成38户混改，其中省国资委9户，哈尔滨市18户，其他市地11户，比省委主题教育整改确定的全年不少于25户的混改目标超出13户。哈药集团、冰雪大世界、龙煤盛安公司等一批国有企业实施了混改，完成质量较高，引进非国有资本近30亿元。交投集团与中国五矿、产投集团与哈电集团在开发石墨矿、生物质发电项目进行了股权多元化合作。

下一步，黑龙江省国资委将选择一批资产规模较大或列入国家“双百行动”企业作为混改重点推进企业，坚持“宜混则混、一企一策”的原则、国有资本与民营资本融合发展的改革方向，积极推进重点领域、重点企业的混改计划，规划用三年左右时间推进170个混改项目。

（资料来源：《黑龙江日报》2022－6－22）

讨论：

1. 分析2022年之前黑龙江省国有企业已经完成混改的情况。

2. 分析黑龙江省从2022年起的3年内国企计划进行混改的原则与主要措施。

3. 国企进行混改的主要阻力。

参考文献

［1］ A M Sharp， C A Register， P W. Grimes. Economics of Social Issues ［M］. 北京：中国人民大学出版社，2000.

［2］ Ducker Peter F. The Practice of Management ［M］. New York：Harper &Row，1985.

［3］ Hofstede. culture's consequences，International differences in work related values ［M］. Beverly，CA：Sage Publications，1980.

［4］ Johnston， Alastair Iain. Culture Realism：Strategic Culture and Grand Strategy in Chinese History ［M］. New York：Princeton University Press，1995.

［5］ Joseph E Stiglitz. Economics ［M］. 北京：中国人民大学出版社，2000.

［6］ Low K S，Yoon M，Roberts B W，Rounds J. The stability of vocational interests from early adolescence to middle adulthood：a quantitative review of longitudinal studies ［M］. Psychological Bulletin，2005.

［7］ Maslow A H. Motivation and Personality ［M］. New York：Harper & Row，1954.

［8］ Max Weber，The Theory of Social and Economic Organization ［M］. New York：The Free Press，1947.

［9］ Nicholas Harvey. Effective Communication ［M］. 4ed. Dublin：Gill & Macmillan Ltd，2014.

［10］ Paul E Dascher，William G Jens. Jr. Family Business Succession Planning ［J］. Business Horizons，1999（9－10）.

［11］ Peter Hartley，Peter Chatterton，Business Communication ［M］. UK：Taylor and Francis，2014.

［12］ Peter M Senge. The Fifth Discipline：The Art and Practice of the Learning Organization ［M］. New York：Doubleday，1990.

［13］ Phillip R Harris. Managing culture difference ［M］. Houston：Gulf Publishing Company，1987.

［14］ Ronald G Ehrenberg，Robert S Smith. Modern Labor Economics ［M］. 北京：中国人民大学出版社，2000.

［15］ Ronald P. Rohner. Toward a Conception for Cross－cultural Psychology. Journal of Cross－cultural Psychology，1984.

［16］ 彼得·圣吉．第五项修炼：学习型组织的艺术与实务［M］．上海：上海三联书店，1998

［17］ 陈春花．组织行为学［M］.4 版．北京：机械工业出版社，2021.

［18］ 陈辉．企业管理沟通问题及对策研究［J］．现代营销（下旬刊），2019.

［19］ 崔佳颖.360 度高效沟通技巧［M］．北京：机械工业出版社 2010.

［20］ 崔佳颖．从惠普文化看企业有效沟通［J］．经济与管理研究，2005（11）.

［21］ 崔佳颖．管理沟通理论的历史演变与发展［J］．北京：首都经济贸易大学学报，2005（5）.

［22］ 崔佳颖．看电影学沟通［M］．北京：机械工业出版社，2010.

［23］ 崔佳颖．员工职业生涯规划［M］．北京：机械工业出版社，2008.

［24］ 崔佳颖．组织的管理沟通［M］．北京：中国发展出版社，2007.

［25］ 戴尔·卡耐基．挑战人性的弱点：出人头地的捷径［M］．刘津，译．上海：学林出版社，2000.

［26］ 丁妩瑶，彭凯平．中译人际信任量表勘误及修订［J］．心理月刊，2020.

［27］ 弗雷德·鲁森斯．组织行为学［M］.11 版．王垒，等译．北京：人民邮电出版社，2009.

［28］ 关培兰．组织行为学［M］.4 版．北京：中国人民大学出版社，2015.

［29］ 郭台鸿．高效沟通 24 法则［M］．北京：清华大学出版社，2009.

［30］ 郝洁．沟通基础［M］．北京：高等教育出版社，2020.

［31］ 胡峰．正面沟通：非暴力化解冲突的语言技巧［M］．北京竹石文化传播有限公司，2017.

［32］ 黄斌，任丽梅．权威与魅力［M］．北京：企业管理出版社，2002.

［33］ 杰克·格里芬．这样说最有效——高效沟通开启职场晋升路［M］．史锐，译．北京：清华大学出版社，2009.

［34］ 杰拉尔德·格林伯格．组织行为学［M］.4 版．张志学，译．机械工业出版社，2007.

［35］ 解树江．虚拟企业［M］．北京：经济管理出版社，2002.

［36］ 金吾伦．跨学科研究引论［M］．北京：中央编译出版社，1997.

［37］靖继鹏．应用信息经济学［M］．北京：科学出版社，2002.

［38］康青．管理沟通理念方法与技能［M］5 版．北京：人民大学出版社，2018.

［39］康青．管理沟通教程［M］．上海：立信会计出版社，2005.

［40］李宝山．高新企业智本增值论［M］．北京：企业管理出版社，2001.

［41］李育辉．组织行为学讲义［M］．北京：新兴出版社，2021.

［42］李卓．中日家族制度比较研究［M］．北京：人民出版社，2004.

［43］理查德·帕斯卡尔，安东尼·阿索斯．日本企业管理艺术［M］．北京：中国科学技术翻译出版社，1984.

［44］理查德·帕斯卡尔．日本企业管理艺术［M］．北京：中国科学技术翻译出版社，1984.

［45］刘珊．中国企业管理沟通问题及对策分析［J］．全国流通经济，2020（19）.

［46］刘诗白．经营管理大系：管理组织卷［M］．上海：上海人民出版社，1990.

［47］刘燕．组织行为学案例集［M］．上海：立信会计出版社，2006.

［48］刘墉，刘轩．创造双赢的沟通［M］．桂林：漓江出版社，2007.

［49］罗国杰．马克思主义价值观研究［M］．北京：人民日报出版社，2013.

［50］迈克尔，E 哈特斯利，林达·麦克詹妮特．管理沟通——原理与实践［M］．北京：机械工业出版社，1999.

［51］彭凯平，王伊兰．跨文化沟通心理学［M］．北京：北京师范大学出版社，2009.

［52］戚宏亮，刘颖管．探析管理沟通的本质［J］．技术经济，2004（9）.

［53］戚聿东．中国经济运行中的垄断和竞争［M］．北京：人民出版社，2004.

［54］齐忠玉，邱丽丽．沟通中的心理学［M］．北京：电子工业出版社，2009.

［55］乔恩 P 豪威尔，丹 L 科斯特利．有效领导力［M］．付彦，等译．北京：机械工业出版社，2003.

［56］邱霈恩．领导力——制胜新世纪的力量［J］．领导科学，2002（3）.

［57］全琳琛．沟通能力培训游戏经典［M］．北京：人民邮电出版社，2009.

［58］荣长玲．企业人力资源管理沟通探析［J］．合作经济与科技，2019（9）．

［59］芮明杰．管理学现代的观点［M］．上海：上海人民出版社，1999.

［60］桑德拉·黑贝尔斯，理查德·威沃尔．有效沟通［M］．李业昆，译．北京：华夏出版社，2005.

［61］佘碧平．现代性的意义与局限［M］．上海：上海三联书店，2000.

［62］申俊喜．论新经济条件下的虚拟组织［D］．南京：南京大学，2002.

［63］沈立人，叶克林．企业集团建设新探［M］．南京：江苏人民出版社，1999.

［64］史蒂文 L 麦克沙恩（Steven L. McShane），玛丽·安·冯·格里诺（Mary Ann Von Glinow），井润田等．组织行为学［M］．3 版．北京：机械工业出版社，2007.

［65］斯蒂芬 P 罗宾斯，蒂莫西·贾奇．组织行为学［M］．16 版．孙健敏，等译．北京：中国人民大学出版社，2016.

［66］斯蒂芬 P 罗宾斯，蒂莫西·贾奇．组织行为学［M］．18 版．孙健敏，等译．北京：中国人民大学出版社，2021.

［67］斯蒂芬·狄福．惠普之道［M］．哈尔滨：哈尔滨出版社，2004.

［68］斯蒂芬·李特约翰．人类传播理论［M］．史安斌，译．北京：清华大学出版社，2004.

［69］斯克特·奥伯．现代商务沟通［M］．北京：中国人民大学出版社，2009.

［70］苏东水．东方管理［M］．太原：山西经济出版社，2002.

［71］孙建敏，徐世勇．组织行为学［M］．北京：中国人民大学出版社，2018.

［72］孙建敏．组织行为学［M］．北京：高等教育出版社，2019.

［73］孙健敏．徐世勇．管理沟通［M］．北京：清华大学出版社 2006.

［74］唐纳德·西尔．全球化思维艺术——东西方组织学理念的融合［M］．北京：新华出版社，2004.

［75］托马斯·彼得斯，罗伯特·沃特曼．追求卓越［M］．北京：中央编译出版社，2001.

［76］汪丁丁．经济发展与制度创新［M］．上海：上海人民出版社，2013.

［77］王乐夫．领导学［M］．广州：中山大学出版社，2002.

［78］王青，胡巍．沟通技巧与领导力开发［M］．上海：上海交通大学出版社 2007.

［79］威廉·乔伊斯．组织变革［M］．北京：人民邮电出版社，2003.

［80］吴维库，富萍萍，刘军．基于价值观的领导［M］．北京：经济科学出版社，2002.

［81］习近平．习近平谈治国理政［M］.2 卷．北京：外文出版社，2017.

［82］习近平．习近平谈治国理政［M］．北京：外文出版社，2014.

［83］席酉民，尚玉钒．和谐管理理论．北京：中国人民大学出版社，2002.

［84］许燕．社会心理研究［M］．上海：华东大学出版社，2022.

［85］颜世富．东方管理学［M］．北京：中国国际广播出版社，2000 .

［86］张巍．逻辑表达：高效沟通的金字塔思维［M］．杭州：浙江大学出版社，2020.

［87］张振刚，李云键．管理沟通理念方法与技能［M］．北京：清华大学出版社，2022.

［88］赵春明．虚拟企业［M］．杭州：浙江人民出版社，1999.

［89］郑海航．企业组织论［M］．北京：经济管理出版社，2005.

［90］祝慧烨，崔佳颖．价值观管理［M］．北京：企业管理出版社，2008.